南怀瑾先生书写“天下为公” 时间：2011 年 3 月

摄影：（荷兰）Robert van der Hilst

天香桂子落纷纷

南懷瑾先生诞辰百年纪念集

下

南懷瑾学术研究会 编

人民东方出版传媒
東方出版社

目录

上篇　南怀瑾先生诞辰百年纪念文章

先生之风

交往的故事

学而时习之

以阅读的方式纪念

下篇　南怀瑾先生诞辰百年纪念大会

南师指导我修行筑基

李青原

病痛引发的反省

1993 年，我从事经济体制改革方面的工作。有一天，在伏案写作的时候，头往下一低，脖子就疼起来了。再往下低就低不下去了，整个脊背都发硬。那个时候还有一个问题，就是夜里经常会醒，一醒就睡不着了。而且头发也掉得很厉害，我就越来越感到不安。是不是因为我已经 40 岁出头了，现在身体出问题了？

因为年轻的时候到北大荒去务农，后来有机会上了大学，又学习工作，一直处于非常紧张的状态。怎么办呢？去看医生吧。那段时间就吃药按摩，牵引理疗，但是好像身体变化不大。有一次实在太难受了，我就请了假到医院去看病。在拿药的时候，因为那个队排得非常长，我就开始想：这是不是我要走的一条路呢？忽然脑子里一个闪念，可能我要找一个其他的方法，因为这一段时间身体实在是没有什么变化。可是我也不知道到哪里去。

遇到南老师的书

迈出了医院的大门，过了几天后，就开始在大街上漫无目的地走。一边走一边想我应该怎么办？如果身体问题不解决的话，会影响工作和生活质量。以前不太重视的问题，现在变成了非常重要的问题。在漫步的过程中，看到了街边的一个书店，我就想到，是不是应该请教一些有智慧的人？看书里头能不能给我一个出路？

我就进了书店，环视一圈，发现有一本书——《静坐修道与长生不老》。这个题目看着很新鲜，我就打开看。一看原来是一个叫南怀瑾的先生写的书。这个书里面就讲到打坐对身体对生命有什么作用。更好的是，它里面有照片和图画。我一看这个以前听说过，但是没有实际练过。好像是很深奥的，而且是中国文化很重要的一部分。我心想，这个我可以试一试。于是我就把这本书请回家。按照书上的指示，注意的要点，还有那些图片，就开始坐，弄个垫子，脚一盘。但是坐了一阵子以后就非常难过，腿又麻又酸又疼，坐了十几分钟吧，实在是受不了啦，就心想，可能还是要有明师指点吧，自己坐，不得要领。但是我也不知道有什么机会能够见到南怀瑾先生，就把这个书又放回了房间的书架，心想以后再说吧。

袁教授的介绍

过了不久，北京大学的一位姓袁的教授，组织了一个挺重要的国际会议。她通过一个很近的关系，问我可不可以帮忙去讲一下中国经济改革方面的事情。我说我很乐于宣传中国的经济改革，所以就答应去了。去了以后按照我的思路讲了一番，好像效果还不错。这位袁教授也比较高兴，她说我们学术机构没有什么钱给你，但是我可以请你吃顿晚饭。我说没有问题，于是就共进晚餐，席间谈了很多，关于中国改革方面的问题、东西方文化的差别、如何通过一些理念上的改变为改革扫除一些障碍，等等。在讲的过程中，我谈了一些自己的观点，也提出一些问题。她也讲了她的一些看法，我也学了很多东西。

讲得高兴的时候，她忽然说，我一定要带你去见一见南怀瑾先生。我不知道她为什么说这句话，但当时脑子里一亮，说：你说的是台湾的那个南怀瑾先生吗？她说就是他呀。我说他不是在台湾吗？我怎么去呢？她说他已经到了香港，她认识南怀瑾先生，可以帮我约见。我立即说，太好了，请你立即帮我约见，越快越好。她说好吧。

不久以后，我就有机会去了香港，见到了南怀瑾先生。南先生慈眉善目，仙风道骨，非常和蔼，平易近人。进了他的房间，墙上是一幅国画，上面写着："一花一世界，一叶一如来"，透着宁静，我见他的时候觉得心里也很宁静。

第一课

在几分钟的闲谈之后，他就问我，你找我有什么事情吗？我说我非常想学打坐，我拜读了您的书，但是不得要领。后来他说，那你过几天来一下吧，我引导你一次。我自然是激动万分，觉得非常幸运。这样就有了一个机会，在他亲自指导下打坐。他让他的助手摆好了垫子，告诉我怎么坐，然后就开始缓缓地讲话。他说你闭上眼睛听我说，但是如果我问你什么问题，你不要回答，一动也不要动，听的时候就似听非听。我就闭上眼睛，坐好了以后就听，他就开始讲。他讲的内容我现在已不记得了。只记得他讲的是宇宙的道理，生命的起源，人的生命的开端，生命中最重要的一些因素，以及人的生命会怎样变化，等等。他说话的声音让我非常舒服。我只觉得他的声音是一种振动，然后影响到我的身心感受，很难用语言来表达。

坐到一段时间以后，觉得腿又开始麻了，又开始酸了，又开始痛了。但是既然老师说不要动，我就不动，继续听。随着他声音的震荡，我就放缓自己的呼吸，尽量让自己的呼吸均匀、深长，觉得自己心跳也越来越慢了。突然在一点上，腿上麻木得没有感觉的地方，一下子有了感觉。就好像水库的水，经过一个蚂蚁洞流出去了。随着那个水流出去，疼麻的感觉也就流出去了。这个时候整个身体感觉就非常轻，好像自己是一只鸟在天空中飞翔一样，自由而愉快。然后眼泪就流下来。

正在非常轻松愉快的时候。南老师说，好了，睁开眼睛吧，很好，40 分钟了。但是我觉得只有 20 分钟，飞快地过去了。老师说，眼睛流泪，说明你很放松，这个对你的眼睛，对你的视力都有好处。行了，就这样吧，你就照着这样去练。以后有什么问题随时可以跟我联系。就是要坚持啊，每天不能少于 40 分钟，回家天天要练。我自然是感激不尽啊！

何处觅清净

在跟老师闲谈的过程中，因为觉得静坐就必须到一个安静的地方，比如说山里呀，没有人的地方。我就问老师，是不是要找这样一个地方？

他说山上本来就清净，还要你去清净什么？就是要在闹市中，要像莲花那样扎根于污泥，都能够清净，这才是真清净。老师的话给我很大的启示。我也明确了静坐应该是什么样子。于是回到北京以后，就按照老师说的这样去练。这就是我认识南老师和开始打坐的一个经历。

回想起来，觉得非常幸运。人海茫茫，书海无边，我怎么就一下子找到这本书，然后就受到南老师的指导练习打坐？这实在是一种缘分吧。

那个时候是 1993 年秋天。那段时间我工作还是很繁忙的，后来也经历了工作上的一些变动。但是不管工作怎么忙，我都尽我最大努力，不要中断这种修习，在这个过程中也有很多感受。

中西学　体与用

我 2006 年退休之后，就有比较充裕的时间集中精力去修行，也结识了一些对这方面感兴趣的年轻人。2008 年在一个青年海归的会议上，讨论新一代海归的使命。大家都踌躇满志，要为中国的富强、中国的文明去奋斗，去努力，等等。在这个过程中我就有感而发。我说，你们如果要在中国做事情的话，一定要对中国文化有所了解。有人提出很希望去见南怀瑾老师。他们都知道我认识南老师，就问能不能去联系一下。

那我就很快地跟南老师取得联系，向他汇报了这件事情。我说南老师啊，你经常讲要普度众生。你说过众生不是一下子就普度的，人是分一群一群的，分不同的类型。我说这一批人是年轻人，而且他们有志于为社会作贡献，将来可能对社会对大众是有影响的。如果他们对中国文化的精髓有所了解，会有利于他们成功。这些人是不是应该先帮助帮助啊？南老师说完全正确，叫他们来吧。我就通知了有关的人，他们都非常高兴，就去了太湖大学堂，见了南老师。南老师也是非常乐于和这些青年人交流，去教化他们。

当时一个争论很大的问题是：中学为体西学为用，还是西学为体中学为用？不少年轻人认为，现在中国要现代化，就和以前的中学为体西学为用是相反。搞市场经济，搞先进的科学，很多理念，应该是西学为体，中学为用，应该是反过来了。我个人当然是不同意这种观点了。

南老师非常严肃地讲了这个事情。他说何为体，何为用？“体用何妨分不分”。我理解南老师的话，是实践中要具体情况具体分析，不能空泛讲个死板的大原则。他说，当时那些人为了中国的现代化，提中学为体西学为用，是为了哄慈禧太后的，不要把它当成一个什么事情，等等。

南老师说了这些比较深奥的道理，或者说大家比较关心的话题。讲了之后，南老师一高兴，原来说只讲一下午课，晚上就各自回去了，结果老师一高兴说晚上再加一节课吧。吃完晚饭，大家兴高采烈地又回到礼堂里，继续听老师说。南老师就说起中国文化，讲起生命科学，讲修身齐家治国平天下。怎么修身呢？就是自己要修炼，要审视自己的人生。

被点名

在修身方面呢，他就讲要打坐，一高兴他就坐到讲台上，台上有一个讲桌，他就干脆坐到讲桌上，开始坐起来，大家就热烈鼓掌。老师把自己的衣服掀起来，说，你们看我的腰很细的。他的意思就是说，修炼的人是有一定的形的。他经常讲，你看一个人要看他的形和神。

讲的过程中，忽然有一个年轻人，就说：老师啊，我们要学打坐。

老师说：你们从来没有打坐过，你们也没有资格跟我学。再说了，你们这么远从北京到上海来，也不方便嘛。

我当时也是陪他们去的，我坐在台下。他就指着我说，北京有个李青原，你们去跟她学。这么一说，我当时吃了一惊，这事先都没有跟我打招呼的，他就当着众人这么一说。我觉得他也就是说说吧。但是会后同学们就开始问了，你什么时候开始教我们呢？我说你们不要当真啦，南老师只是说说，这个事情太严重了，不是真的。但是他们就一直说不可能，这么重要的事情，怎么不是真的呢。

过了一天，我觉得这事情确实要问清楚。我就打电话给南老师，我说南老师啊，你这不是当真的吧？你真的让我教他们吗？我教不了。我说我自己修得这么浅薄，然后身体还七扭八歪的，那么多病，我可没有这个本事，修得太不够了。

南老师说：谁修够了？谁修好了？修没修好，有没有水平，这都是相对的，一辈子修炼是没有止境的，都是相对而言。你就把你怎么修的，经验心得跟他们共享一下，帮一帮他们。

我说，你说的是认真的？他说，我是认真的，这件事情我是非常认真的，这种事情怎么能开玩笑呢？

后来我想了一下，既然老师这么说，我也要认真地对待这件事情。后来就专门去了大学堂。我说：老师啊，你要让我做这件事情，我左思右想，你要给我一个书面的认可，书面的指示。

他说：书面的，你要我写什么？

我说：你要写上这件事情，是你让我做的，不是我自己要求做的。以后有什么事儿我可担当不了，这个事是跟生命相关的。

他说：可以呀，我写一张纸给你。

我等了一天，第二天他拿了一张纸，就给了我一个书面的信。意思就是说我跟他修行了一段时间，现在有人要求学，我应该尽我所知，跟他们共享，帮助他们。我当时觉得一副重担压在了我的肩膀上。

但是师命难违。我说：那我遇到什么问题一定要来向你请示，你一定要帮我。老师说：没有问题，随时都可以。

这就是在 2008 年南老师给我那封信后，在他的鼓励和坚持下，我就开始办起了“青草南园”。

青草南园

怎么取的“青草南园”这个名字呢？我当时说这个事情名不正则言不顺，则事不成。要办这个事情，我们这个班要有个名字。既然是南老师嘛，那就叫“南园”。

另外，南老师讲中国道家文化是非常了不起的。他在书中讲了很多，对儒家、道家、佛家，他们的作用、地位、功能都有详细的论述。在讲到道家呢，他说了，这些伟大的诗人，伟大的中医，还有一些伟大的政治家，很多都是道家。白居易，离离原上草，中国人的精神，中国人都自称草民，生命力特别强。所以我就想，叫“南青草园”吧，南是南老师的姓。南老师说这个名字太难听了，他说，把这个字顺序改一下，叫青草南园。当时在座的一些朋友都说，哎呀，这个好听。于是就取了一个名字，叫青草南园。

当时南老师让我办青草南园的时候，就这样说服了我，我就说那好吧，那我办。我做公益，给大家弘法。老师马上说：不行，一定要收费哦，而且不能收得太低，你明白吗？记住，“宁将此身下地狱，不把佛法送人情”。旁边的宏忍法师就把这句话写下来，我到现在还留着呢。南老师说，一个人首先要有福报，你懂得世间法，有福报，你才谈得上去修出世法，所以不是什么人都可以修的。他特别讲了这句话。

我在办青草南园的过程中，也遵照他的这个思路。当然有些人因为特殊原因，我们可以给他一些优惠安排。但是总的来讲，我们还是非常重视南老师的这句话。

一转眼就十年过去了。我因为南老师让我做这件事情，所以更加不敢不精进，不敢懈怠。同时在办青草南园的过程中，自己也很受益。对于怎么样静坐修道，特别在入门这个阶段要注意什么，也有自己的经验和心得。同时不单是我自己，到现在为止，在青草南园共修的同学已经有三四百人了。从他们身上我也观察、总结了很多东西，也愿意把这些跟大家共享。

难忍之忍

比方说，想静坐入门，首先是具备什么条件？第一个很重要的，要有这个心，要发愿。修炼不是一个随随便便的事情。因为它要经历不少的痛苦，甚至是磨难。我记得我从南老师那儿回到北京之后，自己坐在家里练。觉得南老师引导的时候是一个状态，回来自己坐，完全不是那个状态。没有老师引导的时候，坐了十来分钟就疼痛难忍。身体里头结节也多，障碍也多，疼得不行。

坐了一段时间以后，疼得我饭都吃不下，最后只能哇哇大叫。我觉得自己身体裂开了，好像有人把我从脊椎骨那里锯成两半一样。怎么办呢？我就想起可以给南老师打电话，我就跟老师说，如果我疼得饭都吃不下，那怎么办？

老师说吃不下你就不要吃嘛，一天不吃饭饿不死。我说：这么疼，我的身体都被锯成两半了，怎么办呢？

他说：祝贺你呀，身体就是两半嘛，左为阳，右为阴。修炼不但要有感觉，还要有知觉，你要知道为什么疼，你要不怕这个疼。

他又说：人就是感觉和知觉。你能分清什么是知觉，什么是感觉，你就有很高的境界了。没有决心不行啊，没有发愿的心不行啊。你看过《西游记》吗？你以为那是写旅游呢？那写的是修炼，懂吗？有磨难，有魔障，有诱惑。你坐在那儿疼得要死，心里想我干什么？出去走一走多好，吃喝玩乐什么事不能干，要坐在这儿受苦？如果你要这样想，就不要练了。不疼不痒地就能修炼成功？不可能，所以你要想清楚。

听完老师的这个话，我顿时转悲为喜。天哪！原来修炼不只是治治脖子疼、代替医生这么简单，这个事情要全身心地去修的，包括你的思想状态，精神状态。人的生命有看得见的部分，也有看不见的部分。有你感受的部分，也有你认知的部分。你的生命有很多层，有很多相，有很多维度，不光是我们看到的一个肉身。

心跳停止

我觉得这条道路是很有意思的，但是要不怕死。

有一次我睡觉之前躺在床上，开始运气，做一种呼吸的练习。到一定的程度，忽然觉得好像心跳停止了。我脑子里一闪，心想：糟了！遗嘱还没有写！我要是再喘不过气来，我就过去了。不行，我还是要深呼吸，一个劲儿地深呼吸，最后总算是缓过来了。我觉得我死了一回。想起南老师书中的一句话，要想人不死，先要死个人。这就是当时的感受。

后来不久，我到太湖大学堂，跟南老师汇报这件事情。南老师就叫来了当时在太湖大学堂的很多同学，说，你们大家一块儿听。他让我把事情再说一遍。我就又说了一遍，老师说：听见没有？修炼是要有勇气的。你是用自己的生命在做实验，不是用小白鼠在做实验，要不怕死，懂吗？

他这么一说，我当时很不好意思，但是也坚定了我的信心，这是我要讲的第一点。就是说各位想走这条路的，首先要认识到，这不是说你出去玩一趟，花点钱什么的，这必须有身心的投入。

入门的根基

修炼到高处，是要有一种真善美的境界。一个本性善良的人，他有这个真善美的根基，才会被修炼的境界唤起。如果这个根基没有，其他的根基，身体的，心理的，也不会建立起来。

这就是南老师为什么经常讲，不是所有人都能度的，只能度有缘之人。我个人理解就是你要有这个根基，这个根基从哪儿来呢？这个可能因素就多了，但是我自己想，教育是很重要的一方面。这是第二点。

关于怎样进入这个门，首先你要有这个心，有这个根基。

意识超越身体

第三点，我看很多年轻人，包括不同年龄的人，一听说静坐，首先就说，我怎么才能坐得住啊，我怎么才能静下来？一个人怎么可能不想事情？怎么可能坐在那儿一动不动的像木头一样，怎么可能呢？怎么才能坐得住？这是一个问题，也牵扯到很多方面。就我个人看法来说，首先你要明确南老师说的，你腿疼你知道，但是你知道你腿疼的那个“知道”，它是不疼的。这就是说你的身体和意识是可以分离的。

同时，你知道你在打坐，你知道这个痛是你通的一个过程，那你就知道你必须忍过去。你在意识上明确，这只是你身心修炼的一个步骤，你就不会被这种疼吓住。这个，在概念上要明确。

对念头怎么办

我们都活在尘世间，有办公室的事情，有家里的事情。社会上，世界上，一坐就想起了各种事情。怎么办呢？老师说这是自然的，你不要一坐就想，哎呀，我要静，我要空，这是执着了。其实所谓静呢，是不要执着。他说你看，你往这一坐，脑子里会出现念头吧。但是如果你使劲地跟自己说，我不要想，我不要想，拼了命地去赶走这些念头……想赶走念头的念头又是另外的念头。

所以怎么办呢？就是不要执着，学会任何一个念头来了，非常快地把它打发走。我就想了个办法，打坐的时候旁边放个笔和小本子。比如你忽然想起来，我还欠谁300块钱呢，真不好意思。那就赶紧写下来，明天早上几点钟还钱。好了，不要再想了。坐一会儿又想起来，办公室里有一个同事，家里有什么问题了，我应该帮助他一下。马上在小本子上写上，几号几点钟给谁打电话，解决什么问题。完了不要再想了，就这样。

这样做了以后呢，老师说，你可以养成当机立断，快速决策的习惯。我觉得这个对我实在是很有启发。

都打发完了，干吗呢？关注你的呼吸，关注你的心跳，观察你自己的内脏。按一句话讲就是，“寂然不动，感而遂通”。你老是去想，你不可能感觉到这些东西，脑子里全是外头的东西。你感受不到你自己，所以如何才能坐得住？这是一个非常大的问题。

禅宗达摩祖师曾经讲过：“外息诸缘，内心无喘，心如墙壁，可以入道。”我们在青草南园的初级班里，经常要大家背这句话的。我们心理各方面都会出现问题，所以佛家讲首先要忏悔。不过我个人经常说，年轻人一般没做什么伤天害理事情的，诚恳忏悔到心安即可，也不用一个劲儿没完没了地去忏悔。

各有因缘

另外就是每个人的情况不同，虽然打坐是修道入门的一个方式，但不是说每个人都必须这样。我曾经请教过南老师，因为来的不少都是年轻人，有的身体重，体型大也不容易很快坐下来。那我就问南老师，我说可不可以先让他们去站？或者一些其他的方式，来调整呼吸，整理自己的心理，达到入静，像《道德经》所讲的，专气致柔，首先呼吸能够柔起来，不一定非要用坐的方法。老师说完全正确，要因人而异。

我后来有一个机会学会了站桩。对一些很想一开始就打坐的青年人，我一看他们的体型状况，就干脆地说，你先别坐，你先去站吧。有些年轻人干脆站完了就不来了，觉得站得很好，就不用坐了。我说没有问题，你不用非得坐，你如果站能得道也可以啊。入门的方式很多，至于怎么学的站桩我后面再说。这一点对想修炼的人是非常重要的，不要太执着于一种特定的方式。

还有一些年轻人一来就说：你先给我讲讲静坐的道理是什么。我说人的语言是有边界的，不是什么道理都能说出来的。道可道，非常道，好多东西是要感受的。你的感觉、知觉，有不同的功用。不是说我非要有知觉才能认识到真理，很多真理很多东西除了文字表达，还有艺术，音乐，还有其他的各种形式。人认识世界是有很多渠道的，有很多方式。

那些文化程度非常高的人就认为：我非要去看书，先看什么书？你给我讲讲这是什么道理。我说第一，我没有那么高的水平去说这些道理。第二，这个不是说让你去懂什么道理，是要体认的。他就说那不行，反正说不清的事情我是不会去做的。我说那对不起，没有办法，不强求。所以别说坐不坐得住了，他根本就不认可这样一条道路，那也就算了。

还有就是，你说要能坐得住，是不是先得把那些书都看完了？明理，我觉得这是一个渐进的过程。比方说我在香港，刚到南老师那里的时候，满屋子都是书。穿梭不断的人都是来学习的。每个人走的时候都领一大摞书，用带着轱辘的箱子推着走了，一大包扛走了。我说我怎么办？我也赶紧弄一些书吧，然后我就搞了一些书。拿回去就开始看，有的书我能看得懂，但是很多书我都看不懂。特别是很多经，很多口字旁认不得的字。我觉得这些道理离我好像比较远。我看《道德经》看得很高兴，看《黄帝内经》觉得很亲切。其他那些，我觉得一定是很深奥，我觉得我水平比较低，比较愚钝，能接受的东西比较少。看人家引经据典，张口就嗯嗯啊啊的，我很羡慕。我就说，怎么办呢？我差得太远了，我是不是要先把佛理搞搞清楚？我就问南老师怎么办。

老师说八万四千法门，各有各的门。有的人必须看书，有的人就只能出家。你呢？就打坐。书是要看，但是现在先不要看，最起码不要看那么多。你先坐，老老实实打坐。到一定阶段，我会告诉你看什么书。

后来南老师确实给我指定的书看。后来还特别送了我几本他珍藏的书，他说你好好保存啊。书一定要读，不明理是不行的。只不过每个人的次第不一样。

所以关于怎样坐得住的问题，就讲这几点，供大家参考。

防范风险与偏差

第四点想谈谈，怎样减少在修炼过程中的风险和偏差。

修炼这件事情是有风险的，可能会偏差。风险有大有小，偏差比风险的程度轻点儿。风险是什么呢？在修炼过程中，你身体可能会出现一些状况。在事先如果有了解的话，就会避免可能出现的事故。

比方说，我在那次跟南老师汇报之后，就开始随身带着速效救心丸。我跟南老师也汇报了，老师说完全正确。虽然说是“先要死个人”，但是真要死过去也是不对的，不值得的，修炼修了半截儿，人没有了……带速效救心丸是对的。有年轻人问我，是否每个人都要带速效救心丸？我说，我因为年龄大，本来心脏就有毛病。至于年轻人，其他人，可自行决定。

身体可能出现的偏差，有时候是你不可预测的。

还有一次，我过马路的过程中，突然左腿不知道什么原因，不能动了，当时车子就开过来了。我非常恐惧，左腿的小腿很沉重。因为学了点中医，我就把我的意念完全集中在身体的右上方——左下方的对应是右上方，腿就能动了，安全走过街了。这事情我也向南老师汇报，他说完全正确。我那时候是天天在打坐，天天练，但是身体就出现了一些很奇怪的状况。

遇到这些风险，你还是要懂一些身体的道理。就像南老师说的，所有修炼人都要懂一些医理。后来我又推进了一步，因为现在学习方便了！不但要懂医理，还要懂点医术。我自己后来也学了一点中医，特别是针灸，自学一些有关的知识。我们青草南园有不少同学也学了医术，如推拿、针灸、按摩等。

方向与次第

第五点，决定走上修行之路的时候，最重要的是方向和次第。怎么决定你的方向呢？你决定要做什么样的人？你人生想实现怎样的价值？你想让自己在什么方面对社会有贡献？修炼也是一样。你生命的向度，有自然的向度，有社会的向度，有历史的向度……哪个对你来说是最重要的？你的天赋在什么地方？你的慧根在哪儿？你应该通过什么道路来实现你自己，来成就你自己？

所以在修炼中要自我调理，自我修正。就像南老师讲的，什么叫修炼，就是不断修正自己的行为，修身，修心等等。你的方向是什么？是去庙子做出家人，还是世间法出世法都修？还是怎么样，修到什么程度？这是每个人自己去定的。我觉得这个非常重要。你有什么样的目标，什么样的价值取向，乃至于美学取向，就决定了你选什么样的老师，用什么样的修炼方法，这是讲方向问题。我觉得每个人都要考虑清楚。否则你就会漫无边际地去寻找，去尝试。但是我们的生命是有限的。好学当然是好事情，但是到了我这个年龄，就会反省自己，这个方向是不是走错了？人的生命毕竟是有限的。有些东西是相互冲突的。这些方面我曾经有过失误，特别提出来给大家参考。

另外就是次第，这个《楞严经》有讲。第一步怎么迈？迈到哪儿？比方说南老师讲，筑基非常重要。这个基在哪儿？有不同的说法。有人说这个基在上丹田，有人说在下丹田。有人说应该先练气，有人说应该先静心。各种说法都有。

当然，次第有总次第，有分次第。正像南老师在《静坐修道与长生不老》中指出的，静坐修炼的次第，先改变身心状况，然后是变化气质，最高境界是开启心智。我这里主要讲的是身体部分的次第。

不要随便辟谷

还有的同学一来就问，我们是不是要先不吃东西？先辟谷吧。有不少同学还没有调理自己的身体状况，就开始不吃东西了。我个人认为这个是有问题的。其实我自己也经历过这个。那个时候在香港，周围的同学，今天这个辟谷，明天那个辟谷。

我就问南老师，是不是也应该辟谷啊？南老师看了我一眼说，你现在还没有资格辟谷。我说：哦，那什么时候才有资格啊？老师说首先要会食气。

无胃则无气。我有一段时间就是，打坐觉得越坐越舒服。越是舒服就越不想动，越不想动就越没胃口。越没胃口，就越觉得自己气满不思食。不思食就更不食了。我觉得离神仙不远了。结果弄了半天，镜子里一照，面黄肌瘦，和难民差不多。不对了，去检查身体吧。

医生一看你寒气太重，胃口有问题，肠胃有问题，吸收不好。

赶紧往回走，有什么病治什么病，有什么毛病调理什么毛病，该吃饭吃饭，该睡觉睡觉，要把自己搞得强壮起来。有一种思路是先修后天，再修先天。脾胃是后天之本，要知道脾胃如何，其实很简单，看看舌头就知道。

脊柱要正

我的脊椎很不好，但是很幸运地找到了一个非常好的中医正骨医生。大家都知道双桥老太太，中国中医骨科四大名医之一。她的高徒吴先生，请他帮我调。不要以为只要打坐就能解决所有的问题。有些很顽固的结节，不通过外力也是解决不了的。南老师说人最大的气脉在脊椎，人是个脊椎动物，他也请过一些医生，给大家正骨。还特别关心，到处问，你们正得怎么样啊？

南老师说为什么让你们知道一些医理，一定要配合内力和外力，动与静，两方面不能偏废。他那时候在太湖大学堂看见大家打坐，有些人面色苍白，就把少林寺的王洪欣老师请来，教大家八段锦、易筋经，然后跟我们说好好学啊！我很惭愧，身体条件比较差，也比较笨，学这些没学成，现年纪大了，可能也就这样了，年轻人应该记住南老师的这些话。

先做到身体健康

这个次第，首先是健康。老师说了，你浑身病痛坐在那，你能静吗？不可能啊！这疼那痒的，怎么弄啊，坐也坐不住，那个脊椎都是弯的。还有的同学我一看就是营养不良，所以就提醒他们注意自己的饮食结构。

所以修炼是有生命科学在里面的。南老师曾经说："别人问我信什么教，我信睡觉。"不是说宗教不重要，而是在修炼的过程中，你的身体是要讲科学的。在处理具体的事情的过程中，你不能光靠宗教。所以南老师当时说了这一句夸张的话。

如果你是初学，南老师在《静坐修道与长生不老》的书里讲了，怎么证明你的方向是正确的？这不难，自己照照镜子，你修了一段时间后，是不是吃饭更香了，睡觉更深沉了，休息得更好了，走到哪里人家都觉得你很有精气神，走到哪里大家都很高兴，看你一脸是阳光。舌头伸出来是不是还有齿痕，消化吸收怎么样？这些是最基本的健康状况，就能证明你的方向对不对。

我这里只是讲入门，以后还有以后的说法。我过去犯过错，就是急于求成，老觉得自己跟人家不一样，我一定会比人家怎么怎么着。其实人的基本健康指标是差不多的。

老师说，你看你的形与神吧！你形都不对，神也不对。你就是手上缠再多的佛珠，你就是念经念得再顺畅，你也不是真的修了。

这个提供给大家参考。

教学相长

我从小就身体不好，再加上正在长身体的时候干重体力活，就更差了。我们这一代人正好生逢中华民族经历大变革的时代，不管是国家还是整个民族，都经历了很大的动荡，那我们这代人不可能不受影响，从身心方面都经历了磨难，锻炼了意志，同时身体也受到了摧残。我非常有幸走上了修炼的道路。

以前觉得我既然是这么一个情况，我就把自己修好了。但是南老师就说了，要度己度人，所以他让我办青草南园。他说，你要搞清楚，这是修炼的一部分！

学站桩

我前面提到不一定非得先坐，可以先站。我是怎么认识这个站的呢？

是因为有一次在上课的过程中，我就讲道怎么入静。有一同学就问老师，什么是入静啊？什么是入定啊？入静入定那不是一回事，但是开始大家也分不清入静入定，就混着说。我忽然想起南老师有一次讲课中讲到，不要把这入定看得这么神秘，不是说非得用盘腿才能入定。他说，一个艺术家在从事艺术创作的过程中，到了忘我的境界，那个也是入定。想起这句话后，脑子里就出现了一个名字——齐白石。我说你们看过齐白石的画没有？有空去看看齐白石的画，我自己非常喜欢齐白石的画，从他的画中我能够感受到，他的手通过笔所透出的那个道、那个力和那种定。我说你们看他画的那个蟋蟀，那个须须比头发丝还细，从画纸的左边一直到右边。那个须须之流畅，你就知道他那个时候是定的，他没有喘气的。喘气的话不可能是这样一个线条。说完了以后，同学们好像有所悟。下课的时候，有一个叫王鹏的同学，他非常激动，老师你知道吗？齐白石是练大成拳的。我当时特别高兴，我说太对了，我事先不知道他练过，但是从他的画中我感受到他不是一般的艺术家。

然后我说那太好了，所以他才能是这样一位艺术家。他说老师你知道吗？我就在学大成拳，我有一个老师。我说在哪？他说在昌平的山上，我喜出望外，我说太好了，可以去拜访吗？他说可以啊！他说你想什么时候去？我去联系一下老师，我跟他学了很多年。

我就先去请示南老师。南老师说：哦！大成拳，王芗斋先生集各家拳术之精华，创造大成拳，好东西可以学。于是乎我就跟这个王同学说，咱们上山。很荣幸地见到了崔瑞彬老师。我学了以后觉得这个东西太好了，非常受益。我就号召我们青草南园的同学也去学，很多同学就是通过站桩以后，身体发生了很大的变化。崔老师他说这个东西就是身体力学，我真是脑洞大开。后来学习站桩就成了我们青草南园的一个传统了。

学头皮针

有时候我会在跟大家交流的过程中有感而发。有一次我讲到这个头皮很重要。曾经在南老师那儿看过一个录像，老师那里集中了很多各路的高人，比如录像中有一个和尚，受伤在山里头，没人理他，半死不活，身上到处是伤。他没办法，结果伤好了以后浑身就不能动。那么他怎么办？他就看山里的动物，在看山里的那些野兽，没事就用身体在树上蹭，使劲去蹭。他身上不有疤吗？有结节吗？找不到医生，也没有钱去看医生，他哪儿有结节就在树上蹭，去刺激经络。后来这个和尚身体痊愈，还成了功夫教练。我看了以后想，这不错！既然头皮很重要，那咱们就把头顶在门框上，顶在有任何棱角的地方去松头皮，因为百会穴嘛，是全身神经的一个集中的地方。这就跟和尚在树上蹭结节的道理一样。在让大家去松头皮的时候，我就顺便说了一句，头皮太重要了，要有专门头皮上的针灸，就好了。

结果一个卫同学，她是一个专业的针灸师，她就说：老师！确实是有头皮针。朱明清大夫，原来是上海中医院的，后来去了美国，在美国有诊所，治好了很多的心脑血管啊，瘫痪啊，很有名的！我说太好了，居然真有头皮针。我说那什么时候来北京，你一定事先通知我。过了几年，她给我信息，老师啊，他到了北京了。我马上去学，我们青草南园一共去了八个同学，都是中医爱好者。我个人非常受益于这个头皮针，我这里不少同学，他们在调自己的身体经络的时候也是非常受益。

博闻广采

很多同学知道我对道家修炼的方法感兴趣，他们碰到一些奇书，就特别愿意拿来给我看。我们那有个小谢同学拿来一套仙学的书给我看。仙学是把这个中国文化中佛道儒三家里凡是跟身体跟养生相关的，它提炼出的那些口诀啊，我认为非常精辟。

还有一个同学小王，拿了一本60年代油印的书，说老师你看看这个吧！有什么好东西，你看完了以后教我们。

后来我也给同学们讲，怎么看书。我的体会是眼随心驻，眼睛随着你的心。你的心驻在哪？一个马字旁，驻扎的驻。有时候我觉得人的身体很奇妙啊！你的心会被某些东西所吸引，不知道什么原因，你的眼睛就会停在那，然后就好像在一片沙子里发现了一粒金子一样的。我就发现了这个“金钩”，一个修炼的方法，一个简单的手印，对于你去找到有气息支持的深呼吸，特别是下丹田里头息的寻找和感受到它的运行，非常有帮助。因为这件事情我也很开心，就又想起南老师说的话，教学相长。

这些有着同样的修炼追求的人在一起的时候，出于各种原因脑子都往一个地方去想，它会形成一种共识，一种势，这种势会推着整体不断地进步，这是一件很奇妙很愉快的事情。所以又想起南老师那句话，要度己度人，度人同时也能度己！不少同学在其他的地方学了好多东西，他们很愿意跟我交流，我非常鼓励大家，我老说你们都去四处寻仙问道啊。谁愿意来谁来，谁愿意走谁走，我不要求你们非要跟着我，我这只是一个小小的入门。你们四处寻道，学到什么高招，回来教教我。我有不少东西就是从他们身上学来的。

有一位同学告诉我，她的台湾朋友用了一种甩手法，有癌症就甩甩甩，居然恢复得特别好，你在网上查李凤山先生甩手法。好，我就查一下，一练真的很好，马上推荐给青草南园所有的道友，现在成了我们上课练习的一个必做的动作。海纳百川吧，是好东西都要吸收，特别是那些既简便好记又有效的。因为毕竟现代人都追求短平快，这个心态也很自然，事情太多，特别是上班族，你说让他去背很多东西，很复杂的，他们又不是专业的，所以也比较麻烦。因此一些非常简便易行的，当然我都是自己先练，自己先尝试，好的东西我会推荐。经过实践，经过几期同学练，比如这个效果好，我们就把它固定下来。

与时俱进

虽然开始在南老师那里上课的时候，南老师跟我强调双盘，40 分钟不能动。我发现双盘对某些同学是合适的，对很多现代的年轻人却不合适。因为他本来一天八小时就坐着，你又让他坐，一来就双盘，大部分脊椎又不正，结果越坐越歪。南老师多次跟我强调，一定要与时俱进，一定要针对现代人的特点，去找修炼的办法。所以我就记住南老师的话，这十年在不断地调整我们的课程内容和具体方法。比如，初级班已不再一上来就强调双盘。

南师指路

南老师竭尽毕生的精力，把中国文化的经典通俗化，使它们不仅只是束之高阁的文字，而且还变成了人们可以认识、可以实践的修炼方法和规则。这样，大家在实践，在吸收，乃至在弘扬这些经典的过程中，有路可走，有规可循。这实在是一件很伟大的事情。

我们中华民族基本实现了从贫困到小康，我们正在走向富强，但这还不够，我们还要走向文明。这个文明肯定要落实到每个人的身上。我们做一个文明的人，首先要做一个自觉的人。南老师在中国文化乃至东西方文化发展过程中的地位，会逐渐得到人们更深刻的认识。

从文化方面来讲，我们有数千年的精华，我们也有数千年的糟粕，这是南老师的原话。我完全赞同。我们需要弄清楚哪些是精华，哪些是糟粕，哪些是我们必须继承的，哪些是我们必须抛弃的，使我们真正成为一个先进的文化。历史上先进不代表今天先进。

同时作为中华儿女，我们应该为能有南老师这样的导师感到自豪。既然有导师指路，我们就应该珍惜，应该奋发精进，让我们的社会、让我们的世界更加文明起来。

践行南师思想　做乡村教育的传灯人

樊英

2010年3月的一个下午，在太湖大学堂第一次见到南怀瑾老师。那天我们带了一部记录内地乡村学校老师和学生工作生活的纪录片请老师观看。那天的话题也一直是围绕着农村小孩子读书和传统文化在乡村的重建展开。

那个时候的我，对中国乡村教育充满了困惑。

1984年大学毕业后在西部一所大学做了八年教师，之后到广东教书。一个偶然的机缘接触到乡村老师和学生。之后进入一家教育公益机构，开始在乡村做助学工作。从1997年开始的十多年时间中，有一大半时间是在全国各地的乡村学校做助学项目。这期间特别深切地感受到城市化进程带来的中国乡村的凋敝。在乡村文明的流失中，教育逐渐丧失了自己的根基。

我走访过近千所乡村学校，见到无数个教师，看到听到的是这样一个悖论：那些坚守中的乡村教师，他们对孩子的期望，如同家长和孩子们一样，只有一个，就是离开农村！你会不自觉地问“离农弃农”难道就是农村教育的目标吗？如此下去，农村还需要学校和教育吗？乡村教育真正的功能、价值究竟是什么呢？

那天傍晚，南老师讲起儿时读书的感受。他说文化重建必须从儿童抓起，通过读书，特别是阅读经典与前人沟通，从前人的智慧中吸取思想养料，使文化传统得到延续。那之后有幸走近老师，得以学习、领会老师的思想。

南老师重视教育，尤其重视中国古老文明中优秀的思想、价值观的传承。强调中国传统文化具有自己本身的价值，这种价值完全可以和世界其他的文明互补，成为人类精神共有的财富。老师认为中国传统文化具有自我修正、成长的基因和力量，在今天的社会仍弥足珍贵。

南老师讲传统文化，但南老师并不封闭。对于现代科学技术始终投以极大的热情给予关注，进行研究，并鼓励大家学习。他自己一直努力做着认知科学、生命科学与传统文化相结合的研究与传播工作。

在老师的带动下，2011 年，宏忍老师等南老师的学生捐赠了 800 多册图书给桂馨乡村小学，又捐款在河南嵩县的下蛮峪小学建成“桂馨书屋”。

2012 年 8 月，收到马宏达老师的信息告知南老师要为我们捐款。9 月上旬，几笔捐款先后到账。其间，我们一直商量这笔善款的用途，大家一致同意用这笔善款设立一个针对乡村一线教师的专项基金，用以倡导和鼓励回归本质的教育。就在我们为专项基金制定实施细则时，老师仙逝。他老人家的厚爱也成为我们的殊荣、激励和鞭策。老师的所作所为帮助我更好地领会了教育的本质。

到今天，时间过去了八年，凭借微薄的力量和不断增长的信心，我们在中国乡村平实地为“做人做事”的教育寻找可行、可及、可努力的道路。事实证明，这条路有希望，有未来。在这条路上，如果说老师是点灯人，我们便是传灯人。

这些年，我们在中国乡村努力践行着南老师的教育思想，实施了一系列公益项目，取得了一定成果。

首先，针对改善贫困地区乡村学校缺乏优秀图书、阅读困难的现状而设立了“桂馨书屋”公益项目。2008 年，老师为桂馨基金会和桂馨书屋题字。

“桂馨书屋”选择优秀图书捐赠给乡村小学，同时为学校培训图书管理员，派遣大学生志愿者在项目学校带领师生开展阅读和拓展活动。亦开展针对教师、阅读领读人的各种培训，支持学校改善阅读环境，建设书香校园。

我们相信，阅读可以改变世界。桂馨书屋关注师生阅读习惯的养成和阅读能力的培育；提倡理解、应用、互动的教育；鼓励跨学科的、更加自然、直接的对知识的思维和理解；提倡乡村师生自主管理“桂馨书屋”。

2011 年春季之后“桂馨书屋”项目增加了南老师指导编写的《儿童中国文化导读》等传统文化书籍的捐赠；在部分山区小学争取到低年级学生经典诵读课程的固定时间；还尝试在“悦读周”及“拓展课堂”上增加活动环节。

2013 年后，与专业阅读机构合作，在项目区域内针对老师做阅读“点灯人”的培训。去年四月由乡村老师自发组织的第一个“桂馨书屋阅读联盟”在河南嵩县成立，到年底周边几县的近百名乡村老师加入了阅读联盟。桂馨与凤凰母语合作的大型“阅读领航员培训计划”落地执行。书香校园学校建设也开启了桂馨书屋 3.0 时代。我们欣喜地看到阅读带给老师和孩子们的改变。

到 2018 年 10 月，我们已经在 15 个省的 40 个县建立了 258 个桂馨书屋。捐赠图书 55 万册。培训教师 4700 人次，培训课时 1273 小时。此外还做了 125 期线上交流活动。书屋直接受益乡村师生 203,777 人。服务书屋的志愿者 4524 人，贡献服务时间 971,392 小时。

其次，我们设立了桂馨科学教育支持项目。项目专注于中国西部地区农村小学科学教育支持，致力于推动农村青少年良好科学素养、独立人格、探究精神的培育和形成。

到 2018 年 10 月，这项工作为中西部 5 省区 35 个县培训了 5318 多位乡村老师，培训课时达 7694 个。捐建了 9 个科学实验室，捐赠了 657 套科学实验工具箱，组织了 20 场青少年科学探究夏令营、25 期东部教师西部行和 9 期西部老师东部住校交流活动，41 期网络研修活动。受益师生超过 90 万人。

这个项目凝聚了 1089 名科学教育专家、名师等专业志愿者，他们累计贡献了 11.6 万个小时（折合 14,558 个工作日）的志愿服务。专业支持力量渗透在这个项目的各个方面。几年来，出版、再版科学教育资料若干。

科学课项目实施成果已经开始呈现，2016 年，教师自发性学习组织“桂馨科学教师工作室”在青海湟中县诞生。与此同时，在四川绵竹、什邡、汶川等地的桂馨科学课教师也都组成了自己的学习团队，各地教研中心组已经建成，并开始自主开展教学研究与地域经验交流活动。

桂馨科学教育项目的成功，让我们看到了南老师所说的实事求是、身教言传和潜移默化的力量。而充满生命力和创造性的给予和分享、生命的互相激发和共同成长其实正是教育的本质所在。

再者，我们动员社会力量，在全国范围内开展了乡村教师支持项目。

中国乡村有 6500 万留守儿童，他们普遍缺失父母的关爱。330 万乡村教师陪伴在这些孩子身边，特别是那些边远的山区寄宿制学校，年幼的孩子如同一张白纸，为师者教他勇敢，他便强悍体魄和锤炼内心；教他学识，他便明了周围世界，探究未知；教他道义，他便自知人人平等，他人不可侵犯；教他慈爱，他便知生命之宝贵，并为他人奉献。那里的老师既是传道授业的师者，也是关爱体贴的父母，更是行为引导的兄姊，还是儿童社会化过程的深入参与者。教师的品质决定了教育的品质。

2010 年桂馨实施了关注乡村教师、弘扬师德精神的大型项目“师魂”。2011 年在贵州、青海、甘肃、四川等地贫困山区实施了“代课老师薪资补贴”“乡村教师子女奖学金”“乡村教师视野之旅”等项目，在一定程度上缓解了老师的实际困难，提升了乡村老师的职业认同感和归属感。2016 年开始，桂馨对乡村老师和校长开展心理支持项目，在5省11县举办了15场乡级心理学培训，培训教师和校长 2,722 人次，培训课时 264 课时。截至 2018 年 10 月底，桂馨乡村教师支持项目直接受益人数为 23,095 人。

在这里特别值得一提的是“桂馨·南怀瑾乡村教师奖”公益项目。

2012年9月，我们收到南老师捐赠善款36万元。2013年3月4日，在恒南书院与南国熙先生和马宏达先生见面，确定了由桂馨基金会与南怀瑾文教基金会合作设立“桂馨·南怀瑾乡村教师奖”。

“桂馨·南怀瑾乡村教师奖”以南老师捐赠善款为起始基金，面向社会爱心人士筹集善款，到2018年10月基金已达到510万元。该基金利息用于支持获奖老师开展教育教学实践。此外，南怀瑾文教基金会为第一届、第二届、第三届“桂馨·南怀瑾乡村教师奖”捐赠奖金金额共计97万元人民币。

“桂馨·南怀瑾乡村教师奖”倡导教育回归健全人格的培养、鼓励优秀传统文化传承和结合乡土的教育创新实践。该奖项两年评选一次，每届获奖15人，设入围奖。

南师奖从推荐、审核资料、初选、实地调查拜访、网络公示、专家评审到颁奖典礼，再到后续支持，有严格的制度和严谨的工作流程。

2013年实施了首届南师奖评选，2015年第二届评选，2017年第三届评选。三届南师奖共有437位乡村教师参评，其中45位优秀乡村教师获得殊荣。17位优秀老师获入围奖。这些老师来自25个省137个县，由54家地方教育部门和53家非政府机构推荐。

三届南师奖活动中，无论是申报人数，还是参与机构都在逐年增加。乡村学校中年轻有为的中青年教师获奖人数逐步增加。三届南师奖评选过程表明“南师奖”正在成为有影响力和公信力的纯民间教师奖。

著名公益人、南师奖专家评委梁晓燕女士在第二届南师奖颁奖礼论坛上发表感言：“‘南怀瑾乡村教师奖’，这不是一个简单的教师救助奖，它是一个教育理念倡导奖，是教育方向的引领奖。”这也是教育公益领域业内的共识。

这些年在众多的乡村教师奖评选中，奖金多寡凸显不了好教育的特点，评选人数多少也看不到对教育未来的影响力。我们在反思，什么样的乡村教师奖能给乡村教育带来深刻影响？我们如何独立并坚定地做有良好影响的乡村教师奖？南师奖也是在这种反思中不断成长的。正如梁晓燕老师在教育公益年会上所说“在这个时代众多的乡村教师奖中，南师奖保持了初心和本色，是一个清醒且清晰的教师奖”。

著名媒体人、南师奖专家评委胡舒立女士在南师奖颁奖礼上说：“无论时代如何变迁，从这些老师身上看到了教师的本分就是教书育人。教孩子们了解未知，教孩子们学会担当和为人处世，这是教师的信念，也是教师的责任和骄傲。”

南师奖是一个充满了正能量的奖。她选择的老师是那些有教育理想和教育情怀，对现今教育方式作了大胆改变，启发孩子发掘人性善良和快乐，喜欢家乡喜欢当下的老师。

南师奖还有一个重要的特征是针对获奖老师的教育实践、教育创新做持续的支持。南师奖基金下设“公益种子计划”，鼓励和推动获奖老师持续有效地实践有价值的教育。桂馨认为，评选出优秀的乡村老师还不足以给乡村教育的未来带来影响和改变，必须举社会之力支持优秀的老师，影响更多人去实践教育创新，才能看得到乡村教育的未来和希望。“公益种子计划”鼓励获奖老师自主设计资金使用方案。目前为止支持了三届南师奖 18 位获奖教师。

另外，2015 年桂馨与上海恒南书院合作，设立了桂馨“师道·论语别裁”项目。项目由恒南书院资助而设立，旨在推动基层教师和大学生群体通过阅读《论语别裁》受到启发，学以致用，改善做人做事的修养，明了中华文化精髓之美，找回民族的自信心和文化的归属感。截至 2018 年 10 月，累计有 4769 名乡村老师、大学生志愿者及社会各界人士接受了《论语别裁》的捐赠，并参与阅读学习活动；以阅读《论语别裁》为基础成立了读书会 45 个，印制 6 本教师自编读物；组织“师道·论语别裁”项目的乡村老师访学活动 3 次；该项目直接受益人数共计 5496 人，间接受益人数超过 10000 人。

基金会还邀请《论语别裁》阅读推广的优秀教师、大学生社团代表、台湾和大陆的教育实践者参加“师道·论语别裁”项目交流研讨会。倡导、鼓励大家在日常教学和生活中做传统文化的传承和乡土教育的实践。

南老师曾说“我们虽失望，但不能绝望”。对于中国教育，特别是乡村教育的诸多问题，唯有不绝望，抱着“只问耕耘，不问收获”“凡事我但尽心，成功不必在我”的情怀和笃定，积极努力，才有可能创造条件去推动问题的解决和改变。愿努力的桂馨用耕耘慰藉老师不朽的师魂！

不知从何说起　我们大家的大老师——南老师

萧永瑞

上篇　不知从何说起

〔缘起：受我的二姐夫（李慈雄博士）之嘱：永瑞，趁着还记得，你应该写下对老师的记忆。第一个反应是，不知从何说起。二姐夫说，那你就写个“不知从何说起”吧〕

不知从何说起。从我还不大懂事起，就听到父母讲起南老师，他老人家早期在台北家里条件很辛苦，一家六口之外还有盈门宾客，经常入不敷出。自己家里米缸没米了，就把刚买来家里还指望的一袋米，分了半袋，请师母送给隔壁倒了霉的邻居，为恐邻居知道了尴尬，放下米袋按门铃，不等门打开就赶紧走，又怕主人拿不到，还偷偷守在附近，确定主人家拿进去，才放心走开。南老师的这种故事，我们从小经常听到，连我们不懂事的孩子听了都觉得心酸，我想这不仅是老派中国文化中的厚道，还践行了佛法的无我的布施。南老师曾教我们“在一无所有时，将最后唯一所有的也布施出去，那就是真布施了。”南老师是这么教的，也这么做到了。

当我们还是孩子的时候，我们就知道，南老师借钱办杂志社，主题是没几个人要看的佛法和中国文化，办出版社印刷没市场的古书，都是专门赔钱的。南老师那里专门旺丁不旺财，永远是高朋满座，不缺什么，就是缺钱，钱总是紧张，经常跑三点半（银行轧头寸的最后时限）甚至到借高利贷周转的地步（当时台湾地区有关规定，支票如果跳票，要坐牢的），我长大才知道，去承受这种跳票坐牢的压力和风险，是为了中国文化的薪火相传。

有一天南老师要来我们家拜访，这是家里的一件大事，妈妈说南先生是得道的人，反复交代我们有礼貌、有规矩、要喊人（尊重称呼客人）。我们一大群毛孩子，好奇地问什么是得道的人。妈妈说就是开悟的人。又问那什么是开悟了，她说就是智慧开了。再问那什么是智慧开了，妈妈说看书可以一目十行。大姐大些，说就是有神通啊。又问什么是神通，她说就是会飞嘛。我们这群毛孩子兴奋了，我们终于可以看到会飞的人了而且要来我们家耶，哇——结果南老师是走进来的，也是走着离开的。我们跟着父母随着南老师几十年，老师总是公开地反对神通、反对作怪，他老人家即使到临终，最后的交代，依旧要我们平凡、平实。

南老师和父亲的师友之间友谊超过60年，我还没出生，父亲就跟南老师学习多年，到我懂事了，他们开玩笑说父亲是大护法。我们打小经常听到父亲埋怨南老师，生活那么吃紧，家里还是天天几桌人吃饭（倒霉失意的老朋友、三教九流形形色色的学生），自己都顾不上了，还要到处帮人家忙。小时候就听到父亲讲，让××单位又去买南老师的书，请南老师到××单位讲课，电视台××电视剧请南老师指导等。经常听到父亲又要替南老师想办法，同时也听过父亲埋怨，南老师有时还坚持谢绝一些得来不易的援助。我们以前就经常听过南老师说“行时不见面，背时大团圆”，然而南老师从来不以为意，对倒了霉的老朋友们从来都是伸出援手。长大后，我随南老师学习，才知道南老师的教育，除了教室外，吃饭的大圆桌就是课堂。在南老师的圆桌上，上下五千年，三大教百家言，都在吃饭聊天中，一一道尽。老师既严格要求又幽默风趣，但无论如何幽默开玩笑，我一直注意到他老人家从来没有拿佛法来幽默过。我观察到，如果有同学这么做，老师虽然从不直接指责，却永远是一张很难看的脸来对付这种玩笑。这个就是老师的教育方法之一。

很小的时候，有一次南老师请我们全家人去他们家里吃饭，一屋子的客人，南老师夫人很白很漂亮，穿着天蓝色的连衣裙，妈妈叫我们赶快叫“南妈妈好”，我当时默默地记住了，蓝（谐音南）妈妈穿蓝色衣服，叫蓝妈妈，事后心中暗想，那么下次她如果穿黄色衣服，我该叫黄妈妈还是蓝妈妈呢？南家几个姐姐哥哥都活泼大方，晚上南伯伯不停地跟我父母说，不要老管着孩子。我想这种爸爸妈妈真好，最让我难忘的是，他们家好可爱的奇娃娃狗，居然可以在日式屋里的地板上玩，而且在木地板上撒了尿还不受处分（我们家的狗不准进屋，乱撒尿肯定挨一顿好打），我想他们家的小孩应该是这个世界上最幸福的孩子了。南老师的一句名言是“我视天下人的子女如我的子女”，但是他对自己的子女也就如同天下人的子女了。当南家哥哥姐姐们大学毕业后，南老师以后就真的没再照顾子女的前途发展。几十年来，我们家和南家哥哥姐姐们一直来往密切，我们亲眼所见，在他们人生的道路上完全依靠自己，没有父亲庇荫照顾；反而我们这些南老师从不承认的学生，跟随着学习的过程中，亲身感受到南老师对我们像对子女一样无微不至的照顾和悉心教导。有时候，我们家兄弟姐妹也会聊到，我们这些学生会不会偷走了南伯伯对南家哥哥姐姐的爱。南老师放下所有个人的爱恶荣辱和家庭幸福，甚至忍受了许多我们常人忍受不了的苦痛，一切就是为了将他毕生精力完全投入文化的传承。

因为父母的原因，我们自小也跟着有一搭没一搭地听课，儒家的、道家的、佛家的，还参加打七。80 年代初每周礼拜四晚上的特别课，一共只有十来人听课，整个课堂却是星光熠熠，大家开玩笑说父亲是班主任。我和妹妹非常幸运，当时还在念大学居然也能混进去跟着听，下午南老师亲授的太极拳特别课也跟着打，那段时间可以说是我一生中最快乐的时光，如今看来也是人世间少有的幸运。最让我难以忘怀的是，因为这个课堂的学生太特殊，很多想听的人，却又不适合参加，于是南老师暗暗地做了一件事，让东西精华协会几层楼建设了广播器同步转播（事后我们才知道）。南老师观念中一切众生平等，没有贵贱，没有贫富，没有分别，平等布施，所行如所教，这是我亲身经历的。

南老师对学生要求非常严格，学生们的起心动念都丝毫不放过，这个要求远远超过儒家修身养性的标准，这是佛法的内明之学的基础，我相信很多老同学都有同样的经验。刚有了点小心得心里才一点小小窃喜，老师一棒就打过来了，放下！放下！于是心里惦念着放下，接着老师又是一顿乱棍，又抓个放下做什么。左也不是，右也不是，几乎无立锥之处，苦啊！鲁钝啊！有时又是轻轻一带一拨一挑，问问题的人又豁然开朗。稍微有点得意，老师就开始摆脸色给你好看，挨了顿臭骂丢了人，回家后在家恶狠狠地埋怨一阵，他老人家居然又知道了，又被着实修理一顿，怎么知道的呢，不知道。大老师接引的手法，举手投足嬉笑怒骂都是教育。到如今我们只能在追忆中缅怀老师所教。

“人身难得，中土难生，正法难闻，明师难遇。”我们有幸曾经躬逢其会，我们鲁钝遗憾未得要领。南老师曾说他要修一条人走的路，“用中国文化古老的智慧，引领现代科技的途程……”如今老人家已去，留下了相当多的著作和资料。老师一辈子不打诳语，这里面一定有答案，不能让老师白白走了一趟，白白辛苦一场。我们大家一起努力，对老师有交代，对中国文化有交代！

（记于 2015 年 5 月）

下篇　未成年人的优秀传统文化教育

（缘起：同学希望我将美加外校的办学经验也在回忆南老师的文中有所介绍）

高中时期功课正紧，我在父亲的书房里偷偷地读了南老师的《论语别裁》，其中一句话“中国文化命若游丝”对我触动很大，薪火相传匹夫有责的历史责任感油然而生。

1993 年曾筹划办学未能实现，直至 2004 年机缘成熟，在二姐夫（李慈雄博士）的大力支持下，于武汉家乡创办了武汉外国语学校美加分校，设有小学、初中、国际高中，是全日制寄宿学校，采用教育部部颁课程设置和标准，初中生毕业参加武汉市中考。2005 年招收了第一届孩子，学校基本由校长负责管理，我则成天被房地产的日常俗务追得团团转。

2008 年十一假期，我照例到太湖大学堂听课学习。晚饭的圆桌上，被老师讽刺了一通骂了一顿，一桌子的人，一点面子也不顾。是可忍孰不可忍，痛下决心，十一假期结束后排除一切困难，节后第二周立刻启动每天的中国经典清晨背诵和中华武艺晨练活动。2010 年以后，老师经常说“你们都该上讲台上课才对”。房地产的大政策变来变去，我每天为企业事务忙得上气不接下气，遑论其他，于是言者谆谆，听者藐藐。

2012 年 9 月下旬，我正在项目上检查工作，接到二姐夫电话：“老师走了，这两天荼毗，你快赶来吧！”真的吗？！9 月的阳光还是那么亮丽，林间鸟儿叫得还是那么悦耳空灵，却好像如梦如幻，非常真实又好像很远很远。我的步履依旧走得很实，心中空了一大撮儿又像塞了点什么，什么念头也没有，安排好工作去太湖。慢慢想起老师的音容教诲阵阵酸楚，转念这就是幻生幻灭便又强自镇定。荼毗时，清澄澄的圆月下，清烟静静地缓缓上升，淡淡地飘着异香，在秋夜的虫鸣里，很静！很静！很静！有眼泪，有哀伤，真走了，回不来了，更有满满的对不起！对不住老师的要求，对不住老师的叮嘱，对不住老师的期望，无数的对不起！老师走了……

十一长假后的第一个礼拜，我开始为孩子们上课！接下来，根据老师所教、所指导的原则，全面调整学校全套中国文化的校本课程，以培养孩子成人为目的，能够自立立人，自利利他。根据老师对中国文化典籍和儿童读经典特点的指导意见，逐步编辑《美加国学读本》，作为校本课程的抓手。如师所教，在生活教育上从“洒扫、应对、进退”做起，在人格养成上从“日行一善”做起，配合每天的《功过格》自省，做到“知行合一”。形成一套清晨经典背诵，中华武艺，午睡后毛笔书法，晚上练习音声瑜伽，放学前写功过格的课程体系。

教育孩子成人，从生活教育先培养孩子良好生活习惯，从个人卫生到做环境卫生，养成劳动习惯，讲礼貌懂规矩，让孩子在生活上能够自理自立。通过中国优秀传统文化经典建立孩子正确的三观，让孩子学以致用知行合一，健全孩子人格。

校本课程落实的原则是“背得、懂得、行得、自省总结”。每天 25 分钟的经典背诵，能够提高孩子的记忆力、专注力。辅以老师的讲解，视学生年龄段理解力进行适当讲解。让中国文化经典入脑、入心、入生活，逐步做到内化于心，外化于行。南老师多次要求的“日行一善”，对孩子心性变化影响极大，孩子们反馈，“我从勉强去行善，到渐渐地从心底自然要去行善”，学校还增加了“日行一恕”，包含了包容宽恕，推己及人，见贤思齐，见不贤而内自省。同时在这些年中，我们确实看到了孩子在行善的习惯中，心地变得柔和些，智慧也慢慢增长些。南老师要求的《功过格》，根据调研反馈，有 70% 以上的孩子认为，《功过格》的自省总结，对自己的成长进步有很大帮助。

在“懂得”上，学校每周安排三种课程。一是，学校老师会对所背诵内容视学生年龄段理解能力予以讲解。二是，南老师再三强调的说文解字课，学校内部几经讨论斗争，最终隆重推出。很惊喜地发现，所有的学生包括小学低年级同学都非常喜欢，孩子们因此懂得中国字造字背后的中国文化精神，明白中国人文精神的深刻高尚，孩子们因此特别以身为中国人自豪，以自己中国文化为荣。三是，我每周为孩子们上课，按老师以经注经和经史合参的原则，讲解经典的道理和历史经验教训验证，解答孩子在生活中践行的矛盾。

老师说过他有两本最重要的著作，其中《原本大学微言》有系统的交代性与情的关系，情绪与人格养成的关系，修身要修正自己的行为和心理行为，其中对身体的调整和情绪调整对身影响至为重要。因此学校校本课程有三项活动，中华武艺强身，书法静心，音声瑜伽吐故纳新调整情绪，在素质教育实践中发挥了打好底子和调和身心的重大作用。南老师指导的方法，同时也让青春期的孩子有办法来应对不可言喻的烦恼和焦躁，调整身心。

据华中师范大学课题组调研结果：学生普遍认为传统文化教育提高了自身修养。90% 的学生记忆力、专注力提高；92.2% 的学生诚信、友善品质有良好的提升；90% 的学生道德责任意识和自立自理品质明显提高；88% 的学生有更高的爱国情操和民族自豪感。84.6% 的教师认为传统文化使得同事关系、师生关系融洽。86.2% 的家长反馈，中国文化教育让家长与孩子冲突变少，亲子关系更和谐。

学校在 2017 年获得中央文明办“未成年人思想道德教育先进工作单位”荣誉称号，也是武汉市唯一获此殊荣的单位，荣获“湖北省文明单位（校园）”称号，荣获“武汉市文明单位”称号，学校在网上的综合实力民间排名是第五。证明南老师所教的中国古典教育方法，大幅提高了学生的学习能力和效率。家长对于中国文化进校园，从 2008 年的不理解到今天的慕名而来，证明南老师的教育方法确实让孩子受益，让家庭受益。

老师的学问智慧如浩瀚无边的大海，我们美加外校只不过拿出老师所教授的其中很少的一部分童蒙教育，为孩子作了最基本的铺垫，迈出了一小步，结果让孩子和家庭都受益，获得了我们完全料想不到的效果。纵观老师一生一切都是为了中国文化传承。中国文化博大精深，要还他本来面目；中国文化海纳百川，要东西精华文化融合，在新时代里重新焕发光芒。不能让老师白白走了一趟，白白辛苦一场，我们大家一起继续努力，对老师有交代，对中国文化有交代，对我们中华民族的老祖宗有交代！

（完稿于 2018 年 9 月中秋）

衣裾渺渺 哲思长存

（美国）Ms. Pia Giammasi（纪雅云）
Grace Chan　翻译；张慧如　朱育贤　润稿

穆穆清风至，吹我罗裳裾。
青袍似春草，草长条风舒。
（汉，佚名，穆穆清风至）

我于 1989 年遇上南师（南怀瑾先生），命运安排我和他住在香港同一街道上。我在佛教图书馆认识宏忍法师，一位比丘尼。她安排我和南师见面。

我是一个从西方来到东方寻觅智慧的人，当时并无预期除了遇到一个老师，更会遇见一个无边无量的宝库。

我那时的中文水平很差，但对南师的说法心领神会。第一次见南师时，他问我是否在静坐修习中遇上困难。我告诉他，妄想会影响我的禅境。 南师便问我： 妄想从哪里来？我寻找它的根，并观照到妄想没有来处。我于是告诉南师。 南师继续问我： 妄想离开后去了哪里？我再次寻找并观照到，妄想消失后没有去处。我告诉南师我的体会。他直视我双目，然后说：“对，那就没事了。”

由于我的住处靠近南师，他吩咐我每天晚上一起用餐。我非常幸运一天又一天都和他同桌吃饭，并聆听他将他的智慧布施予各阶层来拜访他的客人。其他同学尽力帮助我了解他的教诲，而我的中文亦渐渐进步。

时间经年累月地溜走，南师慢慢打破我对佛法、修行及得道的旧观念，破除我固有成见的局限，他教导我不要执着妄想，并应观照妄想的背后是什么。

南师是一位卓越翩翩的君子，他个子小但有很深的轮廓，他通常穿着深蓝色的中国传统长衫及一双功夫鞋。在他椅旁的台上，总会有一杯热的乌龙茶、花生米及一条小小折叠整齐用来抹手的湿毛巾。他的椅子只有南师坐，南师有非常独特的音声。他的音声表现不同的情绪——有时候如湖水的平静安稳，有时候像潺潺的泉水，有时候仿如滔滔的汪洋。但不管在什么情况下，他的音声都深沉而洪亮。

我在南师身上所学到的，很难用言语形容。他灌输的智慧不停地在我生命中化现。例如，他教导我穿透文化包装的外衣，放下先入为主的概念及成见，看所有事物的本质。最重要的是，他教导我从“体、相、用”三大角度认清事物。

在日常生活中，南师强调要认清自己扮演的角色及随之而来的责任的重要性。很多问题之所以产生是因为人没有认清自己应担当的角色。假若是一位在家修行人，他必须平衡他对工作、家庭的责任及他修行的本分。他必须学习如何把他的工作及家庭融入他的修行。另一方面，如果一位行者有出家的使命，他必须身心投入修证佛法。由于我本身扮演了许多角色，南师这个开示对我尤为重要，并启发我将我的精力如何按照轻重缓急，配合我每一角色的不同责任。

当我的中文渐渐进步，我可以协助西方来的客人的翻译工作。1997 年，彼得·圣吉（Peter M. Senge）及其他外国的行者在香港太古广场一周的禅修活动，便是由我来担当翻译工作。在禅修活动前一年，我在进行《金刚经说什么》的翻译工作。当时我不时请教南师那本书的不同段落，以确定我正确无误地了解了相关的内容。《金刚经说什么》的英文译本在 2005 年出版。

最近我在进行《论语别裁》的翻译修订工作，在这个过程中，我更深入赞叹孔子及他欲为当时社会所做的事。比较孔子和南怀瑾老师的一生，他们有很多相同之处。他们两人都活在动荡的时代，而且都要离乡别井漂泊，到晚年才重回故土。他们是老师，在很多领域，文学及生活上都有卓越的见解。但他们不是一般的传统学者，而且他们对在象牙塔内做学术研究的学者没有很高的评价。他们把世法及出世法融会结合，他们的学生有各阶层的人，不同领域的领导人向他们征询意见，而他们身边总是被忠心耿耿的追随者围绕着。当然，亦不乏在其间攀缘附会之人。

他们两位最担心的是人类的道德沦亡，文化及社会秩序的退化。我相信正因如此，南师更深入古书，入圣贤心、穿梭古今，去解析他们对当世以及后世产生的巨大影响。南师追索两千几百年前孔子、老子、孟子的思想，而这些圣哲本身亦追索远古的尧、舜等。圣哲一位接一位，在时代变异的巨轮不停转动时，在动乱的年代，继承以往先贤的绝学，务使文化的宝藏可传于后世的人类，而不被湮没。

在这个虚拟经历、超级连接及资讯超负荷的年代，新世代对于传统文化的接触及了解已是迅速退减。我们现今正处于与人类历史的断层，当固有的文化、习俗及社会结构逐渐裂解，家庭及感情的联系苍白无力，通过实际经验所吸收的知识在这个电脑时代已渐行渐远。对这些时代的弊病，南师曾十分忧虑地说：未来世界面临最大的疾病将是精神病。

当人类为自己制造的虚拟现实变为幻网重重的烟幕镜子游戏，古人的教诲为我们提供个人及社会评估的准则，亦使我们有明辨的睿智。哲人已远，道业仍长，智慧的火炬将在我们这一代人的肩上继续传承。没有足够的智慧，悲天悯人的行者很难有所作为。在儒释道中存有我们需要的智慧、工具、蓝图、指引等，可使我们在未来时代航向彼岸。

我们必须坚定目标，追随南师的步履，为新一代种下先贤的种子，并培养已被种下的种子萌芽、茁壮生长。

附：英文版

Tucked in the Billowing Sleeve of a Sage

I met Master Nan in 1989 when destiny brought me to live on the same street as he in Hong Kong. A Buddhist nun, Ven. Hong Ren, whom I had met at the Buddhist Library arranged for me to meet him. As a Westerner seeking the wisdom of the East, little did I know that I did not just find a teacher, but rather, an immeasurable treasure trove!

At that time my Chinese was very poor, but somehow, he was able to communicate much to me. In my first conversation with Master Nan, he asked me if I was having any difficulty in my meditation practice. I told him that thoughts would often disturb my mental quiet. Master Nan then asked me where thoughts come from. I closed my eyes, observed my mind, and saw that thoughts come out of nowhere. I told this to Master Nan and he asked me where the thoughts went after they left. I observed again and saw that they simply disappear back into nowhere. After reporting this finding, Master Nan looked me straight in the eye and said, "Right, so don' t worry about them."

Being just a short walk away, Master Nan bid me to come for dinner every night. I had the great fortune of being able to sit at the dinner table night after night and listen as Master Nan imparted his wisdom to guests from all walks of life. The other students did their best to help me understand his teachings as my Chinese slowly improved. Over the weeks and months, Master Nan gently poked holes into my ideas of what Buddhism, spiritual cultivation, and enlightenment were all about, and pushed open my mental walls of limitations. He taught me to stop grasping at thoughts and observe what is beyond them.

Master Nan can be described as a distinguished looking gentleman with a petite frame and strong features. He usually wore a dark blue, traditional Chinese long robe or “chang pao” for men, and on his feet were a pair of cloth kung fu slippers. There was always a cup of hot Oolong tea, a bowl of salted peanuts, and a tiny folded wet towel for finger wiping on the table next to his chair—the chair in which only Master Nan sat! As to the quality of Master Nan’s voice, it was something very special. It had many moods—sometimes calm and smooth like a lake, sometimes like a babbling stream, and sometimes like the roaring ocean. In any case, the sound of his voice was always deep and sonorous.

It is difficult to put into words all that I have learned from Master Nan. The wisdom of his teachings continually unfolds within my life. For example, he taught me to see things for what they are—to unwrap things from their cultural packaging or from my preconceived notions and prejudices and most importantly, to distinguish the appearance of something from its function and its essence.

In relation to everyday life, Master Nan stressed the importance of being clear about the role that one is playing and the responsibilities that come with it. Many problems occur because people are not clear about the role that they ought to be playing. For example, if one wants to be a lay practitioner, then one must balance one’s responsibility to work and family with one’s commitment to practice. One must learn how to include one’s work and family in one’s spiritual practice. On the other hand, if one has a calling to live a monastic life, then one should put all their effort into living the true spirit of a monastic. Since I have played many roles, this teaching has been important and helpful in aligning my energy in relation to the priorities each role demands.

As my Chinese improved, I was able to help with the translation for the western guests and in 1997, I did the oral translation for the week-long retreat in Pacific Place for Peter Senge and other foreign participants. In the year leading up to the retreat, I had been working on the translation of the book,The Diamond Sutra Explained, and would consult with Master

Nan regularly to make sure that I understood the meaning of certain passages correctly. Eventually, the translation was published in 2005.

Recently, having been working the translation of Master Nan's commentary on the *Analects*, I have gained a deeper appreciation of who Confucius was and what he was trying to do for the society of his time. The lives of Confucius and Master Nan, in many ways, parallel each other. Both lived through tumultuous times, both had to leave their home state and wander only to return in old age to their homeland. They were teachers, learned in many fields and arts and life itself, but not scholars in the traditional sense, nor did either have too high an opinion of bookish, ivory tower scholars. They both wove together the worldly and the spiritual. They had students from all walks of life, were advisors of statesmen of all ranks, were flanked by loyal followers, or so it seemed, as many were there for the social connections. And, both were most concerned about the deterioration of people's virtue, of the culture, and of the general order of society.

I believe this is why Master Nan could go beyond the words of the ancient texts to see the men who spoke them, the events of those ancient times, and the significance of their lives' work. Master Nan stretched his reach across 2500 years to grasp the hands of Confucius, Laozi, Mencius who in turn were reaching further back into antiquity to hold the hands of King Wen and so forth. A chain of sages, each one stretching their arms as wide as possible, sleeves aflutter in the winds of change, holding tight to the treasures of the culture during chaotic times in order to pass them forward so they would be available to later generations and not disappear.

In this age of virtual experience, hyper-connectivity, and information overload, the younger generation's understanding of and connection to their cultural heritage is diminishing rapidly.We are in the midst of making a break from the history of humanity. As various old world cultures, customs, and societal structures crumble, familial and emotional connections suffer, as does knowledge gained through personal experiences, in the Information Age of Internet and computers. Master Nan lamented that mental illness will be the next greatest health challenge the world will face.

As the external "reality" created by humans becomes an ever more complex game of smoke and mirrors, these ancient teachings provide us with standards for personal and societal assessment, and the means to gain powerful clarity and wisdom, without which, it would be extremely difficult for the caring compassionate person to effectively take action in the world. Within Buddhism, Taoism, and Confucianism are the wisdom, the tools, the blueprints, the guidance and so forth which we need to navigate the times to come. These great sages are no longer with us, and so it falls upon us to carry forth the torch. Let us now make it our mission to continue in Master Nan's footsteps, planting new sagely seeds and nurturing those which have started to grow.

在“南怀瑾先生百年诞辰纪念会”上的致辞

翟玉忠

首先感谢诸位朋友的到来，我想此时此刻大家都怀着一颗共同的心，就是对南老师的敬仰和对中国文化的热爱。最初我们只想搞一个内部会议，表达对南师的怀念。当我说出自己的想法，没想到有那么多海内外朋友希望共同来纪念南师诞辰百年。

想想百年前，在那个风雨如晦、国运飘摇的时代，南师逆时代之大潮，几十年坚守中国文化，这是多么了不起的壮举！

这里我要特别感谢大相藏茶的李娟女士，她不仅为我们提供了会场，而且是她提议，继承南师的志业，传播中国文化，将“我读南师”大讲堂持续办下去——我希望，“我读南师”大讲堂能成为一个脚踏中华大地，总结本土经验，面向世界和未来的高端人文平台。

我还要感谢所有无私参与本会的组织的朋友们，包括赵海涛先生、主持人孟鑫先生，以及做了很多文案工作的王越小姐。

我和南师的最初交往是在 2010 年，当时我写了一篇有关中国古典经济学轻重术的长文，发表在王小强先生主编的《香港传真》上。一个偶然的机会，南师读到了这篇文章，十分感慨，然后让自己的秘书马宏达先生了解我工作和学习的情况。

这件事说起来很有意思。由于缺乏资金，当时我们新法家网站和我的个人研究都陷入困境，到了难以为继的地步。但那时新法家网站已经有了一点影响力，于是有人提出，他愿意出资收购这个网站，并且向我保证说，如果把那个网站交给他，宣传西方的法律政治制度，那我的后半生，就不用担心钱的问题。

当时在场的还有在座的徐光宇先生，他是新法家网站的站长。我们很明确地拒绝了那位先生。所以当马宏达先生在北京约我见面的时候，我表示愿意把这个网站无偿捐献给南师——因为他在真心宣传中国文化，且不是以西学肢解中学。

记得马宏达先生听了我的一席话，当时表示我们不用捐献网站，他会帮我们筹集经费。后来我听说，广众之中，当南师介绍新法家网站的时候，无一人愿意支持，因为人家不了解我们在干什么。南老师当场就表示，他会用稿费来支持我们，并且不允许任何人干涉我们的研究。

当时我只提到网站难以为继，没有想到，南师除了要支持网站的运营经费，还要支持我的个人研究。现在想起来真令人感动，我自己没有想到的事，他都为我想到了——南师就是这样的慈悲。

南师 2010 年对我们的帮助真是雪中送炭，因为当时我已经到了住地下室，每天吃炒饼维生的地步。

第一次见到南师是 2012 年 4 月 26 日，在江苏太湖大学堂。晚宴现场有很多人，可谓高朋满座。南老师为了方便同我说话，特意让我坐在他对面。

刚一落座，南师开门见山，嘱咐了三件事：一是希望我能到太湖大学堂，利用他的藏书研究学问。二是嘱咐自己的学生将来支持我的学术研究。第三，也是最重要的一点，要求我做学问——“中立而不倚”。

直到几个月后，南师去世的消息传到北京，我才明白那是南师对我最后的嘱托。当时他老人家的身体已不太好了——南师就是这样关心提携后学，死而后已！

我们没有忘记南师的嘱托，我坚持做到了：做学问，“中立而不倚”！

“中立而不倚”，这句话来自《礼记·中庸》，子路问孔子什么是真正的坚强、强大。孔子回答：“故君子和而不流，强哉矫。

中立而不倚，强哉矫。”

现实中，面对很多诱惑的时候，真的很难做到“中立而不倚”。多少次，我们拒绝了将中国文化进一步儒学化、佛学化和西学化——为了做到这一点，我们可以不入名牌大学教书，可以损失好多金钱，可以失去太多成名的机会。

儒学只是孔子开创的传经之学——文学。除了文学科，还有政事、言语（逻辑和外交）、德行诸科学问。如果我们将中国文化等同于儒学，会导致中国文化的空疏、外王体系的崩溃。2008年8月初，南师在“中国传统身心性命内修外用之学的传习班”上就说过：“有些人提到中国文化就说儒家，我说不对，儒家只是其中的一部分。还有些学佛的人认为要想国家太平，除非用佛法来统治，我说那也不对，释迦牟尼佛讲过政治吗？他讲十善业道、因果报应，假使用佛家思想搞政治，那这个国家完了。要使国家社会能够平安有序，不但需要儒家、佛家、道家，诸子百家的学问都同样重要。”

过去十几年，为了阐述内圣外王一以贯之的中华大道，我出版了十多本书，将孔门四科的基本架构搭建了起来，目的就是让世人看到，孔子除了上承三代王官学——五经，还开创了以诸子百家为代表的四科之学——后来儒墨道法、诸子百家的著名人物，事实上很多是孔子的再传弟子，如兵家兼法家的吴起、道家的田子方、墨家的禽滑釐等等。这在《史记·儒林列传》中记载得很清楚。

汉以后罢黜百家，表章六经，将经、子对立起来，实际上是将孔子发展的内圣外王大道拦腰砍断——只重中华大道之源五经，而忽视了中华大道之流诸子百家。这就为后世中国文化进一步佛学化和西学化打开了大门，使中华大道不绝如缕，直至今日。

如果说，东周先哲“从经入子”，是中国文化的大发展，那西汉诸儒“从子入经”，则是中国文化的大倒退！

中国文化不能只传播五经，还有她的2.0版，有机构成孔门四科的诸子百家。只有这样，我们才能看到中华大道“茫茫九派流中国”的磅礴气象！

我们也拒绝学习宋明儒家，将儒家之外的诸子百家异端化，将中国文化佛学化的倾向。他们不知即道即法，法外无道，体用不二，道术（法）合一的道理。他们也不真正了解佛教，只强调“色不异空”，忽视“空不异色”；只强调离“我相、人相、众生相、寿者相”，忽视“修一切善法”。

宋明诸儒，为了与佛、道抗衡，想恢复孔门德行科。由于文献不足，只能参照佛家解释儒家，以佛释儒，结果是中国文化的佛家化，将《大学》三纲也解释成禅宗的“悟后起修”。宋明儒者末流皆流为禅宗，不是偶然的，有其内在的必然性。

中国文化的西学化，则是在中华大道儒学化和佛家化基础上，进一步消解中国文化。一百年前，五四运动时期有些人“整理国故”，结果中国文化成了西学的附庸。

目前有人远远不满足于这些，他们以复兴中国文化，振兴国学为口号，要在思维方式、价值体系和政治经济等方方面面，都将中国变成西方的附庸——这我们坚决不能答应！

大家不要以为有些人整理国故、大搞国学就是真为了中国文化的复兴；我们看到，今天的“国学热”很可能成为二十一世纪版的“整理国故”运动——大家要警惕啊！

恢复孔门四科，使中华大道内圣、外王诸学，再成完璧，这是过去十几年来我们全部的努力——这里，谨以之告慰南师的在天之灵！

过去一万年中来，至今没有断流的原生复杂文明，只有中华文化。而中华文化生生不息的背后，是其不绝如缕、内圣外王一以贯之的生生大道——它内圣外王高度发展，又高度融合，是人类可持续发展的重要思想资源！

是南师的鼓励，使我们咬紧牙关，冲破万难，“中立而不倚”地奋斗下去。因为，我们知道，南师并没有离开我们，他每时每刻都在慈悲地加持我们。

——这是我们前进的永恒动力。谢谢大家！

南师与我

——从泰顺街说起

陈芳男

认识南老师的因缘很特殊，因为我小时候凡事爱追根究底。有一次参加辩论会后，有位朋友跟我说："弟弟，我带你去看一位高人。"我以为是个子很高的人，就问他有多高？他说："你去看了就知道。"

泰顺街的房子早期是低低的，我心想高人怎么会住在这？进去后，我看老师也没多高，但感觉上眼神炯炯、仙风道骨，和一般人很不一样。老师问我来看他要做什么。我那时年纪小敢讲大话，就说要来了解人生大义，老师听了说："好！好。"接着问我："住在哪里？"当时这位朋友住在斗六，我住在嘉义朴子；我想，他是高人，那就来讲些高人的话，因为东晋著名的学者葛洪自号"抱朴子"，就回答说：我是"住朴子"。

后来我与朋友一起搭车回南部时，他提醒我回去后不要休息，赶快写封信给南老师，并说："这位是真正的高人，外面的人不知道，假若能拜他为师就不虚此生。"我回去马上写信，投入邮箱才发现没贴邮票。这事也很奇妙，本来要回南部休息，但想到没贴邮票很不好意思，就坐车北上想先跟老师说明，结果当天在老师家聊天到次日凌晨两点。那晚我连续向南老师磕头三次，之后有机缘跟老师常在一起，更是雀跃欢喜地常与老师天南地北什么都聊，回想在泰顺街这段时光，老师的身教、言教，种种启发我的浩瀚恩泽，师恩实难以回报。

老师在泰顺街的房子很小，没有洗澡间，用个铝盆装水就在客厅坐在小椅子上洗。有一次，印象很深刻，有人在外面敲门，不知道老师是否跟他有约，他一听就知道这个人是要跟他借钱，马上问我："芳男你口袋里有多少钱？"我在台北读书，我母亲每个月给我 300 元的生活费，才刚刚寄到。老师说："你先拿出来，以后你每天下课就到家里来吃饭。"当时我想不通，老师自己都没钱，为什么还拿钱出来帮助别人?! 现在我已稍能体会到，老师慈悲喜舍的精神，众生平等的心，不是人，是佛啊！

在泰顺街老师讲过《易经》《庄子》《老子》，常来上课的有朱文光、杭纪东、林曦、周勳男等几位学长，晚上南老师会带大家练拳、站桩。有一次老师在练拳，打完拳，我站得很远，老师对我说"芳男你手举起来"，我双手就举起来，奇怪，就像武侠小说里面的，那个什么气，就过来了，那个气的"种子"就种下来了。当时不懂是什么情况，也没有去分析它，应无所住而生其心。往后我体会越多后，才明白孟子说"我善养吾浩然之气"，也才知道这是一大因缘。

南老师平常不会制止我们闲聊，但有时会说"闲谈送白口，聊天度青春"。一听我们就晓得了。也讲"人之所恶，好为人师"。老师平常会点一下，影响我们很深。像是讲《般若波罗蜜多心经》时，老师有意无意地就念："观自在菩萨，行深、行深、行深、行深般若波罗蜜多时……"当时不晓得，后来我理解到"行深"这两个字，就像我从嘉义坐火车是要一站一站地北上，而修行时逆修，从十九八七六五四三二一……到行深时起作用，本体显发……自自然……

后来我需回南部家里帮忙，老师请朱文光师兄送我到台北火车站，朱哥哥说："南老师要你回去后能再到外面磨炼磨炼，将来老师和师兄弟会等你回来。"结果我一等几十年，当时东西精华协会是陆健龄师兄在联络，后来他走了我的线也断了，幸好有贵人（陈）定国公帮忙，直至 2011 年 3 月 22 日能再叩见恩师。

在太湖大学堂我一看到老师走过来时就有连线的感觉，像同样波长的电波在一起的感应，这种感觉当时很自然地生起，我也没有去抑制它，很自然地就跪下向老师磕头。后来旁边一位师兄跟我讲，他到大学堂来第一次看到南老师接受别人的磕头礼敬。

我跟老师报告说："当年幼小的我，现在也当外公、内公了。"老师点头说："内公也成，外公也成了。"我又报告：这几年我持续炼丹（早期老师有炼丹，都是朱文光哥哥在帮他的。老师炼出来的丹，解药都放在旁边，朱哥哥跟老师都有亲身服用。我呢，有形的没有服用，无形的我服用很多，因为跟在老师身边的那段时间，老师讲授儒家、道家等中国文化的精髓，开启我对宇宙天地人研究的志趣）。接着报告：我炼出来的丹，成功大学医学院已做过实验，在国际期刊 2007 年及 2011 年各发表过，成大把它取名 SC-1（为什么叫 SOS,Cancer No.1 ？因为当时专门研究癌症病毒的教授临床实验的结果，认为这可以协助癌病友。另，台北医科大学等几所大学的实验亦显示其另有特别功效）。

有如游子重回慈母身旁，满怀喜悦的我再跟老师继续报告说：

"老师！你的学生没有漏气啊！这次丹有带来……"

感恩老师啊！您当年的接引，让我体会到"气"太妙了！中国道家的功法，太妙了！佛法，不可思议啊！

我永远地感恩您！永远地怀念您！

A Blessing from Master Nan 南老师的祝福

（美国）Paul F. Ryan（李博安）
乌慈亲　翻译

“这是谁啊？”当我坐在太湖大学堂的餐桌旁时，我身后传来了一个声音。一位老人用带浓重口音的普通话问道，他的手轻轻地滑过我的肩。我带着鸡皮疙瘩和融化的心转身看到老师的手，他微笑地和我打招呼，“哦！是李博安啊！”我的心融化了，眼里充满了泪水，我受到了南老师的祝福。当时我还没完全理解老师这个姿态的意思，但当我第一次到太湖大学堂时，南老师已经接纳我作为太湖大学堂的一员了。

“Who is this?” came a voice from behind me while I was sitting at a dining room table at the Taihu Great Learning Center. It was sung by an old man speaking mandarin in a heavy accent and with it his hand gently slid over my shoulder. I turned with goosebumps and melted heart to find Teacher’s hand and smiling face greeting me, “Oh! It’s Li Bo-an ah!” My heart melted and eyes filled with tears. I had received a blessing from Master Nan. I did not fully comprehend the meaning of the gesture at that moment, but on my first visit to the Taihu Great Learning Center, Master Nan had accepted me into his community at Taihu.

在前一天晚上，老师突然请我在太湖大学堂 2007 年举办的教育论坛上作即兴演讲，此次论坛旨在为即将在学堂内开设一所新的实验小学作准备。老师要求我对吕松涛先生属下作的中医四诊仪对疑难杂症诊断的报告，谈谈我的看法。吕先生是绿谷集团的董事长，绿谷是一个生产中药材和开发中医现代化新技术的公司。讲者的报告很有意思，但却不是南老师想要的。他并不是想介绍中医理论如何指导绿谷的诊治项目，而是希望在西式教育体制下，找到一种能为小学生提供中医药知识和智慧的教学方法。但是，当时的论坛似乎有一种普遍的脱节，西方人和受西方教育的人用“一种文化”交谈，而中国人在用另“一种文化”交谈，融合的交汇点还未被发现。

The night before, Teacher had spontaneously asked me to make an impromptu presentation at an education forum The Center was hosting in 2007 in preparation for establishing a new experimental primary school on the premises. I was asked to offer a response to a presentation on Chinese medicine done by Lü Song-tao's staff on the use of Chinese herbal medicine for difficult-to-treat disease. Mr. Lü was the president of Green Valley, a company producing a wide variety of Chinese medicine materials and new technologies related to modernizing the implementation of Chinese medicine treatment. It was interesting, but not what Master Nan wanted. He was not looking for an introduction to how the theory of Chinese medicine was being used to guide the treatment protocols for Green Valley projects, but wanted teaching methods to make Chinese medicine knowledge and wisdom available to primary school students in a Western academic setting. And, there seemed to be a general disconnect at the forum. Westerners and those with western methods of teaching were talking in one "culture" and the Chinese were talking in another and meeting points for integration had not yet been discovered.

我本是在北京中医药大学就读研究生的局外人，是彼得·圣吉——师从南老师多年的学生——邀请我前往大学堂对他所称的“经络仪”作一个评估，但不参加论坛。吕先生希望通过彼得·圣吉，介绍他与美国科学家合作对经络仪（编者按：即上海道生中医四诊仪）作测试。彼得让我评估这个设备，因为我有中医的背景，之前我还参与过 Anne Harrington 在哈佛大学的科学研究。彼得邀请了我，但却没有通知主办方我会来，因为没有房间，我差一点就转身离开。虽然我同意去论坛的原因之一是去见南老师，但我并未意识到在那里遇见南老师是多么幸运。我知道南老师，是因为我的中国“义父母”，他们是南老师的忠实粉丝，义父母尽可能地把通过南老师书籍所获智慧与我分享，但我不是一个急切想见到南老师的忠实追随者。有趣的是，我是唯一一位非华裔留学生，致力于学习中国传统文化，特别是中医药学，想把它带回西方，传播到西方，以减轻病人不必要的痛苦、造福人类为使命。尽管我从未跟老师提过一句，但老师知道我的想法。

As an outsider from the graduate school program at the Beijing University of Chinese Medicine, Peter Senge, a long-time student of Master Nan, had invited me to evaluate a “meridian machine” as he called it, not to participate in the forum. Mr. Lü was hoping Peter would make some connections for him with scientists in the United States to begin experimentswith the meridian testing instrument. Peter asked me to evaluate the device given my background in Chinese medicine and previous participation in scientific research with Anne Harrington at Harvard University. Peter had invited me, but did not inform the hosts I would be coming and I was almost turned away because there was “no room at the inn.” While another reason I agreed to go to the forum was to meet Master Nan, I was not fully aware of the blessing it was to be there and meet Teacher. I knew of Teacher. My Chinese “godparents” were devoted followers of him through his books and shared as much of his wisdom as they could with me, but I was not a devoted follower longing for this opportunity to meet him myself. Interestingly, I was the only non-Chinese participant whose life project was studying traditional Chinese culture, Chinese medicine specifically, with the mission of fully embodying it, bringing it back to the West and spreading it to alleviate unnecessary suffering and for the betterment of humanity. Teacher knew this without me saying a word to him about it.

我用两个不同文化背景的人如何评价吃粥的好处作例子，简要介绍了东西方思维方式的融合。除了口味或喜欢并接受粥以外，我谈到了西方人强调的重点，尤其是像我这样研究食物营养学的，会对事物本身作分析，如碳水化合物、脂肪、蛋白质、维生素和矿物质等，从西方解剖学和营养学的角度来确定何为“健康”。相反，我所受的中国文化教育告诉我，中国人理解各种粥及其成分对健康的效用，是由吃粥人在吃粥时和吃粥后的身体感受决定的，这种知识如果不是几千年，也是由好几百年的经验所积累下来的。在中国文化的背景下，特别是结合了中医药的语言和理解，这种知识被整合成了宏观或整体的理解。因此，西方视角主要表现为以外向型和微观为主，而中国则是以内向型和宏观为主。南老师非常喜欢我的报告。他让四位同学到我桌边来告诉我我的演讲非常好，最后一位还来告诉我，第二天晚上还要请我发言：听完中医讲者的报告后，我要上台反馈我的心得体会。喔！我真的不确定这是个好主意！但是大家都确信南老师知道他在做什么，所以我就接受了这个邀请。之后，当老师要求观众对我的演讲发表看法时，牟炼站起来说：“我一直在试图调和东西方教学方法的不同，找到一种能让学生受益的方法。今天听完演讲，我终于看到这个可能性了。”

I gave a short talk on the integration of Eastern and Western ways of thinking using the example of how two people from different cultural backgrounds would assess the benefits of eating congee. Beyond the taste and it’s influence on liking and accepting it, I talked about the westerner’s emphasis—especially someone like myself who has studied nutrition —on the analysis of the thing itself, like the amount of carbohydrate, fat, protein, vitamins and minerals and the role they play in nutritional health in the context of western anatomy and physiology to determine how "healthy" it is. In contrast, my education in Chinese culture revealed to me that the Chinese understanding of the health properties of congee in its various forms and ingredients were all determined by how it made the consumers feel during and after eating it, knowledge that accumulated over hundreds, if not thousands of years. This knowledge was then organized into macroscopic or holistic understandings within the context of Chinese culture and, in particular, the language and understandings within Chinese medicine. Thus, the western perspective is characterized primarily as being externally orientated and microscopic, while the Chinese as being internally oriented and macroscopic. Master Nan loved it. He directed four people to go to my table and tell me how good it was. The last person, also told me that I would have a repeat performance the next night: I would listen to the Chinese medicine presentation then go up on the stage and give my response presentation. Wow. I was not sure this was a good idea, but everyone was sure Master Nan knew what he was doing, so I accepted the request. When audience participants were asked to share their thoughts on my presentation, Demi Mo Lian, stood up saying, "I'd been trying to reconcile the differences between eastern and western teaching styles and find a way to combine them for the benefit of the students in the school, and finally with this presentation I'm finally able to see the possibility for integration."

第二天晚上，我的演讲受到了褒贬不一的评价，其中最重要的批评和指正来自南老师。吕先生公司的医生介绍采用五行学说作为中药配方处方的理论依据。我谈到了中医用的思维模型，我的意思是指各种组成中国的宇宙观的学说，如气一元论、阴阳学说、五行等，可以理解是思维模型，就是观察自然现象后思维上辩证形成的模型。中医以这些思维模型来指导疾病的诊断和治疗。南老师清楚地感觉到，我这种简化版的理解思维模型，缺失了一些基本的存在原理。因此，南老师借此机会与论坛参与者分享书院式教育的模式。在书院教育下，学生自主学习。在小组学习中，学生被老师提问，然后学生根据他们的理解进行回答和辩论，再由老师确认或纠正。我被纠正了，五行学说不仅仅是一个模式，至少不是像我所描述的，而是直接体现了宇宙间潜在“气”的运动。当南老师上台来讲时，我试着帮他翻译。但是，尽管我中文口语方面非常优秀，但我第一次和他在一起时，由于他的口音，我很多次需要他人的帮助才能翻译，幸运的是，有很多能人在场可以帮忙。这次拜访出乎我意料的是，我从一个普通访客变成南老师学堂的一个学生。“李博安啊！”成了我在南老师身边时他常唤我的话。

The following night my presentation received mixed reviews, with the most important criticism and correction coming from Master Nan. The presentation by Mr. Lü's company physician was on using five phases theory as the theoretical basis for the prescribing of Chinese herbal medicine formulas. I spoke on the philosophical models of Chinese medicine. By this I mean the various "theories" that make up Chinese cosmology and are used in the medicine to diagnose and treat disease, like qi as the ultimate common denominator of all things as in, all is one , or yin and yang as the model through which looking at the world one sees everything having some qualitative attribute of both yin and yang and can be differentiated into categories of yin and yang based upon their relative manifestation. Teacher clearly felt my reducing these understandings to the realm of ordinary models missed something fundamental to their existence and thus used the opportunity to share with the forum participants the way academy style education is structured. In this manner of education, students study on their own, and then in a group setting the students are asked a question by the teacher, after which the students speak and debate as to their understandings as answers, followed by acknowledgement or correction by the teacher. I was corrected. The five phases was not just a model, at least not in the sense I was portraying it, but rather a direct manifestation of the underlying qi movement of the universe. When Master Nan joined the stage, I attempted to translate for him. But despite my acknowledged prowess in speaking Chinese, I was no match for his accent on this first visit with him, and struggled to the point of needing saving. Fortunately, there were many who could do so. What clearly happened this trip, was I went from an ordinary visitor to a student in Master Nan's community. This was beyond my wildest expectation. "Li Bo-an ah!" became a common lyric Teacher sung when I was around.

教育论坛结束后几周，是南老师春节禅修期间，我被许可返回大学堂来听 Bill Bodri 修行的报告。我开始修持准提咒，开始了艰难的观照心念的功课。直到两年后，在我诵持了几十万遍准提咒后，我接到去实验小学工作的邀请。鉴于我的主要兴趣是中医，我不愿意当小学英语老师，所以我也不确定我会在那里待几个月。但是南老师做了件非凡的事，他告诉我该怎么做。在九月下旬一个温暖秋天的傍晚，在为李家栋举办传统婚礼仪式开始前，我们一行人包括彼得·圣吉和其他人，身着传统长衫，从主楼沿着回廊步行前往七号楼，老师看着我的眼睛说："李博安，你应该留下来，你真应该留下来。"有些人可能只需要一个暗示，或者间接地邀请就能领会老师的指引。而我当时混乱的状态，需要一个直接的命令。即使这样，我还需要别人的鼓励来完全理解这个方向。我留了下来，渐渐地南老师引导我走上更坚实的修行之路。

I was permitted to return to The Center a couple of weeks after the forum for Teacher's Spring Festival student retreat to listen to Bill Bodri's report on his profound transformation experience. I was given the Zhunti mantra practice and I began the difficult task of trying to get control of my mind. It was not until two years later and I had recited the mantra a few hundred thousand times that I was invited back to The

Center to work at the experimental school. Given that my main interest is in Chinese medicine, I resisted being a primary school English teacher and was unsure I would stay past a couple of months. But Master Nan did something extraordinary for him, he told me what I should do. On a warm autumn evening in late September, during the traditional theatrics preceding Lipton Lee's wedding ceremony, we walked together in traditional men's changpao with Peter Senge and others along the covered pathway between the main building and building seven. Teacher looked me in the eyes and said, "Li Bo-an, you should stay. You really should stay." There are those that only need a hint, an indirect invitation to know that Teacher is guiding them. The state of my confusion was such that I needed a direct order. Even with that, I needed the encouragement of others to fully appreciate the direction. I stayed and gradually Master Nan guided me onto the cultivation path more solidly.

在实验小学，我看到了老师的指导是如何渗透到学校的精神和教师的心灵中的。虽然有一些老师只是为了教书而来，但还有很多人是来之前就熟读了南老师的著作，并深受启发来参与实验教学的。他们敞开和奉献的心，因为能跟随南老师学习和工作而得到满足。这里是我心结束的地方，但不是它开始的地方（作者注：这句话的意思是，开始我并非像有些教师因崇拜老师而来，我虽尊敬老师，但放不下自己，所以第一学期常跑到上海玩，但第二学期心态已转变，很少离开大学堂，愿意多加班，或专心用功）。我花了些时间才在学堂安顿下来。第一学期我经常跑去上海买冬衣，吃西餐，和朋友们见面。我也努力调整心态进入一名小学教师的角色。当时我是一个 40 岁、几乎没有和小孩子有过互动经验的，而只是想证明自己中医知识和技能的人。老师非常慈悲地理解我，每次有医术高超的医生来拜访学堂，老师都给了我机会让我跟这些医生学习。除了教授英语外，我还与张媛媛老师合作开设了中医课程，并用以学生为中心，高度互动，动手操作的方式教授这门课程。学生们极度喜欢，有些有中医天赋的，比我们做老师的对草药名称及功能记得还清楚！南老师还允许我做校医，我帮助许多孩子和老师解决了他们的健康问题，甚至针对 H1N1 进行治疗。

At the experimental school I saw how Teacher's guidance permeated the spirit of the school and hearts of the teachers. While there were some teachers who were there only for the teaching job, most were inspired to participate in the experimental project because of Master Nan's teaching which they had read thoroughly before coming. Their open and giving hearts were fed by the opportunity to serve and learn from Teacher. This is where my heart ended, but it is not where it started. It took time for me to settle into The Center. The first semester I traveled frequently to Shanghai to buy winter clothes, western foods and visit with friends. I also struggled with my role of being a primary school teacher — one who at age 40 had had almost no interaction with young children — and wanted to assert my knowledge and skills as a Chinese medicine doctor. Teacher was kind and understanding, and gave me every opportunity to meet and learn from masterful doctors visiting The Center. In addition to teaching English, I co-created the Chinese medicine curriculum with Yuan Yuan and we taught the subject in a student centered, highly interactive and hands-on manner. The students enjoyed the classes and some had the natural ability to remember the herbs and their functions beyond us! And, Teacher gave his permission for me to act as the school doctor and I helped many children and teachers with their health problems. I even led the treatment charge against H1N1.

在学堂的一年里，南老师给予了我很多的机会去服务以及成长，但更加重要的是，老师教我在日常生活中，以无私付出的心态履行责任，从而打好修行基础。我来到学堂之前，认为修行应该是与社会完全脱离的观念：我的头像隐士一样卡在道士的洞穴里，心飘浮在佛教的云彩上。我之前已经花了很多时间练意拳站桩，自从持准提咒后我也开始打坐。但是我在社会上还是感到不够自在，发慈悲心很困难。我缺乏的是中国传统小学教育的基础，当太湖实验学校老师我就被要求体现之，即正直、纪律和慈悲心。当我离开学堂的时候，我更清楚地知道我要怎样生活于社会中——至少在最基本的意义上。老师知道我已准备好继续自己修行旅程的条件，他就支持我离开大学堂。

Teacher gave me so many opportunities to serve and grow during my year at the Center, but nothing more important than to ground my cultivation in everyday life through fulfilling the roles that are needed of me selflessly. I arrived at The Center with a notion of cultivation as being quite detached from human society: my head stuck like a hermit in a Taoist cave and heart floating on a Buddhist cloud. I had spent many years practicing standing meditation, dabbling in meditation and since meeting Teacher reciting the Zhunti Mantra. But I was having trouble being at ease in society and struggling with compassion for others. There were basics of Chinese traditional primary school education that I was lacking, and I was asked to embody them: uprightness, discipline and compassion. By the time I left, I had a much clearer sense of how I needed to be in the world, at least the basics. I was ready to continue my journey and Teacher let me go.

离开中国后的五年，我在美国已开始把中国最好的文化介绍给美国人。彼得·圣吉常常说，这个时代，中国对世界的贡献应该超过“中国制造”的产品，那就是高尚文化的东西，是时候建立一个超越国界的培养身体、心灵和精神来丰富人类的系统和方法了。为此，我在纽约建立了中医私人诊所。在完成我的中医博士学位的同时，我还教授中医在读博士生和其他同道们学习针灸，指导学生如何修行才能成为一名好医生。我和太太一起带领一个共修静坐团体，与大家分享南老师的教导。我们也引导病人以禅修的法门来调整自己的生活方式，走上修行之路。最重要的是，我和一个修行人结了婚并同时抚养我们年幼的女儿，我坚持以佛陀教导的慈悲和智慧，面对生活中每一刻的欢乐和挑战。

In the past five years since I returned from China, I have begun my work introducing the best of Chinese culture to my own culture in the United States. Peter Senge often commented that it is time for China to contribute more to the world than “Made in China” products. It is time for systems and methods of cultivating the body-heart-mind and spirit to enrich humanity beyond the borders of the Middle Kingdom. To that end, I have established a private practice of Chinese medicine in New York City. While completing my doctorate in Chinese medicine, I teach acupuncture to Chinese medicine doctoral candidates as well as to fellow practitioners and direct students toward cultivating their heart-minds if they truly want to be good doctors. With my wife, I lead a group meditation gathering where I share Master Nan's teachings and we guidepatients on their path through meditation. And, most importantly, married to a cultivator raising our young daughter, I face the joys and challenges of each moment of life with deliberate intent to create the compassionate, wise presence of Buddha.

南老师，我恭敬合十顶礼，深深感谢您所赐予我的。通过您在美国、中国香港、中国内地的老学生，我继续在接受您的教诲，并将贡献此生继续传播。

Master Nan, my palms are joined and head bowed in deep gratitude for all you have given me. I continue to receive your teachings through your senior students in the United States, Hong Kong and mainland China and I dedicate my life to continuing the transmission.

生命因老师而精彩

叶晓容

殊胜因缘

二十多岁时，好友介绍我阅读《论语别裁》，从此我就成了老师的忠实粉丝！只要有空我一定到“十方丛林书院”，聆听老师精彩的讲述，并参加老师的春节禅七！

我对老师始终是敬畏的，很喜欢亲近他，但看到他时，却又闪躲到一边，总觉得他老人家满腹经纶，是位望尘莫及的高人，我这个小萝卜头，什么都不懂……喜欢听老师的课，却始终不敢太亲近他！

一次在香港晋谒恩师时，老师和我闲话家常，问我的家庭、生活、工作，随即说：“您清福享久了，福报这么好，怎么不去学医，学医可以济世救人！”

啊！“学医……学中医？”

闲暇时我喜欢自学中医，但从来没有动过脑子“学中医”，中医古籍文藻生涩、艰深、难懂、难学，我记性不好，又要到中国大陆学习……令我头大如斗，好生烦恼！

老师要我好好想想，决定了再告诉他。

我还在犹豫做不了决定时，一日，接到老师来信，信中老师郑重地教诲我：“要你去学医，不是为了文凭，菩萨要广学‘五明’以方便度众，‘医方明’是其中之一；你学成之后，可以广结善缘，可以济世救人，是‘培福’最好的方法，福德积累了，智慧自然会增长！”老师还特别告诫我：“学医要‘通达医理’，医理通了，医术才会高明，千万不要当医匠！”

挣扎了两个多月，终于负笈中国大陆“厦门大学”，在老师深心殷殷指导下，不期然地进入这个领域！不知是老师的慧眼，还是偶然，老师的一句话，改变了我的一生，我从此走上了“学医”的奇妙旅程！开启了生命一连串不可思议戏剧性精彩的蜕变，这个不曾想过、不曾祈求过的……

一日梦中和老师对话，老师指示我要改名字，他说“萦”不好，改叫晓“ㄖㄨㄥˊ”。

等到见了老师，老师真的要我改名字！这是巧合吗？

老师说：“萦”有迂回、缠绕之意，改叫“晓容”，有容乃大的“容”，我希望你往后做人做事更为宽广，更有包容心……（梦中以为老师要我改光荣的荣，容、荣音一样，字不一样，这也许是心灵相感应吧！这事我没跟老师提过。）

一语成谶

当年在参加内地“执业医师证照考试”时，早饭后，不知怎的电视机线路突然起火，为了救火，忙乱中我竟把放在电视机上的一尊彩绘石膏“药师佛”推落，分成二断；暗忖，这是不祥之兆。考完试后我到上海拜见老师。

报告老师：“我是来参加内地中医师证照考试的！”

老师淡淡地说：“明年再考！”

……啊！“明年再考？”

那言外之意是：“今年考不上了？……”

果真，当年以 3 分之差落榜！老师的话和不祥之兆都神准地应验了。

没考上，心里像洗三温暖一样，有点不是滋味，有点难过。但随后想想，那只差一分落榜的人，不是更难过吗？

说真的，第二年根本无法静下心来准备考试，心情总是郁闷不乐，书本放在面前，就是念不进去……到了考试前的一两个月，自忖再这样放任下去，今年肯定又要名落孙山了。随后，收拾行囊，闭门读书，准备考试，读到左眼肿痛，变成独眼龙，眼睛也开始老花了！

老师去年不着痕迹地说："明年再考！"果然，第二年我考取了医师执照！在我身上，印证老师的每一句话，都不是随便说的。

初出茅庐

老师决定到庙港筹建"太湖大学堂"时，打前锋开疆填地建设的是谢福枝学长。不久，老师说："我们到庙港，要先和当地的人结善缘，解除乡民的疾苦是结善缘最好的方法！"于是老师派我到庙港卫生院坐堂。

到庙港义诊，原本不觉得有什么好害怕担忧的。

有日，老师把我叫到跟前说："江南多名医，你学的是哪一派的啊？"（平时我都可以跟大家谈笑风生，但只要见到老师，因为太敬畏了，总是腼腆地不知所措；低头自忖，我自己也不知道是学哪一派的！）

我说："在学校内经、伤寒、金匮、温病……都学过，其中，我最欣赏张仲景先生的医理和方药，药味简单，价格便宜，药效快速，只要辨证精确，常效如桴鼓。"我还跟老师说："我会尽自己所学，全力以赴，会什么，就医什么！"

经老师这么一问，心里顿时觉得有极大的压力和挑战，害怕没把事情做好，辜负他老人家！但箭在弦上，有几分力，就做几分事吧，尽力而为就对了！

回到香港图书馆，谈起和老师的对话，他们说："你怎么没回答你是学'南派'的啊！"哈哈哈……

到了庙港，第一个礼拜只来了一位病人，有的只在诊疗室门口好奇地探个头就走了，卫生院 11:30 下班，我因为没病人，11 点就下班回小别墅了！谢老总还嘲弄我："烧冷灶！"我心里想，只要有人来看病，来一个就看好一个，不相信没病人！

我在卫生院工作的时间是周一到周五，周六下乡到小医疗所帮一些不方便出门的老弱妇孺看病，周日休息。

医院每天配一位医护人员帮我翻译，没病人时，就跟他们学庙港话，“茶斯”“茶无”（大小便之意）……趁机学一下庙港话，好跟病人沟通！

之前在广州实习，病人不知道我听不懂广东话，看病时，叽哩咕噜地说了一大堆……结果我常把“头痛”当成“肚子痛”，把“肚子痛”听成“头痛”，鸡同鸭讲，搞得大家啼笑皆非，弄得诊间笑声不断！心里想，到了人家的地盘，为了和病人有良好的沟通渠道，应该下决心学习广东话了！

初来庙港更应该抓住机会，学习学习此地的方言才是！

下乡第二周的隔天，诊疗室开始活络热闹起来了，有人来造访了，我不再孤单地坐冷板凳、烧冷灶了，从此再也没清闲过。真的，来一个看好一个，来两个看好一双！直到我离开庙港，每日诊间热络，看到 12 点多，才骑自行车回小别墅。有时天冷下雨或下小雪，谢老总总是贴心地开着车来接我。在庙港期间，他给了我很多的帮助和照顾。

听说我的药方至今还在庙港街上流传着，真的好感谢老师给我培福的机会，广结善缘！

冬季的庙港又湿又冷，阴霾的天空偶尔还飘着细雨小雪，加上穿过水杉从湖面吹来的湖风，纵使气温在零摄氏度以下，水沟里结上一层薄薄的冰，还是不供暖，让我这位南方来的客人直打哆嗦。

在台湾我们不用穿棉毛裤、厚毛袜、厚鞋子，到了庙港总觉得风是从大衣的缝隙里直透入骨头，生平第一次体验“寒风刺骨”的感觉，令人寒战；直到买来了羽绒衣被，穿得像个雪人，才暖和过来。谢老总还不忘揶揄我：“跌倒了，爬得起来吗？”

恩师解惑

工作期间，曾为了一个即将上市的处方困惑愁忧数月不得解。

该“补肾”，还是该“补脾”？团队中只有我主张以补脾、补气血为主。

请教了几位中医前辈，他们认为补肾没什么关系。但我觉得小孩子为“稚阳之气，纯阳之体”，不该补肾，应以补脾为主；脾胃健，能消化吸收，加上运动、晒太阳、早睡、营养均衡，自能长高、长大、长脑……故不应该用补肾药！

因为团队中没有人和我持相同的理念，且即将生产销售，兹事体大，无人能解，故而夜夜为此事而辗转难眠。

一日半夜里，忽然想起可以问老师啊！高兴得马上从床上跳下来，写信托人咨询老师的意见，终于有了答案，我如释重负般地能安然入睡了，放下数月来的不安，总算有个交代。想起“生公说法，顽石点头”，千古医理不变，我的坚持得到老师的认同，我心安矣！

更庆幸的是，2012 年 3—6 月间，我放下万缘，住到“净名兰若”，每天快快乐乐，无忧无虑，没烦没恼地享受清净的生活，幸福无比，真是前辈子修来的福报；上午义诊，下午打坐，晚上听老师上课、练拳，回兰若休息！

一日，老师说：“我叫你去读书，你乖乖地去读了，叫你去义诊，累积福报，你也做了，现在应该回来好好修行用功了！”老师还教我如何把脉！

老师当时已在交代我未来的方向了，老师轻描淡写的每一句话，都在指引我人生的方向！

爱听话秋、讲古

我经常东跑西跑，但只要有机会一定去看老师。每到傍晚时分，世界各地五湖四海的精英，便陆陆续续来到老师的人民公社“食客厅”，高朋满座，群贤毕集。

我更喜欢在老师身边“听话秋”，听老师“讲古”，常有着意外的收获，不仅可以学到做人做事的“眉角”，不经意中还会有有颜色的笑话调剂，更可以学到在课堂上不曾听过的医理。老师真是太奇了，他博古通今，挥洒自如，用“上下五千年，纵横十万里，经纶三大教，出入百家言”来赞叹老师真是再贴切不过了！在老师身边如沐春风，见识增广，生活多彩多姿，所学的一生都受用，是人生最快乐、最幸福、最祥和也最温暖的时光！

老师要我矫正龅牙，听了，却没积极处理。

再见面时，老人家再次提醒。回台，不敢怠慢，马上找牙医咨询：“是否可以在‘不拔牙’的情况下矫正门牙呢？”

医生说可以，我高兴地接受治疗。

等到上了牙套，医生忽然告诉我：“上下排牙齿要各拔掉两颗，才能将门牙矫正！”

我有受骗的感觉！

不是已经先咨询过了吗？这不是在蒙人吗？

倘若依医生之言拔掉4颗牙齿，门面漂亮外观美丽，前程光明了，但牙齿却松动了，后半生咬合咀嚼将是个梦魇！为了避免下半辈子不成为“无齿之徒”，最后，毅然决然选择花钱消灾，壮士断腕求生，不拔了！

一回在闲聊中，忽然有人问老师：“我咳嗽了许久，一直好不了，尤其是在起床和躺下，咳起来简直要人命，为什么呢？”

老师说：“痰、饮本是水，是人体的代谢产物，因中焦‘脾’的输运失调，才会蓄水成痰，痰无法顺利代谢出去就会咳嗽。人站立时，痰流动，逐渐蓄积在肺的底部，今因躺下，痰的位置改变了，将原本畅通的肺泡阻塞了，所以咳嗽加剧，咳嗽是为了清除支气管中的痰、饮；相同地，当你起床时，姿势由躺着改为站立，痰的位置再次改变，流动到肺的底部，所以起床后咳嗽变得更加厉害。”

老师还告诉我们，读书要用另外一只眼睛，古人所谓：“独具只眼”，顶门上一只眼，才能读懂书中的寓意，如《西游记》

中的无底洞、盘丝洞七姐妹（蜘蛛精）、铁扇公主等，都是表法的。

老师说："水太清则无鱼，人太清则无福。"告诫我不要太爱干净。有一次还问我："风把落叶吹到河中，有的顺水而流入了大海，有的几经波折、难阻，旋转、环绕而入海，早入海好呢？还是晚入海好呢？"他老人家希望我在生命的历练中体认、领会，未来人生有太多的变量、苦难、无常，遇到这些烦恼、考验、磨难、孤独时，必须自立自强，坚忍以赴，面对解决，把苦乐的感受，净化成内心真实的清净和善良的意乐！

老师对我的教育相对是比较严苛的，常不苟言笑，我也很奇怪，不管他如何，我都听话，老实地遵从。我是佛的学生，也是老师的学生，当年"赐子千金，不如教子一艺"，也许是他心中对我有期望吧？

薪火相传

薪火相传是中医的特色，老师带学生，代代传承下来。厦大毕业后，我继续留在厦门、广州跟老中医学习；回台后，继续拜师于朱世宗、朱华、张步桃等医师门下，他们都是我的恩师、贵人！

再次负笈大陆，是为了继续深入研究医理和精湛的医术，更希望将来有机会借由教书来传达医学、医理等养生理念，才是民众的福气，这些都来自老师的恩典。

中医的可贵在"辨证"，分析、辨认疾病的阴阳、表里、寒热、虚实等症候，再加上通过望、闻、问、切四诊，所搜集的数据、症状、体征等进行综合归纳、分析、推理、判断，辨明其内在的联系性，以及各种疾病间相互的关系，从而认识疾病，做出正确的诊断。如果无法明确辨证，就谈不上正确诊断，更遑论能对症下药了！

从太湖大学堂到印度，学医至今，我都会随"台湾慈悲医疗会"到偏远的地方义诊。世界上穷苦和需要帮助的人还有很多，很难想象，有些地方到现在还没有电灯；有的人在寒冷的冬夜里，身上只裹着单薄的毛毯露天而睡；有些怪病让我们也束手无策……老师要我多培福，此事常存五内！

我们这个团队有中医内科、针灸、推拿、整脊，西医有内科、耳鼻喉科、外科、妇科、牙科……出外义诊常遇到环境条件不佳的情况，大家也都能随缘将就；有一回，我们吃一个地方，义诊一个地方，洗澡一个地方，每次义诊，都很忙碌、很快乐、也很有趣！

有一回，在印度“菩提迦耶”的旅馆，清晨我们去绕“正觉大塔”，一个钟头后回来，放在桌上的所有水果都被老鼠吃光光，难以想象老鼠之多，还嚣张地在床铺上拉了一堆屎，真是猖狂！

师恩难报

“福寿康宁，人之所欲；死亡疾病，亦人所不能无！”

名相治国，良医活人。“中医”除了可以疗愈痼疾外，也是一门教导人们生活，顺应大自然律动的养息智慧。治未病于已病，是中医的圭旨，是耆宿先贤们的智慧传承。

“医者意也”，看病是一种艺术、是一种意境、是一种智慧，更是医生和病人之间心灵的交流感应……善于用意，手到心到，临机应变，自能福至心灵，药到病除。

如何成为良医，兼备医理、医术、医德？如何将自己所学利人利己？如何见彼苦恼，感同身受？如何发挥人饥己饥、人溺己溺的无我精神？如何培福修慧？如何将自己学医的心得汇总上报老师，并将自己所学，真实无私地呈献、回馈、分享给民众，让他们学会健全的养生知识和不生病的方法，才不辜负师恩、父母恩、众生恩呢？

临床上，常苦口婆心地纠正人们因不正确的生活观念和习惯，违反自然法则，不注意生活的小细节而生病，俗话说：“现在不养生，老了养医生。”健康和养生是一体的，若能从小或从知道的那个时刻开始，就养成良好的生活规律和习惯，在行、住、坐、卧中回归自然，持之以恒，自然熟能生巧，养生保命于无形；因为有身就有病，想要少病，就要过正确、如法的生活。

我没有比别人聪明，医术也没有比别人高超，只希望借由认真、勤快、用心、思辨，经由挑战、研发，结合医理、食物、药物、季节、气候、环境以调和机体的偏胜，解除人我的病苦。

最近将老祖宗的智慧传承，并结合过去所学，撷集成《健康少病有妙方》一书，呈献这份心得报告妄以报师恩，并奉献给有缘人，让暇满人身更有意义！

我希望以最自然的方式，传递医疗的专业知识。让我们醒悟了解“原来养生可以这么简单易行”，并且以最亲近生命的柔软方式来疗治我们的身体。人人只要懂得并过着“如实”的生活，就能找到一条重建身心健康的道路，明白道“理”之后，自能乐于依循老祖宗的智慧精髓，如实地过好每一天；一人健康全家健康，一家健康全民健康，“事”就圆满了。让忙碌的我们生活得更自在、安详、舒适、健康少病，才是全人类的希求和福祉！

不论时代的巨轮如何转变，中国传统医学都是我们寄望健康养生不可偏废的瑰宝，不论是富、贵、穷、通都可以共享老祖宗的中医养生保健遗产，找到自身适用的健康之道与无尽的养生乐趣！

希望大家借由实践中医独特的养生哲学，调整生活、饮食、起居，这是最安全有效、简单易行，更是投资最少，收益最大，稳赚不赔地守护全家健康幸福的金钥匙；在我们生命的花园里松土、播种、浇水、施肥，打造青春不老的好体质，重启抗病延寿的好身体，在有生之年，活得健康快乐、舞动光彩！

生命中的怙主

我何其有幸，能和老师相遇，他带领懵懂的我走上学佛与学医之路，并遵循他的教诫教诲，老师开启了我的智慧，交代我未来的方向；他是我生命困顿时的依靠，是我生命中的怙主，是我生命的导师、领航者！

老师一生简朴、清净、平等、慈悲，教导启发了我的心智，是我智慧的明灯，承老师厚爱指我培福的一条大道，在在要我具有出离心、悲心、菩提心，他用另一种手法来培植教育我健全的心智，希望我学医能照顾好一切众生的身心健康、照顾好家人、照顾好自己！

生前一再叮咛我要好好学佛……他的精神、言教、身教，长存我心，他老人家舌灿莲花讲述的诸多典籍，常伴我心，是我人生最优的指南。我将生生世世恪遵老师的教诫教诲，培福修慧，努力修行，不忘初心！

忆怀师

王公娥

温暖的记忆

1990年，我老同学何维凌来港叙旧多次，他与我中学同级，大学虽不同系但同上物理系大课。他是许多人眼中的学霸，科学天才，大二已将大学课程读完，学识渊博，自然多了几分狂傲之气。后来他参与国家的经济体制改革研究等工作，是当时的风云人物。从20世纪80年代初期他就常来香港，所以我们也常见面。而1990年的多次交谈中，我发现他似换了一个人，非常谦和随意。他告诉我，他花一个通宵读了一本书——《楞严大义今释》（南怀瑾先生著），对宇宙人生的道理全通了，此后不用再读人间糟粕书。言谈中非常敬赞南先生，他说自己一生中极少钦佩人，但他最钦佩南先生，因为他是高人，奇人，是国师，他希望自己将来如南先生一样具大智慧，能辅助天下。并说他在美国时，南先生从他人处看到自己的诗作很是欣赏，由此别人将他带去先生处而认识了南先生。他说带我去见南师，因为我对人生充满了疑惑，一直在寻找答案，以后可以向高人请教，我自然是极高兴的。也终于知道了为什么他变了一个人似的，是因为南先生教化的影响。

不久，他果然带我去南先生处，在香港半山坚尼地道。当我见到南先生，就被先生的气度摄受，自自然然跪拜下来，但万万没想到，先生已经先拜下来了，让我震惊不已。起身后，先生说以后不要拜。想到先生作为一位长者，我拜他是理所当然，但他也拜下，我何敢呀，所以日后见先生，我只有鞠躬了。

当晚先生处也颇多人，先生对众人说，何维凌是国嘴，台湾有李敖，大陆有何维凌。先生用餐处是饭桌圆圆，菜肴丰富但非大鱼大肉，凡有人来皆入席用餐，所以先生说这里是人民公社，我也算亲眼见了。临走时，先生送我一本他的著作《论语别裁》。日后去，先生也常送书。

我自何推介后，马上去书店买了《楞严大义今释》一书读起来。我没有维凌的悟性及读书功夫，花了颇长时间读完，许多地方读不懂，但也从中感知到，我要寻求的宇宙人生答案在其中，沿着修学佛法之路，我能安顿人生，从此开始了读先生著作的路程。先生有着非一般的文字般若，能将深奥的佛法讲得较为浅白，将各种学问汇合，引人入胜。

认识南师之后，读了《论语别裁》，先生统合儒释道三家及历史来讲解，令我对中国传统文化生起了敬仰及学习之心，我们1940年后出生的一代完全在红旗下长大，接受革命教育，与中国传统文化是完全隔离的一代。自此在书店，凡见到南先生的书一定买来看。

有一次，在书店看到书页后夹有一表格，是报名参加《论语》读书会的。于我而言真是喜出望外，按址前往，在香港北角英皇道的香港佛教图书馆，由此认识了住持亲证尼法师，非常慈悲亲切。从此，我基本每周都去参加书会，有时也参加念佛静坐。从1990年至1993年，因儿子在纽西兰读书，我常来往于港纽之间。1993年后至2001年定居，但是也常来往于港纽之间。每次回港定去图书馆拜见亲证师并请教。亲证师后来得知我见过南先生，所以每次都会电话去讯问南师我可否去拜访。因为先生实在太忙了，而我也觉得自己才学太浅薄了，不敢贸然打扰先生。但幸运的是我几乎每次都被允见。

约1990年的一个晚上，先生处许多人在议论时政事件，先生说不必担心，中国一定会继续改革开放的。在先生处常见到许多不认识的各方人士，但这些人都无形中得到先生的教化。有一次餐后，坐在先生左首边的一位男士站起来，说他认识先生后，从以前生活为自己到知道了现在要关爱别人，要多行善（大意）。先生告诉我他是一航空公司总经理陈先生。另一次，见一位蔡先生，特来感谢先生与宏忍尼法师治好他的病。宏忍师当场还为他头颈部位按摩。原来这位蔡先生是脑部有伤，可能要手术的。但先生说可以不用开刀。我才知先生还是大医生呢。

有一次，饭至半间，先生的小儿子和女朋友从美国来，还带来了阿拉斯加的蟹肉，当场让大家分享。那一晚食物比较多了，大家不怎么动筷子了，先生说剩下怎么办呢？我说我们玩转盘吧，因为菜都摆在转盘上，手推一下盘，转到谁那儿停下来，谁就夹菜吧。如此这般，最后都解决了，先生开心得像小孩一样。

一次去拜见先生，先生让我坐在他身边，握着我的手，温暖地招呼，我从未感受过这样的手——温暖而绵软如丝。远望先生常是威而不猛，但近之则是温而厉，在先生面前，自然不敢造次。先生在席中常常听大家谈话，似也没有长篇大论，但奇怪的是，大家轻松来，轻松去，无形中人就慢慢变了，人就会有一种被鼓舞向上的心，正如虚而去实而归一样。

在读南先生的《金刚经说什么》一书时，应该是1995年，发生了一件有趣的事。我常会在我家魏先生面前讲一些关于佛法的内容，但他那时老觉得这些是虚无飘渺，且可能是迷信的，你一个大学生怎么老看这些东西呢？他颇有些不理解。我想他是学工科的，只相信看得见摸得着的东西，所以才如此吧。有一日，我就将此书打开并放在沙发上，在他去沙发上坐着休息时，突然想看看我看的究竟是什么书，他就随手翻了书。这一翻可好，被先生的文字般若吸引住了，被佛法的智慧打动了，于是他自己从头正式读此书且读完了，而且一遍不够，连续第二遍，这中间也不让我看了。从此之后，他消除了对佛法的误解，也开始常会看先生的书。南先生的智慧真是不可思议！

那一年，我正值更年期，加之家父病逝，造成了颇为严重的失眠问题，医生也帮不了，最后我就每天持大悲咒 49 遍，连续一个多月，竟然可以睡了。这让我对佛家的念经持咒打坐有了一次亲身的经历。连续几年读先生的书，让我对佛法生起了极大的信心。

1998 年底回香港，我向亲证师请求皈依。结果南先生说，让她直接皈依释迦牟尼佛。慈悲的亲证师、宏忍师在香港佛教图书馆举行一次诵《金刚经》的法会，另有二位道友也同时皈依了，大家同沾法喜。会后，亲证师说要记得皈依自性佛。

至今过去十多年了，非常感恩南先生的大智慧及亲证师、宏忍师的慈悲。至今想起来，自己非常愧疚，因自己修行根本还没上路，虽信了，但解仍不通透，更重要的是贪嗔痴慢疑的习气一大堆，何德何能蒙此大恩呢？

教育实验

1999 年初，离港赴纽前，亲证师给了我关于推广儿童诵读经典活动的一些资料，并嘱我回去之后推广一下。我读完之后，才知道这看似简单的娃娃诵读中国圣贤经典的活动，实则关乎中华民族的文化复兴传承，找回民族魂，是中华民族延续绵远，立足于世界之根本。也感受到了南先生对众生，对民族，对国家的深重的大悲心及使命感。

自香港回纽后的一年多内，试着去向周围的人或幼儿园推介读经典的理念，均无成效。2001 年 5 月移居悉尼。安顿之后约年底赴港并拜见南先生，先生让我跟宏忍师学习准提咒。自此之后一直尽量持诵。这之中身心有些变化，让我体验到佛陀所说的是真实语，如是语。在生活中的嗔心似乎有些改善。也和我先生再次试着争取各种机会去推介儿童诵读经典的理念。

至 2003 年中有些眉目了，少数家长非常认同，并有善人提供场地。我向宏忍师汇报，宏忍师嘱可以先办个班。由于家长们热心地推动，我们办了第一个班，共七位小朋友参加。家长们除了热心之外，还有能力，加之有佛堂及社团的支持，最后发展至有十个班，每班平均十多至二十人。我们抛砖而引出了不少的好玉，有些家长自发地因着自己的因缘去办班，亦有老教师加入带班。至 2011 年我因身体衰弱而退下。

在这段日子中，自己身心非常充实，和大人小孩共同沉浸在诵读经典的智慧和喜乐中，重新弥补我们这一代所缺失的文化之根。和家长、社团人士的合作中，深深感到中国文化的基因在每一位中国人的血液中，现在经南先生等诸位大德的推动，我们又重新发现了。在其中我从他人身上学到许多长处，众人皆我师，并深感自己缺乏德行与智慧。退下的日子里正好自己可以多学习，多反思。

由于熟读以至背诵，孩子们的记忆力提升了，理解力也增强了，学习能力得以提高。悉尼华人圈课外补习风气很浓厚，家长都怕输在起跑线上，许多从小学二年级就开始，搞得小朋友压力很大。但是深入参与了诵读经典的孩子们较迟时间才开始补习，用来补习的时间也相对较少，但升入精英中学的比例反而更高。

读诵经典的同时，我们也配合讲故事让孩子们明道理。但孩子们至青春反叛期仍会出状况，一是自然规律让孩子要通过反叛表现自己，二是中西文化的差异也容易让孩子们迷惑。但是因小时候的读经熏陶，加之家长通过陪孩子诵读提升了自身，让家长与孩子容易沟通，状况得以改善。这非常视乎家长自身成长的状况。在 2011 年我因身体原因退出后，与一部分家长开始了读书会的活动，读《论语》，读《老子》，希望我自己和家长首先改善自己。家长提升了，有助于青少年小朋友的成长及家庭成长。我深深体会到，改善自己就是对自己最大的爱及对社会的一份责任。

有一位曾患自闭症的孩子，四岁多进来。上课哭闹，钻到桌子底下拉扯别的小朋友。他非常幸运的是有位好爷爷，曾经是浙江大学毕业的老知识分子，非常认同读经理念，每个星期风雨无阻带着这个孙子来上课，每天在家带孩子花半多小时诵读。经过七年的学习，这孩子竟然背诵出色，《论语》《老子》《大学》《中庸》都会背。他本是在特殊小学上学，但是中学竟然进了普通中学的精英班。当学校表演英语节目时，他不仅能完成自己的那部分，还帮助完成了别的小朋友在台上不能完成的部分。可能诵读经典启动了他原本内在的与经典的联结。小朋友问他，你是君子还是小人？他回答："我一半是君子，一半是小人。"我们大人的读书会，他曾跟过一年多，大人讨论《论语》，他表现出极大兴趣，不时提出问题。在家生活中，也时时能表现出对老人的尊重和照顾。他的弟弟也有同样问题，但因爷爷健康问题未能接受经典教育，就完全不同了。

有几位小朋友曾经跟大人继续读《论语》。受到南老师教育理念启迪，我们加入了对小朋友生活方面的教育，让他们学习家务，清洁、整理自己的房间，每周为父母做一次餐。后又加课教他们每天静坐十分钟，诵六字大明咒。小朋友反映，静坐帮助他们学习更容易，与人相处更平和。每天能静坐半小时的一位小朋友说，自己处世得失心少了，更冷静了。有个孩子今年参加全澳洲少年游泳比赛（15 岁组）得了冠军。

我曾让孩子们做过实验，让他们对同样食品分组分别施加正负面信息，如佛号，如爱与恨，如《大学》的第一小段等等，结果显示接受良好信息的食物败坏的速度慢多了。孩子们由此相信正面心念的重要。

先生的鞭策

2006 年 6 月我曾去上海拜见先生，先生曾厉声对我说，你们这些名牌大学毕业的，不为社会做点事，一辈子白活了！这句话当时一听，如雷贯耳，现在回想起来仍是心悸悸然。这句话震醒了我，从小学读书至大学，都相当顺利，认为自己还不笨。但是心中从未想到过，所受的栽培除了父母之外，更多的是全国百姓的供养啊！多少社会资源集中在有限的学校，由很有限的所谓大学生去享用。许多农村子弟非常聪明，出色，但是没有机会啊！

我们何德何能由百姓节衣缩食，过着艰苦的日子，而辛勤工作来供养呢？而毕业之后想的、忙的只是围着小家转。真的一辈子就稀里糊涂过去了，可不是白活了吗？先生此话如锋利的剑戳开了我内心深处的傲慢与小我，让我深感羞愧，我怎么以前从未思考过，未有过感恩心呢？学佛修行就应该检查自己的心行，基本感恩心都没有，如何发大悲心大愿心，生菩提心呢？我有何资格说自己在修行！所以先生说，人是人欺，欺人，自欺！

先生当晚又亲笔题字送了我《庄子諵譁》一书，那是鼓励我人不能得少为足，人生的境界可以说无止境。拜读之后深感自己之渺小，心胸亦被打开了。我们的祖先留下这么好的文化，通过学习，提升生命的境界，可以得解脱自在！

我们中国人何其幸运！每每重读先生的书，就深深感动，感激！

自先生定居吴江之后，2006—2011 年间，我有几次去拜访先生，有机会学习先生的教育理念。小学里的孩子们学习经典，静定，德育，习武，还有生活教育，并和知识教育融合，有本有末。假期中家长也要学习讨论，如何做一个合格的父母。这给予我参与诵读经典活动的推广带来很多的启发。给我印象最深刻的是，大学堂的许多工作人员除本职工作外，还有许多学习机会，晚间的读书会，武术的练习，每天早晚在禅堂的静坐。每一个人无论角色如何，修行是基础，正如《大学》中所说，“自天子以至于庶人，壹是皆以修身为本。其本乱而末治者，否矣”。

南先生又亲身垂范仁者风范。有一次傍晚离开学堂，本想转车坐小巴回上海，但先生恐我们年纪大了，不甚熟悉环境，路上不方便，临时安排工作人员开车送我们直接回上海。2010 年，有幸计划住学堂两周，原以为可以好好学习，但一周后得知我家先生在上海发烧得肠胃病，打算是日晚马上送医院。先生知道了，让我马上回去，并嘱宏忍师准备中药（宏忍师知情形后马上找出了中药）。先生还问我需要钱吗？关切之情如亲人，如慈父。当晚学堂送我回去，我家先生服了中药，一夜下来病减半，三天下来痊愈，也不用送医院了，否则说不定还要接受过度治疗。先生对每个人都是如此的慈悲。

2011 年 6 月，我曾去学堂，晚餐后我去向先生告辞。先生问，要回澳洲了？我说是的，先生深深地叹了一口气。这是从未有过的。当我离去时，第一个涌上心头的是：这是与先生的最后一面？以后见不着先生了？心中充满了无限不舍与伤感。第二个念头是，我的修行太差了，对不起先生的慈悲啊！

2012 年的中秋夜，先生真的辞世了！一年多前去学堂，竟是最后一面！

此生我有机缘读先生的书，亲近过南先生，是我一生至大的生命礼物，因为从此自己找到了生命的方向，可以安定而不惑地独立行走于人世。先生是明灯，为我，为许许多多的人，照亮前路！

伟哉，先生！

也说因果和平等

张心帆

今年是南师怀瑾先生诞辰一百周年，通过十多年泛读南师的著述，我心中确实产生了非常大的震撼和影响。我想就我所理解的南师的教导，谈谈我个人的体会，其中一些观点引用不一定正确反映了南师的意思，权可视为我学习的体会而已，也可作为我纪念南师百周年诞辰的一支心香。

佛文化是中国传统文化的重要部分

南师一生都在为传播和发扬中国传统文化而殚精竭虑、不遗余力，他众多著述都在讲述中国传统文化的精髓，他尽可能客观公止地讲述和评价中国传统文化。首先，中国传统文化的范畴。他认为儒释道、诸子百家都是中国传统文化。虽然佛教是外来的，但是他每每都是用儒释道相互印证，相互融通来讲中国传统文化。在他眼里，佛法已经是中国传统文化的重要部分，尤其是禅宗心法与中国儒道文化相融甚深，甚至于禅宗在中国反而更加繁盛。他常用中国诗词等文学手法来表达和阐释禅宗意境。所以我们学习中国传统文化，不应把佛文化拒之于门外。儒释道诸子百家等等，都是中国传统文化的重要组成部分，不可偏废。其次是南师用破除迷信的方法讲佛法。第一南师从不迷信佛教。他认为所有宗教都演变出一个共同问题，就是偶像崇拜，那是迷信，他不迷信。因为没有任何人能主宰别人的生命，“从来不靠神仙皇帝”。第二南师也不推崇佛学。他认为佛学就是后人研究释迦牟尼佛及佛教人物的生平、言论、方法以及理论和历史。即便你对佛学的理论了解再多，对佛的生平事迹和言论再熟悉，而不真修实证，于你自己也并不会有根本的帮助，最多只算得上“口头禅”。因为你没有亲身去探索和实证生命的本质。第三南师只相信佛法。因为佛法就是探索生命规律和本质的方法，他讲其实到如今人类的一切知识和学科，都是对人的生命及与生命有关的规律的认识和探索。佛不是神，佛是觉悟的人，即对生命的本质觉悟了的人，弄清楚了生命从哪里来到哪里去的规律，使自己的生命达到自在的境界。而且，即便是佛也不能主宰别人的生命，生命由自己主宰。于是，他提出了“向内求法”的原则。

从以上我理解的南师的观点看，我感受到南师没有一点迷信，他在传播和弘扬中国传统文化时秉承的是科学的态度，即使讲佛法，也很能信服于人。读南师的书，从一开始便被南师这种大师的风范和科学态度所信服，并愿意认真读下去。这是南师能吸引如此众多的读者，甚至是受过马克思主义哲学思想和科学观熏陶的人们也喜爱阅读南师著述的重要原因之一。

传统文化教化的目标分层

南师在传播和弘扬中国传统文化时，并不是笼而统之地向所有人传输高深而难以捉摸的佛法，而是以儒家精神为起点，从做人的基本道理讲起。我理解，南师传播和弘扬中国传统文化的目标，首先是基于人群存在个体差异和群体差异。针对这种差异，南师在传播和弘扬中国传统文化时既有总体目标，又有基本目标和终极目标。一是南师教化的总体目标是认知生命，探索真理。人类不能稀里糊涂地过日子，其实人类从一开始就在探索生命的奥秘，这是人类共同的课题。无论是东方文化还是西方文化，都努力在探索其究竟。而中国传统文化在生命真谛的探索上尤其深入，因此我们应该继承老祖宗留下来的宝贵遗产。二是南师的基本目标是做人为本，人成佛成。中国传统文化尤其是儒道文化非常重视做人的基本道理，他一再强调，学问不仅仅是学习科学知识，而更重要的是学会如何做人的道理。人性善良的培养，人格人品的确立才是中国传统文化的根本。所以虽然他的著述众多，但是每当他给青年人推荐自己的书时，首推的始终是《论语别裁》和《原本大学微言》两本书，其目的就是教人如何做人，树立健康的人格人品。先做好人，充分体现了“修齐治平”的中国传统儒道文化思想精髓。从佛法的角度讲，世法即佛法，人成即佛成。人做好了就打好了成佛的基础。三是南师的终极目标是掌握生命，自己做主。南师对于那些人格高尚、人品纯正的人群，则寄予更多更高的目标。希望他们在做好人的基础上，遵循“见地、修证、行愿”的路径，通过自己亲身修证，体悟生命的真谛，探索并掌握生命的本质，通过自身的努力，不断改善和提高自己生命的质量，达到生命自在的境界。同时在自觉觉他的过程中，帮助更多的人实现自我的超越，最终使所有的人乃至一切众生都能达到这一境界，即大同世界。

以上两点是我在所读南师的书后综合而形成的体会。我认为，南师这些观点和目标与当今世界科学技术追求的目标是完全一致的，都是为了揭示生命的规律和本质，都是以一种科学的态度来看待生命和人生。其中对宗教和佛法的看法，更体现出破除迷信和神秘化的科学精神，从来就没有救世主。人的生命是自己的生命，即便有“初级”和“高级”的生命形态之分，“高级”的生命形态也不能主宰其他生命，一切只能靠自觉自悟，自作主张。南师的这些观点和看法，起码消除了大多数读者走进中国传统文化，尤其是对佛文化的迷信和顾虑，从而开启了人们进入中国传统文化的大门，这对于在中国大陆传播和弘扬中国传统文化至关重要。

尽可能揭示一些规律或法则

南师在著述中尽可能地为读者揭示一些规律，通过认识和掌握规律，改善和提升每个人的生命质量，至少可以改善和提升人生的质量。

一、规律适用的范围

南师揭示或者告诉读者的规律或适用范围，并不仅仅局限于通常讲的宇宙或者人类社会，他讲的规律适用范围被称为法界。所谓法界，我认为就是这些法则适用的所有范围。这些法则就是习惯上所称的规律。这些规律不仅适用于宇宙和人类社会，而且适用范围更广，包括人类在内的一切有情众生；不仅适用于物质（物）世界，而且适用于精神（心）世界。宇宙的本质是时间和空间的总称，而南师所讲的规律是超越时空的，因为时空是假象。当前物理学界已经有了一定的研究成果，研究有趋近或逐步印证这些规律的可能。这至少说明南师告诉大家的规律具有普遍性。南师在其著述中讲了很多规律，在我看来，有两个规律给我印象最深。

二、因果规律

过去听到佛教讲“因果报应”，马上就习惯性地和封建迷信联系到一起，哪里还会去认真了解。然而从南师著述中，我们能够感受到因果的规律特性。

（一）科学的因果。南师讲“万法皆空，因果不空”，其实他揭示的是在这个法界里，事物之间普遍存在因果关系。科技、自然、社会、人际等方面，因果规律是支配一切的。比如科学中因果关系比比皆是。物理学上摩擦产生电，摩擦是产生电的因，电就是摩擦产生的果。化学上酸和碱中和产生盐和水。酸和碱单独放在那里不会自动变成盐，只有酸碱中和才能产生盐和水，那么酸碱中和就是生成盐和水的因，盐和水就是酸碱中和的果。数学的推演每一步都是有了“因为”才有“所以”，这也是典型的因果关系。自然界也是种豆得豆，种瓜得瓜。绝不会种豆而得瓜，种瓜而得豆。人类社会也充满了因果关系，“亲小人远贤臣，此后汉所以倾颓也”，亲小人远贤臣是倾颓的因，倾颓是亲小人远贤臣之果。又如“举直错诸枉，则民服。举枉错诸直，则民不服”也是如此。人际关系上也体现出因果关系，一个人对另一个人的尊重，往往会赢得另一个人的尊重；一个人对另一个人不好，那个人一般来说对这个人也不会好。除非很有修养的高尚之人能做到以德报怨，但是其因果仍然是存在的。当然，现实生活中的因果关系并不是这么简单的一一对应的关系，通常是因果重叠交替的非常复杂的关系，上一级的果可能是下一级或者几级的因，就是道家所讲的“一生二，二生三，三生万物”的道理。从以上众多举例可以看出，因果关系是存在于一切领域的客观规律，它不是迷信的东西，因果的关系是科学的关系。

（二）因果的动力。因果既然是科学的，其内部一定存在着客观规律。任何一对因果关系都存在着内在的客观规律，这个客观规律实际上就是从因到果的内生动力。如摩擦生电的客观规律，是任何物体都是由原子组成的。而原子核内带正电，核外的电子带负电，由于不同物体的约束电子的能力不同，两个物体摩擦时，一个约束能力较差的物体的电子就可能向另一个物体转移，从而形成一个物体带正电，另一个物体带负电的情况，这样产生电流。当两个物体没有摩擦时，这个规律不起作用，而当摩擦这个行为发生了这个规律就推动了“摩擦”这个因，向“生电”这个果转化。物体由原子构成的这个规律就是摩擦生电这对因果关系的内生动力。如果物体不是由原子构成的，也许摩擦就无法生电了。酸碱中和生成盐和水的客观规律是氢离子和氢氧根离子结合生成水，而游离的钠离子和氯离子结合而生成盐。种豆得豆的客观规律是植物基因的存在决定了豆子只能发芽长成豆子，而瓜的基因决定了只能生长成瓜。植物的基因和遗传规律决定了种豆得豆这对因果关系的内生动力。社会和人际关系中的因果关系的内生动力，就是人类是追求公平正义的规律。这就是举直举枉与民服不服、亲疏小人和倾颓兴隆这两对因果关系的内生动力。

（三）因果的助力。从因到果不仅要有内生动力推动，也需要有助力促进，这就是因果完成的外部环境条件，也可称为缘和外缘。外部环境条件的差异和不同，其因果完成的结果是不会相同的。如摩擦生电，使用不同的材质来摩擦产生的正负电荷是不一样的。如用丝绸摩擦过的玻璃棒产生的是正电荷，用毛皮摩擦过的橡胶棒带电的电荷是负极。酸碱中和反应中酸碱的强弱程度不一样，产生的盐溶液的 PH 值也是有差异的。化学反应中很多还需要加催化剂，或者需要高温高压的条件等等。在人类社会中决策者所处的环境和形势不一样，其决策虽然是同样的决策，但是其结果会迥然不同。数学题的运算，当题目一出定必然只有一个结果，但是由于运算工具不一样，其效率和质量一定不一样。可见因果的助力也十分重要。

（四）因果的成熟。从因到果总是有一个过程，这个过程可能有时空概念，完成这个过程就是因果的成熟过程。从种下一个因起，就有一个内生动力在推动从因变为果，还有助力促进，直到因变成了果。只是这个过程可能有长有短，有快有慢，有急有缓，有现见果，有后见果，有此见果，有彼见果。总之因果成熟有一个客观的时空过程。

（五）因果的改变。人们普遍具有趋利避害的心理，处理因果关系也希望都是善因善果。因果本来也就可以分为善的、恶的和不善不恶的三种。人们在认识到因果规律后就应该运用因果规律来完善人生，修正自己的言行，改造和提高我们的生活和生命质量。如何改变因果，首先就是要慎种因。南师讲，“菩萨畏因，凡夫怕果”。指的就是有修为、有追求、有希望改变和提升自己生活和生命质量的人，就应该慎种因，要种就种善因，才有可能得善果。由于种因还可以分为自觉或有意识种下的因和不自觉或无意识种下的因，就要通过平常的严格修养、严于律己来解决自觉或不自觉种下恶因的问题。从这个角度讲，又体现了南师的先做好人的道理的重要性。其次是已种下的因的改变。从因到果是一个客观过程，改变起来有一定的困难。比如癌症的发生，可能是之前种下的病因，因果逐渐成熟而显现出癌症的病灶。有的癌症可以治愈，有的癌症很难治愈，其中其实可能就是因果成熟程度的差异，如果病因已经完成因果成熟过程，这个癌症就很难治愈。所以应该通过改变因果的内生动力和助力达到减缓、减轻或阻止因果成熟，这是对已种下的因果加以改变的途径。世界医学界经研究发现：一是以“治病”为目标的医学模式，不足以遏制慢性病蔓延的趋势。二是以治疗疾病为目的的高技术追求的成本越来越高，效果并不理想，同时只能为患病的少数人服务，有悖公平公正的目的。中国医药界学者提出：（1）应该推动当代医学模式的转变，即从“治已病”向“治未病”转变。（2）从“对抗医学”向“协同医学”转变。（3）从“局部医学”向“整体医学”转变，体现“圣人不治已病治未病，不治已乱治未乱”的精神。（摘自中国科学院上海药物所原所长、上海中医药大学原校长陈凯先院士演讲稿）我理解对抗医学为什么收效越来越难，经济技术支撑难以为继。其实从因果规律来讲，已经完全成熟的因果要改变是很难的。只有在“慎种因”和在“因果初期”上下功夫，才能收到较好的效果。正如上述医学的三个转变，才是现代医学的发展方向，才是符合因果规律的明智之举。

总之，读南师的书很少看到俗称的“因果报应”，而是让人从规律上去认识因果的客观性和科学性，把因果规律与迷信观念截然分开，让人十分信服。

三、平等规律

人类社会一直以追求公平正义为目标，平等就能体现公平正义。在人际关系上，平等规律表现为人与人之间的相互尊重；在经济关系上表现为商品的等价交换。离开了这个平等规律和基本原则，人类社会关系和经济社会关系就必然乱套。南师的著述中一直在揭示这一平等规律，我理解主要从以下三个方面体现出平等规律。

（一）生命的平等。南师一直讲人人平等、众生平等、人佛平等、佛佛平等。虽然也讲了生命的差异，如生命有长短的差异，生命有质量的差异，甚至于生命有“层级”差异或者是“纬度”的差异，但是生命的本质没有差异。生命对每一个体而言都是公平的，如果说生命只有一次，那么大家都只有一次；如果生命是分段生死的，大家都是分段生死的。当然，这有待于科学揭秘。觉悟的人虽然了却了分段生死，但是他们承认没有觉悟的人只要通过自己努力觉悟，也可以了却分段生死。从这一点来看生命对所有生命个体都是平等的。

（二）因果的平等。对任何生命来讲，因果规律都平等起作用。不论是人是佛，还是其他众生，因果规律一视同仁。不会因为是觉悟的人就可以随心所欲，恰恰相反，觉悟的人就是因为严于律己，不仅管控自己的言行，甚至“身口意”全部管控，以便慎种恶因。严格讲，其实对觉悟的人来说，已经是一种自然而然的自觉，尽可能不种恶因。

（三）佛性的平等。佛性姑且可以看作是生命本体具有的特性和功能。任何生命都具有同样的特性和功能。人人都具有佛性，“本自具足”。佛因为是觉悟的人，其佛性即生命的特性和功能全部显现了或者不去显现，生命达到了自在的境界。而普通的人只要努力都可以做到。释迦牟尼佛从来没有说过只有他才能成佛，其他人就不能成佛。可见佛性对一切人乃至于一切众生都是平等的。

当然，南师关于生命本质的论述，我没有能力真正了解和知道。尽管我无法证实，但是，其所讲道理是非常符合逻辑的，显然具有可信性。按照南师所讲的去身体力行，按照中国优秀传统文化的精神去做人做事，于个人家庭和国家民族应该有百益而无一害的。

此外，不少读过南师书的朋友告诉我，南师的书往往讲到正过瘾的时刻就不再往下讲了，而且南师在讲中国传统文化经典时，并不是一字一句地讲解，这与我们在学校所适应的语文老师讲课的习惯完全不同，从而使一些读者觉得不过瘾，不习惯。其实我认为也许这正是南师用心良苦之处。首先，南师既把经典的中心思想和应该把握的关键点讲出来了，凸显读者应该理解和掌握的内容，而又不会因为过分咬文嚼字分散了对重点的关注。其次，南师讲到正过瘾的时刻就不再往下讲，也许是留有余地启发读者自己去思考和去实际体悟。我理解南师在宣扬和传播中国传统文化时，着重于知行合一，知不是目的，行才是关键。尤其对于广大读者而言，学以致用更重要。当然，对于学术研究者而言，这样的讲法似有些不过瘾，甚至于不够学术性，这是可以理解的。但是在当今中华民族复兴中需要文化自信，既要做好中国传统文化的深入研究，更需要让全民族继承和发扬中国优秀传统文化，从我做起，提高全民素质，实现“中国梦”。因此，我们在读南师的书时，一定要把自己摆进去读，对照南师所讲的观点、方法和希望，以及中国优秀传统文化的精髓，躬身反省，见贤思齐，见不贤而自省之，则读书之功莫大焉，善莫大焉。

（2018 年 2 月 26 日于成都）

回忆南师

黄昌发

我最初认识老师，是1988年在香港佛学图书馆听《解深密经》第六卷。缘于当时法住学会霍韬晦会长的星期日法会讲完《解深密经》第五卷便结束了，因第六卷是说修行“止观”，不适合他的法会讲题。刚巧老师在图书馆开讲第六卷，在那里遇到卫梦楷女士（我的病人），她是老师来港时的朋友，她安排了我拜访老师。于是在一个上午，怀着紧张的心情，登到23号麦当奴道33楼，拿着一瓶XO白兰地酒。到达时，老师早课未毕。见到老师后，一切便是一片空白，没有印象——和他接触的经过，真不知是什么原因。

老师在图书馆只开示了两个多星期便中断了。一段时间后，卫梦楷来电问我，可有兴趣听老师讲经。从那天起，1989年至2003年，老师每年皆有一次经会，夏初时开始，大约六至八星期，晚饭后八时至十时，在讲题方面，老师较偏重于佛学，尤其是法相，说过《圆觉经》《宗镜录》《成唯识论》《史记菁华录》《司马迁传》。更有一年说《庄子》，他对我说这次是为我讲的，因为我太执着。那些年老师开讲期间，我谢绝交游，笑谓“老师经期”。

第一次体验禅修，是刚认识老师不久的1989年春节期间，老师在坚尼地道买了甘苑还在装修，所以房间是空的。老师忽然兴至发起为我们作短期静修，当时我们共有六人。那是一个很轻松愉快兴奋的五天禅修。

第二次禅修是1994年春节在厦门南普陀寺。老师应妙湛老和尚邀请主持首次禅七，亦是老师首次返回大陆。在一个晚上开示期间，老师谈及中国青年的问题，老师哭了。另一个晚会中，老师为我送上短短一堂妇女生理卫生课。

第三次跟老师禅修是2006年7月，太湖大学堂建筑大致完成。老师在大学堂举行首次讲课及训练。由于初次启用，故仅对内部工作人员及部分修学的老学生开放，这次讲课录成《禅与生命的认知初讲》一书。

最后一次见老师是2008年11月，我到太湖向老师请法，24和25日两个下午，他单独为我开示。26日晚特别早完结两位访客饭后，马宏达和魏承思陪伴老师，他为接引我打坐直至11时。次晨离开太湖永别，在归途中，还满怀希望地计划何时再向老师请益，现在亦成空了。当想起老师在南普陀为年轻人的问题而哭的慈悲，不时取笑我"黄大仙你怎的搞这一科（学佛）"，呼我为"南极仙翁"，因为我是产科医生，洪文亮是"北极仙"，他在台湾是法医。

他讲书时的一举一动是我最宝贵的回忆，惭愧的是没有好好地练，现在只仰望无穷的天空，祈求他在他的净土将运化再来接引我们。

第一份报告

秦颖

2012 年的中秋夜

2012 年的中秋月圆之夜是南师的荼毗之日。我在澳洲，哄睡着了刚满六个月的女儿。看着她的小脸，我想，可惜你今生没有机会见到给你起名叫作“秦谂华”的南老师了。虽然你今后会在国外成长，可是妈妈一定要帮你把中文学好。等有一天，你能够自己打开南师的书籍，领悟他的教诲。这才是今生最重要的事情。然后我面向北方，太湖大学堂的位置，跪在平时静坐的垫子上默念起了心经。我深深仰慕、无比敬重的南师，今生无缘再见。在太湖大学堂的餐厅里，老师饭后茶余和学生客人们聊天中所讲的故事，说笑之间对我的关爱和点拨，一个个情景历历在目。这一天，虽然有无穷的追思怀念，但是我并没有流泪。懂得了老师教诲，已经使得我找到了生命中确定不变的目标。我和很多有缘感受南师身教言传的人都有同感，认为他是开悟救世的人，能够掌握生死，现在缘尽而去。而对于悟道的人来说，“涅槃生死等空花”。所以我心中为南师欣慰，希望他能够休息一下。记得刚开始有机会去大学堂时，我问了某同学一个很傻的问题，就是既然静坐修道可以达到长生不老，为什么南师是老人的样子而不是童颜常驻的样子呢。她回答说，所谓长生不老，是老得比较慢而已，佛陀的肉身也有生老病死，而老师是入世救世的人，每天做大量的事，牺牲很大。不久之后，我深深地体会到了南师是一个用自己的生命去普度众生的人。哪有一个人可以一辈子这样不辞辛劳，完完全全地把自己奉献了呢？真的希望老师能好好休息一下。

那一段时间，我也很想把自己受到南师的教诲后身心转化的经历写出来。可是那时的全部精力都用来照顾孩子了，忙碌中没有能够捋清思维。我的先生知道我在家照顾孩子要面对种种烦琐事情，晚上常常累得和孩子一起睡着，难得有静下来读书的机会，所以他有时间帮助照看孩子时，会让我一个人去读书。就这样自己一个人静静地读了《点灯的人》和《云深不知处》这两本纪念集。再一次回忆起南师对每一个生命的珍惜爱护和同等相待，体会到他的教化牵动着那么多人的心，认识到他的一生中做了那么多对众生对社会有贡献的重要事情。南师常提醒我们，外布施有三种，钱财布施、无畏布施和法布施。纪念集里处处显示出他的一生都是以最高的智慧境界和最慈悲的心不息地做着各种无条件的布施，而我也是一个在老师在世的最后几年中有幸亲临教化的人。看着看着，我不觉一次又一次感动得流泪了。

与很多能够和南师亲近的人相比，我无才无德，没有做出造福人间的事情，更无深刻的修行心得可谈。我与南师的因缘是他生命中的一点滴，而对我的感染和影响却如涌泉。他的指教使得我重新认识自己，并找到了生命的意义和目标。相信许多人与我有相似的经历和追求。希望我的一点点心得记录能够启发更多的人来认真读南师的书，听从他的教诲。

最初认识南师

十三岁去了澳大利亚以后，我就一直留在国外学习工作了。我在墨尔本大学读数学系和法律系的双科时，父亲的工作调回了北京。所以每到暑假期间，我都回国看望父母。最早两次见到南师，都是父亲带我去的。我的父亲事业成功，交友甚广，也始终一心为民为国。他有缘认识南师以后就成为“人民公社”饭桌上的常客了。我虽然不知道我的父亲和南师很熟悉，但是小时曾在家里的书架上找到也试着读过两本南师的书，一本是大陆华文出版社出版的《历史人生纵横谈》，一本是《静坐修道与长生不老》。我二十三岁回国的那次，一家人去香港观光。爸爸说，这次去香港要带你去见一个很重要的人。我得知是要去南师那里时，非常兴奋好奇，心中立刻充满了向往和尊敬。晚间到了香港坚尼地南师的住所去拜访，一进门，感到那间不是很大的屋子里温暖愉快。圆桌已经快坐满了，一桌的人好像都认识我的爸爸，都在招呼着我们一家人入座。我还没看清楚南师，就听他在打趣儿我们了："你看这一家人，女儿像爸爸一样地狡猾，妈妈这样老实。"我从小就发现自己的思维分析方式和我爸爸的很像，好像是遗传了他的大脑结构。南师观察人的身心状况很清楚，一眼就看出来了。入座后，我是晚辈，资历浅，不敢多言，在一旁观察南师，感到他慈祥可亲，既平凡又非常与众不同，讲话很吸引人。也发现他在晚餐中和大家说笑之间有时会问我的爸爸，刚才的事说到哪里了，是怎么转话题说到现在这个事的，好像是在检查爸爸的思路，看有没有掉念。

饭后，南师安排宏忍师带我到一边学习打坐。宏忍师跟随南师学习工作多年，非常和蔼亲切，我那次在南师面前不太敢说话，可是和宏忍师却聊得很开心。我告诉她，我十二岁的时候就在家里找到《静坐修道与长生不老》这本书读了。一开始还似懂非懂，越到后面越觉得是在看天书了。宏忍师听了直笑，说那个年纪看那本书可不就是像看天书。然后她认真地教了我七支坐法的要点。在检查调整我的姿势时，宏忍师和另外几位师父都发现我的头是歪的，然后发现我站起来时肩膀不平，胯骨向一侧旋转，脊柱也是弯的。其实刚一入座时我听到有人对我的爸爸说，"你的女儿很漂亮"。每次回国和爸爸在一起时，他的朋友和同事都会当着他的面把我各方面夸奖一番，听到后我会自我感觉很好。我很晚才明白这些夸奖返老还童不是真的，更不能放到心里去。我并不很漂亮，但是很虚荣，太注意外表太爱打扮是真的。

自己身体的不对称虽然感觉不出来，但是早已在几年前从照片中看出来了。而且发现站着时，习惯地把重心放在右腿，坐着时，也喜欢翘起右腿。但是反过来如果站着时重心放在左腿，或坐时翘起左腿，就会觉得别扭。而且平时有些动作和角度会使得颈椎的左侧高端突然一闪的疼痛。另外时常会感冒，特别是觉得右边呼吸道容易发炎。反过来左鼻孔经常不通气。当宏忍师发现我的脊柱弯曲后，我自己很不好意思地说，其实我的身体根本不健康，一点也谈不上漂亮，全都是靠衣服和化妆，都是假的。宏忍师告诉我回家后要好好练习打坐，并且在打坐时一定要穿宽松舒服的衣服。她又送了我佛教故事的录影光盘，还有梵文唱的六字大明咒和日文童声合唱的《心经》的录音光盘（后来，在南师讲观音法门时曾听他说，那个梵文唱的六字大明咒是他平时很喜欢听的）。

临走时，收到了南师签名给我的第一本书——《论语别裁》。

寻找心灵的归处——太湖大学堂

可惜我的佛缘还不成熟。那次回家后没有看佛教故事的光盘，也没有读《论语别裁》。梵文六字大明咒和日文《心经》确实是很喜欢听。打坐试了一个星期，但是没有坚持下去。坐中，心一次都没有能静下来一点，反倒很像夜深人静失眠时脑子不停地转那个状况。双腿一开始只能散盘。后来发现勉强可以金刚坐。倒是把腿坐得很麻了几次后，不知不觉间金刚坐没有问题了。所以很可悲，尽管已经有幸与南师相识，并且书架上放着一本他亲笔写着“秦颖小妹妹存研”的《论语别裁》，而接下来过得却是糊里糊涂，虚度光阴的六年。身体也越来越不健康。才二十几岁，不化妆时看起来气色不好，心脏时常觉得不舒服，颈椎常出问题，运动后曾经晕过去两次。然后西医查出甲状腺功能短期紊乱，恢复后也没能诊断出具体有什么别的问题。虽然静坐没有入门，但是这期间我开始学习艾扬格瑜伽，并觉得对身心的帮助很大。

以往回国都会先到北京看望家人并去给祖辈扫墓，然后和爸爸以及他的朋友们去国内各处旅游观光。二十六岁那年请假回国看父亲时，因为他的几个好朋友在上海机场旁边的一个小区买了房子，父亲就带着我去上海和他们住在一起，每天聊天吃喝。望中有好几个人都是认识南师的。有一天，大家提议去太湖旁看望南师，我才知道他已经离开香港来到上海附近。我很高兴又一次能够见到南师。但是这次人多，我们一群人匆匆来到太湖，和南师坐在一起聊了一会，然后看到了施工区的进展。那时三座楼框架已建起来，还没有装修。可以想象将要经过多少困难，耗费多少精力才能够最后建成太湖大学堂。

又过了两年，我刚离开澳大利亚的律师行，去了香港的投资银行，过着忙忙碌碌心无所息的上班族生活。周围的真情实意太少了。那时的我也自私虚荣，顺心时骄傲自满，不顺心时困惑烦恼。在远离大自然的都市繁忙之中，内心感到格外孤单、迷茫和无助。我在办公楼旁边找到一家瑜伽场所，日常俗务牵缠以外只要有时间就去做瑜伽，那个安静的环境给了我安慰。我也时常会想起六年前在香港坚尼地道去拜访南师的温暖亲切感觉。心中常常想，如果南师还在香港那该多好呀，可以去那里学习，可惜自己没有缘分能够见到他。那时我并没有失去对宇宙奥妙和生命真谛的好奇。读了很多西方当代科学研究的通俗书籍后，我了解到现在的科学还不能回答人生最重要的问题。在学习瑜伽后，我也读了一些英文翻译的印度婆罗门教经典（《韦达经》）的选段和解释，受到了一些启发。另外也用英文读了有关古希腊哲学的文章。记得小时候听妈妈说过，佛法与一般宗教不同，里面有大智慧。所以每当听到佛法或见到修行人时，就自然起尊敬心。但是虽然曾两次从佛教信徒那里借来英文翻译的佛学入门书籍，却都没有能够读懂。我本来从小文科就不是很好（还深深记得小学时期在语文课上分析课文和写作文的痛苦），再加上出国时年纪小，中文基础很差。所以即便我自己想去阅读中国的古文献和佛经，从中寻找智慧，也做不到，也不知从哪里开始。

终于有一天我问爸爸，可不可以帮我联系一下南师的秘书，允许我去太湖大学堂拜访。回想起来，那时我还没有真正接触南师的书籍，我并不知道自己为什么觉得有资格去太湖大学堂，也并不很清楚到了那里能学到什么。只是朦朦胧胧觉得南师那里有答案，能够解释困惑着我的在精神探索中的重大问题。一天下午，我来到了太湖大学堂，并得知晚餐时才能见到南师。突然宏忍师出现在我面前，六年后又一次见到她，我非常高兴。她带着我参观了南师居住的主楼和图书馆。我认识的广泛阅读的人里面，中国人以及外国人都有，可是我从来没有见过一个人拥有这么多书。更何况这些书的内容分量重，学问含量高。宏忍师大概是知道我对中国文化毫无了解，所以带着我走到了图书馆里的武侠小说部分。我在中国上小学时，正是武侠小说风靡全国的时期，但是在这里没有看到我熟悉的金庸和古龙，而更多的是明清及民国时期的武侠小说。 按我自己的读书理解速度，恐怕十几年也看不完这些武侠小说。后来听南师说，他读书是两三本书同时读的，佛经和武侠小说同时读。他也曾开玩笑说，如果说读书破万卷，单以武侠小说而言他早已超过此限。这个我是亲眼见到的。南师单在读书极广这一件事情中体现出的修养，在那时已经是我很难以想象的了。

太湖大学堂的餐厅晚上六点开饭。这天很巧，餐桌上主要都是老师身边的学生和工作人员，只有我和另外一位女士（白先勇先生的秘书）是来拜访的新面孔，所以老师就让我坐在他的右旁，大家同桌聚餐，气氛融洽。大家都称南师为老师。我来时本不知道如何称呼南师，因为我是晚辈。看到这个情景，自然也跟着大家亲切并尊敬地称老师了。老师问我的第一个问题就是："是你自己要来这里的，还是你的爸爸叫你来的？"我毫不犹豫地说："是我自己想来的。"老师听了说："哦，这样啊，那有意思啊。"接下来大家问了我的年纪，然后发现我也属马，而且正巧小老师一个甲子。老师温和慈祥地说：你是一匹小马，跟在我这匹老马后面跑。在我的一生中还曾有一个至关重要的人，她是我的姥姥，也大我一个甲子。当我六岁时，因为父母两人工作忙并且都经常出差，就把我送去了姥姥家住。所以我从刚刚开始懂事起，直到十三岁出国，都和姥姥很亲。一家人里，只有姥姥和我两个人属马。那时大家都开玩笑，说是一匹小马跟着一匹老马。听到南师讲出这句我很熟悉的话，我突然感受到一种用语言难以描述的慈亲和温暖。那天的话题也曾转到武侠小说，我承认自己小时候爱看金庸的小说。然后在意想不到之下，老师问了我一个很具体的关于书中主人公郭靖的武功的问题。《射雕英雄传》正是我最爱看的一部，电视连续剧和小说都看过若干遍。这个问题我觉得好像知道答案，也实在应该知道答案，可是想了一会并没有想起来。老师这下看出我读书都是走马观花了。我很不好意思，本来中文基础以及知识范围恐怕已经是老师见过的人里最往后排的了，结果还是回答不出来老师提给我的问题。

晚饭后，老师让人带我们去禅堂学习打坐。一边向前走，一边听到老师在后面的餐桌上告诫说："好好教啊，她们学不好你们可要挨打。"在禅堂入座后，忍不住把刚才晚餐中大家的说笑在脑子里过了一遍，好像在检查自己的言行似的。然后第一次在静坐中把自己散乱无常的思想短暂地宁静下来，感觉到一个清静的状态，尝到了练习静定时的甜头。去过大学堂的人大概都知道那个禅堂的气场非常好，所以这是最主要的原因。另外我想可能多年的瑜伽健身也有一定的帮助吧。

自此以后，我喜欢上了静坐。在生活工作繁忙，身体劳累，情绪焦虑时会在不知不觉间停下很长时间，身心都会退步。但是每次恢复后都会再一次坚持每天静坐。有了反应或遇到问题时，就会在南师有关实修的书中寻找方法和答案。心静下来后，最开始感觉到的是身体的变化。初期胃部的反应明显，静坐后会打长嗝。后来有一天在大学堂的禅堂静坐后突然右肩的关节活动起来，咔吧咔吧响。然后一段时间后从右肩膀转到左肩膀，然后又转到左颈椎，左颌骨，前肋骨，头骨，很多关节能够咔吧咔吧出响声。身体不同部位之间也有互相抻拉的感觉。静坐后对自己身体的不对称有很明显的认识。觉得自己的身体好像是一个九连环，当一个地方有问题需要打开结时，要牵动很多别的地方都调整起来。就是因为这个情况，我在静坐中困难重重，每次静下来时，心就被这些身体上的感觉拉走了。曾问南师我的身体问题很大怎么办，老师当即回答说："你不要管身体，心和身体可以分离。"当时听了，我真的很吃惊。因为觉得老师当面的指示好像和他在书中所说的不同。关于修行次序，老师曾多次说过，在心理行为没有转变时，静坐的功夫是不会进步的。所以我心中一直认为心理和生理是密切连带的，互相影响的。后来自己想明白了，两个说法只是看似相反其实并不冲突。另外老师对我是方便说法，对症下药，因为看到我实在太着相了，被身体的感觉困住了，让我丢掉它。但是这个道理对我来说很深很难，我还是没能完全领会老师的提示。直到今天，我的身体还是一个解到一半的"九连环"。虽然如此，身体的不对称恢复了很多。基本上别人看不出来，而且X光片上的脊椎也恢复正常了。但是自己知道胯骨和颈椎仍然还有问题没有能够解决（与我有相似颈椎问题的读者，可以参考老古文化出版——南师的《禅观正脉研究》附录（2），洪文亮先生写的《跏趺坐与股关节》）。

坚持静坐后，我的身体还有很多别的变化。其中一个在早期出现的明显变化是耳鼻喉这个部位。从第一次坐飞机出国，我就发现自己的耳膜对起飞降落时机舱的气压变化比一般人的反应强烈。十几岁时曾有一次在飞机降落时疼得比平时还厉害，右耳还出血。下飞机后去西医那里看了，说是耳膜轻微破裂。以后因为生活、工作中经常坐飞机，就靠在起飞降落前半小时吃伪麻黄素来缓解气压变化对耳膜的影响。一天静坐后，左边的颌骨突然活动了。因为在头部，所以声音很大，吓了我一跳。之后不久，耳膜开始自己调整。耳膜动时的声音自己听起来更大。然后紧接着就从鼻腔中能够吸下来并咳出很多脓血，有的是小米的样子，一颗颗硬的。记得时过一两个星期就咳干净了。从此发现坐飞机时耳膜不疼了，在有气压时，耳中有微风的凉凉感觉。当我把这个事情告诉爸爸后，他有些不放心。这之前不久，他刚得过鼻窦炎，做了穿刺治疗后痊愈了。他担心我也得了鼻窦炎，就建议我去找给他做治疗的耳鼻喉科专家检查。每当静坐中碰到身体变化时，我在当时（其实包括事后）实在不能确定是得病了还是静坐中身体上好的变化。虽然我觉得应该不是鼻窦炎，可是因为确实曾咳出很多东西，想想既然有机会去检查一下也好。医生和护士把很多消毒棉花放到我的鼻窦之内，然后放了小小的录影机进去彻底地检查了一下。看完后，医生说，里面很干净漂亮！我觉得很好笑，大概只有医生才会说鼻窦漂亮吧！

另外一个身体上的明显变化发生在我最后一次去大学堂之后。那是2011年的一月份，我刚刚辞去在澳大利亚的一份工作，所以这次有幸在太湖大学堂住了四个星期。这期间，我每天都坚持去禅堂静坐。回到澳大利亚后，仍然在家坚持静坐，而且每天也做瑜伽。虽然如此用功，而且身体在表面上看起来很健康，但是在大学堂期间已经怀疑得病了：直到凌晨睡不着觉，白天昏睡到中午也起不来床。当时我因为不好意思，没告诉任何人。离开大学堂回澳后，更明显了。西医的验血诊断出我患了自身免疫性甲状腺炎（又称桥本氏病）。因为感到难以相信，又分别验了两次血，看了两个内分泌学专家，他们都说我的各项指标（包括甲状腺激素和抗体）以及超声影像都是标准的桥本氏。另外我有家族史：我的姥姥当年有这个病。接到这个诊断，我心里很难受，感到既失望又惭愧，但也只能接受这是我的业报，并马上开始了甲状腺激素替代的治疗。很快，验血指标都恢复正常了。西医说，需要定期验血并且终生服药，而且随着年龄的增长药量需要加大。但除此以外，既没有别的治疗方式，也对生活没有影响，所以渐渐地我也习惯了。可是事实上，两年后，不但药量不需要增加，而且我明显感觉到身体不再需要甲状腺替代药。我知道没有办法说服医生，就自己开始减药量，同时观察验血结果。一年半后，我告诉医生我的减药经过，同时他也清楚地看到各项验血指标在没有用药的情况下是完全正常的。更突出的是，甲状腺抗体没有了。从此以后，我每年按医嘱去检查甲状腺的指标，验血结果都是完全正常。这个从西医的角度来看是罕见也难以解释的（中医也许可以有效地治疗桥本氏病，但是种种原因让我在发病期间没有机会能够回国找中医）。回想起来，我确实有甲状腺病的家族史，而且二十四岁时曾出现过甲状腺功能短期紊乱。所以这个问题很可能是潜伏在我的身体里的。如果没有静坐的经历，可能会和我的姥姥一样，到了中年时期患上这个病，并且年纪愈大越需要依靠甲状腺替代药。实际上事情发生的经过与此不同，我想最大的可能性，是通过静坐的调整，使得病状提前爆发了出来，并且在静坐过程中调动内分泌 ，起到了恢复健康的作用。

在 2007 年至 2011 年这五年之中，我只要有几天假日，就兴冲冲地飞去上海，然后乘车去太湖大学堂。在这里我找到了一个内心感觉最亲切安稳的地方。 老师很有魅力不用说了，这里的学生和工作人员我也喜欢。住在大学堂期间，白天自修，静坐，和志同道合的朋友们一起探讨人生，研习佛法，喝茶调侃，学习武功。晚上在餐厅聚餐上能够听到老师和客人聊天中讲到古今中外的很多奇闻逸事，并且能够观察老师的所作所为，为人处世，言谈举止，得以从中学习。最难得的是，有缘认识老师，能够时时感受到他的真切关爱和深情教诲。老师关注每一个生命的成长，对我们每一个人的身心状况都观察得很细微清楚。所以每当老师直言叮嘱我们一句话时，都是正中要害，说出我们需要痛改的致命缺点。

聪明绝顶，可惜什么都不懂

我刚刚开始去大学堂时，有一天晚餐的说笑中，老师叹了口气，然后说：“秦颖呀，聪明绝顶，可惜什么都不懂。”我听到后心里明白老师为什么叹气，因为我是一个典型的没用的人。长到了三十岁，我所学的都是皮毛知识。从小功课好，现在学位也有了，参加工作也多年了，但是老师对大家的标准是如何做人。关于怎么在每天的生活中与人相处，怎么在社会上做事处理事情，我连最基本的道理都不懂。现在回想起当年自己的种种言谈举止，我会感到很丢人。还有一天，老师指着他身边正在给大家泡茶的同学对我说："你看他，茶这个事情，他很了解。你也要找一样自己喜欢的事情，只要一样东西学进去就可以了。"所以，老师对成功做人的标准还包括要深入一门对生命智慧之学以及对社会能有贡献的学问。我感到很惭愧，不管从哪个角度来说，我都是什么都不懂。我这时求学心切，很想提高自己。

老师一生从事的文教志业，基本上都是为了重续中华民族的文化断层。认识南师当初，我正是一个不会读繁体字和文言文、不了解传统文化的年轻人。我虽然对生命科学有极强的求知欲，但却不知道中国文化里原来有这样的学问，自己也没有能力在中国文化中寻求答案。在《点灯的人》里，一位读者极为恰当地引用了一句古人评孔子的话来写照南师对我们这一代读者的影响："先先生而圣者，非先生无以明，后先生而圣者，非先生无以法。"

第二次去大学堂是晚上到的，餐厅聚餐的人已经散了。刚一到，南师的秘书马宏达就找我谈话，直接问："你来这里是为了什么？"我指着自己的手臂说，这个胳膊和旁边的桌子都是物质的，而我能知能想，所以我到底是什么？那次回香港后，接到了马宏达的电子邮件，是一个书单。邮件里说，老师说你的回答有意思，让你去读书。我终于认真地开始读起老师的著作。最先读的是《原本大学微言》。打开书，才发现是演讲语录，非常通俗易懂，和老师在餐桌上与客人的聊天一样深入浅出，异趣横生。在南师的书中一次次读到形而上、心物一元这些词语，我感到这是一个新天地，充满求知欲的我想尽快看明白这些新名词到底是什么意思。然后第二本研读的是《金刚经说什么》，这时可以和《原本大学微言》互相佐证，渐渐能够领会一些了。我读的第三本南师的书是《楞严大义今释》。记得我刚去大学堂时，有一个想法，觉得自己连做人的基本要求都没有达到，所以即便佛法里有智慧，自己哪里有学佛的条件。心里想至少多读读书，先学习一些传统的礼仪修养，改变一下自己的习气吧。另外一开始也多少存有几分戒备心，不敢随便相信神秘化和偶像化的东西。原来隐隐觉得自己自私贪心懒惰，自以为是，外加上还有大小姐脾气，连个好人都算不上。碰到事情总觉得都是别人的错，不知道从何开始改变自己。读了《原本大学微言》和《金刚经说什么》，我的内心世界就完全变了，可以清楚地观察、检查和改善自己了。读了《楞严大义今释》，心中对佛法再也没有任何怀疑。感谢老师，把最深奥的生命智慧之学，苦口婆心地用最简单的白话文反复讲给我们。读了老师的书，我管不得自己有无资格，也开始学佛了。

在这之后的几年内，我认真地一本一本地读了又读老师的著作。虽然只能领悟几分，但是渐渐地，学佛的路线越来越清晰了，身心也开始慢慢转变。有一天在大学堂晚餐时，老师在轻松幽默的说笑中提到我，“秦颖刚来时不知道我们这里是做什么的，然后看了书后你看她的变化好大”。听到了老师的鼓励，我心里反思了一番。我们普通人总是喜欢和别人比较，以别人的评语和举动来衡量自己。我们也喜欢观察评论别人，测量他们值不值得当我们的一面镜子。以前的我也非常在意别人的看法，也总是在表现并解释自己。老师的书点明了我的人生方向后，一个明显的变化就是不太在乎别人对自己的看法了，因为自己对自己的修行进展有数。我觉得老师的一个教化手法正是巧妙地运用了我们每个人都关心别人对我们的看法的习性。老师的学问和智慧超出我们的测量能力，并且事事以身作则。所以每当老师关怀备至地以慈父般的温暖鼓励和赞许我们时，我们都会被深深地感动并且受到启发，增加自信，自愿地去反省、改善自己。这对我来说就是一种最有效的无畏布施和法布施。在香港工作期间，我的事业和生活都非常不顺心，时常焦虑并且内心不平衡。回想起来，在我认识南师的几年中，老师当面给了我很多鼓励、赞许和夸奖，使得我在大学堂期间感到自己也是一个有价值的人，重新找到了自信心。而我在为人处世中是缺点不少于优点的。我也知道这些缺点瞒不过老师，因为自己的身心在老师面前是透明的，贪嗔痴慢疑他会看得清清楚楚。但是他很少直接说出我的问题，因为我的进度还不够资格受到老师的棍棒。在读到老师书中的斥责之语时，却每每感到老师是发现了我的错误，直接对我说的。

如果不是因为这份因缘能够认识南师，我不敢想象今天会如何。如果当初收到《论语别裁》就读了，二十多岁时没有消磨浪费那么多时间，已开始读书修行，也不知道今天的进展会如何。我很希望在这里能够说，领悟了老师的教诲之后，就从此大大地改善了自己的行为和性情。可是事实不是如此顺利。我的感受是旧习气难改，明白了道理以后还是收不住，身口意还是在继续造业。但是在一段时间的观察、参究、反省之后，我会更加深信因果，行为会有所改善。修行就是这样一个习气暴露并转变的过程。南师常常提醒我们说，“一切治生产业，皆与实相不相违背”。感谢南师给我们讲最深奥的佛法，让我们理解到人生就是修行，让我们认识到亲朋好友都是众生。老师曾当面说我的内心不平静，都是靠理智压下去的。这句话清晰地留在我的记忆里，可是很长时间并不能完全体会。等到有了孩子当了妈妈以后，才明显地体验到忙乱劳累之中自己突然心生烦恼，不由自主地发起脾气的时候太多了。就像老师说的，修行人不碰到事情的时候都很好，碰到事，境界就都没有了。听从老师的教诲，我一生的修行就是在每天的生活中，踏踏实实规规矩矩地学会怎样做人处世。

万里路，万卷书，万个朋友

有一天，老师对我说，“人成大器，要行万里路，读万卷书，交一万个朋友。你读万卷书，行万里路有点意思了，可是要去努力多交朋友啊”。老师的这句叮嘱正中要害。我的天性喜欢独自一人思考，和别人在一起多少会觉得有点儿累。每到一个新的生活环境，我通常会交到两三个朋友，而不是和很多人都有交往。分析起来，问题还在自己的爱心和慈悲心不够。这个状况，周围的人是有感觉的，所以不但我不太会接受别人，别人也不太会和我亲近。 回想自己十年前，问题很严重。那时的我内心不平衡，所以与人交往中或者无话可说，或者都是在表现自己，事后还很爱去评论别人。等我读了几本书有了些体会后，又曾经太过热心地给别人提建议，犯了“好为人师”的错误。从观察自己以及身边的人，我深刻地体会到一个人如果身心不健康，连自己都顾不上，是没有本事去恰到好处地关心和帮助别人的。而我们哪个人的内心完全健康呢？老师是有什么样的修养和智慧才能够一丝一毫不为自己地奉献他的一生来关爱和教诲我们呢？

常听信仰唯物论的朋友们说，宗教都是劝人为善，但是懂道德会做人建立良好的人生观就够了，何必去相信那些神秘化的不符合科学的东西呢？我在修行的过程中体会到，即便已经懂得做人做事的道理，但是如果身心没有通过实修而转变，顽固至极的旧习气就会在待人处世的反应中冒出来，主导自己的心。另外，只有在有了实修的经验以后，才能亲身体验到并认识到所谓神秘化的东西，很多是确有其事并在佛法中有其道理的，只是现在的科学研究方法还暂且不能解释而已。

所以，我知道自己首先要通过实修而改善自己的身心，然后靠自己的变化去影响周围的人。

好人半自苦中来

在我的记忆中，只有一次老师一改往常的和颜悦色，严肃地批评我：“你这个人，什么事情觉得自己做不好就不去做了。你要痛改，马上痛改，彻底痛改！你不要怕做不好，那样一事无成，要去踏实做。有句话你记好，‘好人半自苦中来，莫图便宜；世事都因忙里错，且更从容。’”老师看透了我的思想倾向，一语指出我最大的缺点。我总觉得自己什么都明白，可是需要做事情的时候又怕自己做不出来想象的效果，然后就干脆不去做了。办事时，又老想偷懒找捷径，也经常在忙里出错。 我心里正在惭愧，难过地想着虽然被老师看透了也数落了，但是实在很难马上就改掉。这时，旁边的同学提醒我，“老师送你一句话，你还不赶快写下来！”我傻傻地把这句话用我自己生疏的中文掺着拼音写了下来。

老师要求每个在大学堂的同学写报告。另外，每个愿意读老师书的，愿意接受教化的，都可以写报告。 我去大学堂的最后几次，老师的眼睛已经有些不好用了。很多报告都是在晚餐后由同学们念给老师听的。老师一边听一边批示，大家一起坐在餐厅里习听。有几个人发现我没有写过报告，然后都私下劝我一定要写。老师讲过他自己学佛的时候求学心切，时常说我们不够努力。每次听到这样的话我都会感到自愧。我有幸能够认识老师，在修行过程中也不是没有体会和疑问，可是却从没写过一份报告去祈求和接受更深一步的启示。为什么呢，因为觉得自己的东西不值得一写，很怕被看出定力不足，修行不得力，功夫不上路，同时也觉得自己文字差，无能力写好。这正是老师批评我的思维做事方式。 所以这次虽然落笔成文好难，但是我一定要写出这份感想。写不好也一定要写，因为一方面需要总结自己的学习进展，另一方面这是我交给老师和在太湖大学堂认识的善知识们的第一份报告。

《论语别裁》上的一句话

老师送给我的第一本书是《论语别裁》，这也是老师一向强调大家应读的一本书。而惭愧的是，这却是在我遍读南师著作以后最后读的一本书。 因为太贪心学习佛法，所以先把所有老师的著作中关于佛法和实修的书都读完了以后，才在老师离世以后认真地读了《论语别裁》。虽然已经学佛修行好几年了，但是读到书中对为人处世的讲解，我感到很愧疚。原来自己在起心动念上还有那么多小人的习性，这样的做人基础怎能学佛。

虽然老师已经走了，但是打开老师的书，就好像又回到了太湖大学堂的餐厅聚餐，在饭桌旁听老师和客人们的谈笑风生。老师的教诲使得我从一个心情烦躁不安、生活中困难重重的人成为一个安居乐业的修行人。老师送给我的每句话，都铭记在心。研读老师的著作时，我发现这些话在他的著述中都有讲解。所以老师当面教导的，和他在书中讲解的是一样的。对于有缘见到他的人，老师是以他高度的智慧来因材施教的。今后没有机会见到老师，得到他的当面点拨了。所以我更需要开发内心的智慧，觉察参究自己的一切身心状况，然后通过自己的摸索，在老师的书中寻找答案。

南师一生不承认自己是老师，在诗句中谦虚地说自己不仅愧为佛师道师儒师也愧为人师。南师也多次说过没有一个人够资格做学生。我虽然没有达到做学生的标准，但是南师确确实实是生命智慧之学的老师。在《论语别裁》中，孔子讲了道理给他的学生颜回和冉雍后，他们的回答是："回（雍）虽不敏，请事斯语矣。"我不敢自称南师的学生，更不敢和孔子的学生相比。可是他们的做学问精神我可以学习。我虽然基础差悟性不高，但是老师在书中把问题说明得那么清楚了，我能够领悟几分，就会按照这些方法，慢慢学会做事做人，一生这样不断地反思和忏悔，去教化自己。

时隔五年的报告

李念慈

前些天接到刘老师的电话，急忙问有何事吩咐？原来，因为今年是南老师一百周年诞辰纪念，刘老师告诉我有纪念征文，希望我写篇文章。我自知没有任何功名成就，各方面都远远不如其他前辈、同学，但也知道恭敬不如从命，便斗胆应承了下来。

定定神，安顿手中的工作后，翻出自己在老师刚离世时写的追忆文章《我永远的老师》（收编于《点灯的人》一书），不禁汗颜，这五年多自己退步了！

老师离开后，我投入忙碌的工作，输出的远大于输入的，都在“用”的上面下功夫。虽然时常在想念老师的时候，会去读老师的书，但更多的时间，还是花在了翻看经营管理方面的资料上，因为马上就能“用”。虽然读老师的《论语别裁》是我对公司同人的要求，可是无法进一步地交流，这并非受阻于文字——老师的解说已经很深入浅出了，障碍在于内证修养需要自觉与自行。我自己还差得很远，只能先要求自己做到“知行合一”，将从老师那里学到的去实践、转化成自己的体悟，反反复复地体会和验证，才是真正的“学而时习之”吧。

我与老师同属马，相隔了一个甲子。我 2009 年到太湖大学堂受教（其中因缘已在上一篇文章中说明），直至老师辞世。回想当时跟随老师一起度过的点滴时光，如同昨日，历历在目，时时怀念。每当看到网络上编辑的老师的各种讲述、播放的老师的音频和视频，我都仿佛瞬间回到了学堂，回到了老师的身边，和老师唠嗑，听老师讲课。

离开学堂后，我在俗事杂务中穿梭，在顺缘逆境里出入，纷繁复杂的人事交错着，无法时刻做到不掉举、不失念。我明白面对各种荣辱、利害、诱惑，都要发心如初的道理。可是，红尘里有谁能做到发心如初呢？

曾经有一次，我很认真地问老师：老师您的初发心是什么？师说：无缘之慈，同体之悲。我听了，懵懵懂懂，不解其意。在后来的日子里，从老师日常的言谈举止中，我渐渐获得一些感悟。

在太湖大学堂总有各种各样的人来，吃完晚饭，大家坐在一起，老师有时讲课，有时闲聊，有时讨论时事。有一次正值中国和其他国家有些小的边境纠纷，有位同学说，中国作为大国应该出兵。当我脑海里还在分辨是非得失的时候，却听到老师说：那会死很多人哦。我心里一震，是啊，没有经历过战争的人，对打仗的认识，不过是嘴里轻轻松松的两个字，从不会想着上战场牺牲的那个会是自己。但老师是经历过战争、见过太多死亡的人，他的第一反应，是对战争所带来的生灵涂炭的悲悯。那是我第一次感受到，超越了你我、输赢、对立的那种慈悲为怀。

回想起来，我见过两次老师掉眼泪。

第一次是浴佛节，大家轮流顶礼释迦牟尼佛佛像。老师顶礼的时候，面对着佛像说：释迦牟尼佛啊，你什么时候再回到人间啊？众生仍在苦中啊……我看见，老师流泪了。恍惚中，我突然被一种无法言喻的情怀无边无际地笼罩着。

另一次的感受更真切。平日里，学生们会写心得报告给老师，老师也会选一些报告在晚饭后公开来读。我刚进学堂的时候，报告写得乱七八糟，内容无外乎是未来的志向或对世事的看法。有一次报告，我写了小时候在日本留学时受到挫折的心境，现在想想都是些不足挂齿的小事。那天晚饭后，老师偏偏选了我的这篇来念。弄得我很害臊，自觉既无学识也无见地，只能红着脸低着头，等待接受批评。可是读着读着，我听到有抽泣的声音。抬头看，竟是老师在落泪。不知为何，那一刹那，我也流下了眼泪。老师这样德高望重的大家，为我这么一个微不足道的孩子的一些感受而流泪。这应该就是无缘之慈，同体之悲的无量心吧。

老师的慈悲，就是这样细微而平常，平常到生活里的方方面面。有人受了风还没有自觉，老师就包了药提醒他注意；有人吃了药也不知道回复一声效果如何，虽然无奈，但老师还是会继续关心询问；进入房间，关照屋里风大风小冷暖的那个人，总是老师……人来人往，求名求利、求法求智慧，老师也是一一回应。佛家说，每个人一刹那的念头有九百六十转。老师每天面对这无数的念头旋涡，还能初心不变，这是怎样的力量与功夫，我不得而知。

听老师讲课，有人会觉得好像说着说着就扯远了、跑题了。但中途或最后，把大家散乱的心念拉回主题的，还是老师。要知道，老师讲课，底下常常是数十乃至数百人，不同程度、不同背景、不同性情、不同想法，需要全面顾及。我正值壮年，有时与人一对一沟通，还觉得身心都累，因为要时刻观察、感知对方的反应和状态，带动话题，谈话后都要歇上半天。可想而知，老师得多累。但有意思的是，下课后，似乎每个人都觉得老师是在跟自己直接对话，说的就是自己，就算骂也是在骂自己。这需要多大的心力，多少的功力，怎样的慈悲心才能做到呢？而老师每天都在讲，一直讲到九十五岁，讲了七十年。现在想想，真是无奈。

一晃眼，老师离开已经五年多了，回顾反观自己的言行，总是战战兢兢、如履薄冰，常常问自己是否发心如初？五年来，也没有交出过答案。现在，就向老师做个报告。

老师，慈鉴：

老师，与您辞行一晃已五年前了，这些年您在哪里啊？一切都还好吗？

与您辞行时，办公室里就您我二人，您坐在最后面，我在您前几排，都面向窗外，静静地坐了一段时间。可能您观察到我的起心动念，您先开口说：

“李想啊，你是不是又要出去走走啦？”

我答：“是的，老师。要先去香港，再去巴黎看布料，大概一个月就回来。”

您说：“哦，是该出去走一走了啊。”

我接着随口说了一句：“没人管公司啊，没办法，也是自己找的。”

您突然用大了好几个分贝的声音说：“当然是你自己找的！”

我一惊，知道您生气了，您在怪我又要离开，我不敢作声。

一会儿后，您叫我坐到您身边的位子上，静静地坐了一段时间，没再说什么。谁想到这会是我们在一起的最后一段时间。现在多希望那一段时间，可以变成永远……

次日赴港，后来听说您基本没有再下过楼，唯一一次是我母亲拜访您时，您特地下楼接见她。再后来我刚到巴黎开始一周的行程，准备结束后直接回大学堂。可到达巴黎的第一个早晨，牟炼突然来电话，不告知缘由但说赶紧回来！我明白出事了，赶下午飞机，一路心里忐忑不安。下飞机听说您已回大学堂，赶到时已是傍晚，发现大家乱成一片，知晓事情严重。虽之后一周左右仍抱一线希望，以为可以挽回，但，还是回来晚了。

之后大家开始操办您的后事，一个大家庭突然没了主心骨，混乱不堪。我和几个亲密的同学说，如果老师此时在天上看着，一定无奈地笑着我们这群笨蛋！您就这样走了，您走得潇洒，只留一句“平凡”。剩下我们这群没有智慧的孤臣孽子，不知所措。

我没有悲伤，因为我向您学佛，我坚信您说的我们还会见到的，只是到时我可能不认识您而已；我没有失落，想您的时候，闭上眼睛就能看到您那慈悲的微笑了。如果微笑模糊了，就看您的书，您又会立刻浮现在眼前。

但老师，我有悔，很悔。您说过“李想，不要忘了，这贪嗔痴慢疑的后面，还有个悔哪”。我当时无知，还说立志今生无悔，可是现在才知道我处处是悔。悔我不配做您的学生。

其实对我来说，您走得不无前兆。您在离世之前一年多，就已经常在办公室里说身体痛苦了，几次提到昨晚差点没过来。在场的听了都不敢搭话。有时想想时日无多，也几次发心认真学习，珍惜与您在一起的时间，可我还是会被自己的业力带着走，自得其乐。其实，也是自欺，也是回避，不敢直视生死与离别。

您走的那年端午，大学堂的“人民公社”依旧高朋满座，散席送客后，意犹未尽，我们几个“常住人口”坐在您的桌边，您随口一句问道：

“今年的中秋，我们会在哪里啊？”

我心里一怔，相信不少在座的同学也察觉到这句话的严重性，有几个就打岔，但您执意要我们每一个都发言，讲出来。轮到我，我说：大家都会在这里。您追问：“那明年呢？”

我答：“明年大家还会在这里。”看您微微一笑不再问下去了。第二年，我们的确在太湖相聚，只是那一席上空空的主位，您没再坐在我们眼前。

明月几时有，把酒问青天。不知天上宫阙，今夕是何年？我欲乘风归去，又恐琼楼玉宇，高处不胜寒。起舞弄清影，何似在人间？

转朱阁，低绮户，照无眠。不应有恨，何事长向别时圆？人有悲欢离合，月有阴晴圆缺，此事古难全。但愿人长久，千里共婵娟。

这就是那年，端午问中秋的真正答案吗？

唉。转个话头吧，您走了以后，这些年我还是在做“源”的工作。当时因听您常常说“中国人没有自己的衣冠文物，没有代表自己文化的衣服”，我就动念了。也是因缘巧合，接手了一家香港起家的中式服饰品牌“源”。至今这个品牌已有25年的历史，创始人杨秉坚先生也于去年往生他界了，他的理念是“中国人一定要有代表自己的好的衣服”。认同并继承他的理念，我还在很辛苦地坚持着，现在以西方文化为主流的市场，中式品牌不被大部分国人认可，还不能自立一个旗帜。

想起来您当年警告过我：

“譬如你搞服装公司的理想，太理想了，是不是好事？我赞成，好事。可是你做不了，白花钱的也要去花。你专干这样的事。”

当时您说这是太难了，可也正是这句“太难了”，才彻底激发了我的干劲。现在想想可能都是您预料之中的吧？当时我心想的是：再难也没有学佛难吧？这个都做不好，还谈什么学佛呢？现在明白我还是出场太早了，如果再聪明点听您的话，应该先做到自立，再出来外用，才能做到内圣外王，事情才能做好。而不会像现在这样，在知与行中左右摇摆，不能合一，害得自己在各种杂念旋涡中不能自拔，身体也没好，事业也无成。唉，“千金难买早知道”这句话，也挡不住自身根性业力，还是没智慧。

当时立志做好这个品牌时，想得简单，认为管理上按照商道，把管理方法做好，公司就一定能做好。但实际工作中久久不能实现，想到而做不到。老师，真的好难啊！

虽然时时刻刻想起您的教导，也常常看您的书，试图借用您的智慧，但毕竟自己未能自立，也只能在我见、我知当中游离，其实全部都在“用”上面下功夫。说要身体力行，要了解每一个步骤，到工坊一待就是两年，抱着学习的态度，向工匠们请教，不懂就学，希望将中国传统的工艺和西方现代的工艺融合在一起。以衣冠文物这个点，用我在大学堂三年所学，把公司发扬光大。本以为只有这样才可以不辱师名，以后可以拍着胸脯说，我是您的学生。

但至今日提笔自省，才意识到，您走后的这五年，其实我一事无成，还是在转圈子，和五年前比没有进步，只有退步。写到这里，实在无言以对。但“世上没有后悔药”，反省之后，日子还要过，工作还要做。还得看山是山，看水是水。恩师慈悲，您不会怪罪我的，对吧？请您容我再玩几十年吧！无论您在哪里，我都会去找您，等下次相遇时，我到时一定要做到能站在您面前，拍着胸脯说，我是您的学生！！

投书拜南师

枫桥

把玩文字，用“我”的思想、精神把文字落成文章，于我而言，并非难事。然而未承想，这三个多月来，愣是写不了纪念老师的文章。每欲提笔，都力不从心。老师的音容浮现在眼前，慈祥而殷切。我每每感怀老师恩情，回顾老师走后的这些年，或惭愧、或内省、或自责，久久难置一词。

2012 年的年头，是令我永生难忘的时段。记得那天中午，妻打来电话，说前些日吴江妇联组织妇女同胞们到太湖大学堂听南老师讲课，要求有一个书面反馈，她知我喜欢南老师的书，便央我代为答复。

午饭后，我把办公室门一关，静坐片刻，凝望着窗外淡淡的冬日阳光，想象着这位智慧老人就在面前，写下了第一篇文章，也是一封汇报信。我没有去听南老师的这个讲座，听凭直觉，不知不觉，便写成了古文体。

“然弱草冠盖，器受各异，虽法雨普润，教授方便，听者反馈仍参差不一。上者或得其心性，中者探其形理，下者退而笑之，此节南师课前已然洞悉。”

“我闻佛之寂寂，儒之急急，道之生生，处、所、玄关，极深奥处最平实。大化自然，乾坤尊卑，去名还实，虽曰人力，岂非天意？言不尽意，书不尽言，何况男女阴阳大道？”

最后也就修行之道、妇女问题恳切向南师请教。五百余字，一气呵成。

邮件发给妻后，她和同事犹豫再三，但还是转了出去。

几天后，此事于我便已淡去，没想到妻转述消息，说南师听了这份反馈，大加赞赏，还有一些令我面红耳赤的夸赞，并让转达，南师决定要见我！

这是突如其来的幸福！

我从2000年左右便接触南师著作，2003年从城区调入乡镇工作，怅然清寂，陪伴我日夜最多的便是这些书籍。虽然南师2006年起便定居吴江，我单位到太湖大学堂也只有十里地，但我明白地知道，非有缘人，想见南师，几无可能。

随后的日子，便是翘首以盼的日子，也是努力充实自己的日子。我随时等待南师召唤。

终于，南师托人捎来消息，让我去太湖大学堂听他给妇女同胞讲的第二堂课。

2月18日傍晚，带着崇敬之心、喜悦之情，我步入太湖大学堂，得到的通知是请稍等，很多朋友知道南师开课，不远千里前来，南师正在谈话。我安静地在讲课大厅等待。上课时间到了，南师步履轻盈地走上讲坛，开始他意量恢宏的授课，我坐在台下，认真地聆听和感受南师。等到授课结束，时间也不早了，未及相见，望着散得逐渐空荡的大厅，我只得带着些许的遗憾，折回。

第二天，我便写了一篇心得——《听南怀瑾先生讲性与情》，并附短笺一封，依然是古文体，请妻通过原有途径转达：

"夫子之修养大哉，岂止道德，术亦备兼……今观南师急急之情，倍怜古圣获麟之哀。性及情，修齐治平之本，非纯以科技外物可感而通。然综观心脉，佛祖既寂，老鹤即生，颜渊夭殇，唯孟亚孔，禅宗一脉，花开仅六，悠悠天地，参赞者谁？"

时间很短，但等待，是如此漫长。消息传来，南师又听了我的心得，再次加以赞赏，并打听了我的年龄、单位等等的基本情况，同时请人代为转达，让我可以先读一本书。南师有爱才之心、栽培之意，但也许是太忙，也许是他另有深意，我想，一切也需要等待缘分成熟。

3 月，草长莺飞，江南的春天到了。

我再次受邀，到太湖大学堂听南师为妇女同胞们讲第三课，我依然被告知南师想在课前跟我谈话，给我指点。

早早地来到太湖大学堂，期待，期待，然而人头攒动的大厅告诉我，南师一定非常忙碌。上课了。上课的过程，令我揪心，南师显然是带病讲课，学生们照顾他的身体。课一结束，大家便只得解散而去。

俗话说，事不过三，我其实已经三次接到南师传来的话语，两次有了近在咫尺的距离，但却依然无缘相见。我不禁感慨，一位老人，耄耋之年依然忘我地致力于文化事业，兢兢业业，时间和身体似乎都不是自己的，他哪里还有闲暇时间？我们见南师固然是难，而南师想做什么，也同样无法随心所欲。

百感交集下，我写了《过情论》两篇，时为 3 月 21 日。

“情也者，或喜、或怒、或哀、或惧、或爱、或恶、或欲，有笑者、有视者、有交者、有抱者、有触者，声色交感，神气喷薄，五阴蕴织，奋而击，可直上九万，沉而默，视黯销冥幽，淫而惑，惯腥尖而流，然均不离性。性也者，先天而发，情也者，接物而动，无性则无情，无情则不人，离情去欲，系为明心见性，明心见性，还我真性真情。”

“嗟乎，人之发也由性，生也有情，修治普贤，匡廓社稷，其情过者终必隳矣。”

“物我元一，故格物亦格欲；物在我先，故弃我以物合。形上之理困矣，众教纷呈实为人心之征，使群困而惑，惑而情，情而沸，沸而斗，斗而危，危而惧，惧而失范，失范则惧，惧则危，危则斗，斗则沸，沸则情，情则惑，惑则困，内困外失，循而相因，倾亡之势形矣。”

有《过情论》做底，此次所附短笺，便五味杂陈了。既感恩南师关心，也不惧接受无缘一见的现实，同时又融入了傲气，略带着赌气：

"蒙南师殊爱，于讲座间特意点提，虽席有众百，学生自感亲切。……佛有因缘，师亦有因缘，众生之生皆有因缘……接师之前，学生未尝行古文，于师之外，虽浩浩攘攘，学生亦无以发之矣。"

4月9日，星期一。

下午一点多，我接到一个短信，号码陌生，以为广告，便没有打开。等到四点钟时，刚准备删，发现短信简要内容里有我的名字，犹豫间，手迟了一下，念头一转，打开查看：

"继华，今晚或明晚餐时（十八点开饭），你们夫妻有空来谈谈吗？马宏达。"

差一点，就差手指这么一点，又是错失缘分啊！

当然有空！虽然此时已经下午四点，我人还在苏州市区，什么准备都没有，还是担心推到第二天会夜长梦多，再遇波折，拉着妻子，带着兴奋和忐忑，直接驱车来到大学堂，南老师的饭桌前。

南老师、刘雨虹老师、宏忍师、宏达兄、牟炼姐，还有登琨艳登大师……席间大家其乐融融，我们仿佛是置身于一个大家庭。饭吃得差不多了，我们也渐渐融入了这样的环境。

南师见此，放下筷子，紧紧盯着我："唐继华！"边上其他人也同时肃穆，我精神一凛，端坐望着南师，静静等待南师开示。南师从我的学习开始，谈到了我的文字，结合历史和时代趋势，既严肃，又诙谐地进行了指点，我不住地点头叹服。

说着说着，南师停了一下，对着我一字一句地说："你们以后可以常来，六点钟来吃饭，不要客气，就当是自己家。"我完全没有想到，如此困难才见到了南老师，席间我也没有说什么话，他便做出了如此出人意料的安排。

正在激动的时候，南师又转而对宏忍师、牟炼姐、宏达兄分别作了嘱咐，让我们在功夫、学问等各个方面都能够得到最好的学习和照顾。

安排好后，南师动情地说："你们好好学，机会难得，我现在在这里，当然你们随时都可以过来，半年后如果我走了呢？那时不知道什么时候才能再见一面。所以你们要好好地学。"

我当时心里咯噔一下，看到大家也是面色凝重，感觉不妙。南师马上又借其他话把这个话带了过去。

饭后，宏忍师带我们去边上小禅房，悉心教导，她诚恳地对我们说："老师这是特批你们进来听课，还帮你们都关照好了，这是非常好的机缘，你们要好好珍惜！"

个把小时后，饭厅的灯火已熄一半，南师一个人静静地坐在桌前，在等着我们。我过去打招呼，他热情地让我坐到他的身边。我们聊起我的出生，聊起怎么会给老师写古文的，种种话题，聊着聊着，南师便让我把脸凑过去，将眼镜摘掉，给我看起了相，几岁如何，几岁如何，这里怎样，那里怎样……

我的脸，距南师好近，仅仅一掌之隔。这位亲切的长者，原本只存在于遥远的想象和传说中间，此刻却如此接近，而且还在认真仔细地分析我的面相命理。我盯着南师的眼睛，这一刻，时间仿佛都停住了，所有外界纷杂的空间也不复存在，何止是这几个月与南师见面的波折，也许整个生命所有的过往，都是为了这一刻所准备。

我知道南师其实用不着这样技术流，一个人该是如何，单凭他阅人无数的经验，也早就看出来了，我想他是要给我传达什么信息。

这个念头刚起，南师便说到了重点："你今年三十六……要抓紧机会，在这里好好学习，今后为社会作贡献！"我连连点头，这不也正是我之愿望吗！

他又开玩笑对我说："你古文写得好，写白话文就更能赚钱啦，字数多嘛！当年香港台湾很多作家，写武侠小说，'大侠说道：请。'就是一段，那都是钱啊。"大家会心一笑。

他接着说，你今后可以用笔名写啊，多写点，你有一篇能够影响社会、改变社会，流传千古，足够了，到时候大家都会来研究你。

笔名？我转过脸看着牟炼姐正朝我微笑，示意赶紧抓住这个机会，我便笑兮兮地请老师赐名。

南师闭上眼睛，沉默一会儿："继华，继华，就叫枫桥吧，张继有枫桥夜泊诗，姑苏城外寒山寺，夜半钟声到客船……" 南师又说了很多鞭策鼓励的话，希望我能努力学习，回馈社会。

快乐的时光总是那么短暂，和妻依依不舍辞别南师后，一路上我们便在感慨，从给南师写下第一份反馈，到南师接见，中间三四个月的反反复复，原本以为能够见上南师一面，得到他老人家些许指点便已是极大的福分，没想到南师不仅给予了极大的鼓励，还主动收我带着妻子到他身边学习，这是意外中的意外，福报中的福报。

南师在不经意间，为我打开了一扇门，峰回路转的投书拜师，简简单单的一顿晚餐，都蕴含了丰富的信息。翻开日记，重温往事，五年后的今天，我眼前依然可以清晰地浮现那一幕一幕。

福报也是责任。南师在生命的最后，为我花费了不少宝贵时光，宝贵心血，他希望我能够站起来，希望我能够为社会作出贡献，当然，他也希望大家都能够站起来，各各为社会作出力所能及的贡献！

我深感自己未能实现南师厚望之万一，每每想到南师，那慈祥的笑容、谆谆的教诲，还有那么近，又那么深邃的眼睛，都令我感慨、自惭。

五年来，我从未丢下过南师对我的期许，也从未放松过学习。我知道，南师也从来未曾离开过我们，他既在他的书中，也在我们的心里。他未竟的理想，他指明的方向，无论艰难还是简易，无论行进是快还是慢，我都将义无反顾地走下去。

忆南师

孙雯

一封为纪念南怀瑾先生百年诞辰的邀稿电邮，让 2012 年中秋之月的景象，又一次跃然于我脑海。阿塞拜疆，月高悬，夜清冷，正在那里参与国际足联女足比赛组织工作的我，用手机摄下了那晚的圆月，并珍藏至今。这是我，一个深受慈师教诲的人，私下里对先生最好的怀念。

其实，最深沉的感恩和感动，言语文字，不足以道。

这几年，终归放逸懒散，对待南师的悲悯教化，竟是辜负了。想起 2009 年南师在禅修课上的眼泪，原来是为吾等悲情。明知不可为而为之，这份良苦用心，愿是我忏悔并付诸实践的动力，时时警醒。

觉醒的道路最终要自己走，感恩南师点亮的这盏灯，照我前行。

如今，重新翻出当年先生走后我所写的一篇幼稚小文，废话挺多，但心诚。和大多南师的追随者相比，我的肤浅言语，也算是南师有教无类的慈悲见证，也以此纪念因缘所见的伟大人格。

念怀师

世间，能称为老师的，有两种。一种，是授予你知识。另一种，则是教你如何做人，续以慧命。在我看来，能两者兼顾，德行具备者，生活中并不多见，南公怀瑾老师，便是我打心底里如此称呼，尽管我根本没有资格做他的学生，也从未和先生有过一句对话。如今先生已去，借此一隅，对先生说些话。

和先生的缘分，得从书说起！

打小，我就是一个爱胡思乱想的人。后来做了球员，几点一线的生活方式，更是让我多出大把时间与自己独处。那时候的我，除了踢球，常常心血来潮，一会儿玩打坐，一会儿练气功，想着如何济世救人，做个顶天立地的英雄人物，就是没想过成为一名知名球员。因为爱看闲书又天马行空的关系，常自诩为特立独行的思考者。现在想来很无知也很单纯。

在那样一个幼稚的时期，也时时会有想了解更多中国文化的兴趣。无奈对那些晦涩的古文，实在是望而生畏。1997 年，逃了国家队集训的召唤，溜进复旦大学待了几天，偶然中逛到了校园边的书店，顺手便拿起了当时由复旦出版的《老子他说》。看完了，只觉有趣好看，也就放在了一边，但从此记住了作者的名字——南怀瑾。

岁月渐长，渐渐有了些名气。外在看来，很精彩。可少有人知道，那段成名的日子，有多灰暗。本来一个简简单单的球员，享受足球场上的忘我和快乐，却突然要面对更多复杂的周遭。一边享受着成名带来的虚荣，并努力扮演好一个大家乐意见到的明星角色。一边，又对可能丢失的真实自我，感到惶恐和不安。每每想要做更自由的自己，却不敢面对。从那以后，我开始明白，人的幸福不是世俗和外人所谓的成功，而是内心深处不为人知的感受。

然后，就是退役，读书，出国，回国，做记者，做官员。再然后，日子久了，发现这个社会，除了非黑即白，原来还有更多。一个从城堡里长大的孩子，突然有一天回归社会，真是不知所措。心开始更乱，更不安，却始终找不到一个安心的理由。

恰在人生困惑时，先生的书，又重新回到了我的视野。多了些社会阅历，再看先生的书时，犹如久旱逢甘霖般地喜悦。轻松诙谐的语调，浅显易懂的文字，人生的道理，社会的现实，历史的经验，外加常人不能企及的般若智慧，让人茅塞顿开，轻松很多。慢慢地，心安了许多。

也是从那时候开始关注先生的书、先生的动向。就像如今的追星族，盲目而狂热地向别人道，书有多好，佛法有多妙。先生的言语记录成文字，看似一般的学术书，实则是智慧的领悟。

那时的我，还有些较真儿，青年人的热情一旦被激发，则相信满世界阳光，岂能有阴暗之面，就好像眼里怎容得下沙子。好比说有人以学术之名拷问先生的书，我那个难过。先生则以惯有的不辩不说，反倒让我悟出些道理，天下谁人不被说！这个示现，太妙了，若非不受牵绊的大自在，如何能做到！

先生从来都自谦：一无是处，一无所长。所谓的国学大师，世俗的光环，先生真不稀罕。但我们稀罕，所以才会有亲近先生的念想，对治俗人，如今又皆是俗人的社会，这个光环还蛮有用。先生权且一笑，继续著述立文，教化世人，真是智慧。再看看自己，那些年所谓的球星光环所造成的困惑，实则是庸人自扰，自己放不下，老端着而已。

所谓极高明处道中庸。人生说白了，不过如此，一呼一吸之间。所以游戏人生，不在文字中纠缠。你懂得，好；你不懂，也好。意在何方，让我们这些庸人自己参去。

再然后，我便随了机缘，找到了先生。虽未有一句对话，但先生以 90 多岁高龄的七天讲演，让我更是明白了一个道理：切莫以一颗有所求之心，去求一个求不得的东西。好好学习做人，好好学习做事，好好学习中国文化。安于自己的本位，在当下，不断地完善自己。

如今，先生驾鹤西去，无悲无喜。只愿“为天地立心，为生民立命，为往圣继绝学，为万世开太平”的先生，能够乘愿再来，教化更多的有缘人。

我们这些所谓的有缘人，当好自为之，各自努力。因缘聚散，道心永在。别让灵鹫山上的拈花一笑，笑的竟是我们终日耍着的嘴皮。

忆南师

赖世伦

当今世上伟大学者，善知识南怀瑾先生，早在他25岁在峨眉闭关时就发愿弘扬儒释道文化。七十余年来老师以超人的毅力、顽强的精神，一直倡导东西方有缘众生为改善社会人心，促进世界大同，共建一条平安和谐的康庄大道。

20世纪80年代末，我有幸与老师结缘，接受教导。学习越深，悲心愈甚，慢慢地改变了对物欲乃至生命的看法，不再追求虚幻不实的现实利益，而是从内心去寻求人类本源的故乡。

今天我们整个世界物质发达、科技进步，工商社会发展过甚，人类精神文明却日渐凋敝，欲望无法得到遏制，而且这种情形越来越严重，渐渐离于天道。人道陷于功利物欲，文明溺于器物，而佛教的正法也日渐凋零没落。于此，更是感念老师慈悲。

老师在1981年9月20日专门在台北作了非常重要的《唯识与中观》共40卷的讲课。唯识与中观这两门正见的学问正是佛法里一个真正的智慧法门，摸到佛法的中心。因此老师出来讲唯识与中观，对法相中观学说的研究作一个重新的提倡和整理，告诉我们如何迎接这个新世纪的思潮，如何把佛法的正知正见弘扬到世界各地，如何随时随地善护念，从而让我们的人生走平安、健康、和谐的路线，以至如何证得天人合一，如何证得不生不灭、不垢不净、不增不减的本来境界。

心念的问题需要心法。改善社会人心，促进世界大同，这个路线将是世界文明之曙光，是二十一世纪最伟大的事业，也是最艰巨的事业。研究宇宙之本体，探求性命之真如，希望二十一世纪世界各政治家、宗教家、科学家打破自己的成见藩篱，促进科学与宗教、精神与物质、时间与空间的交流研究，使心与物和谐统一，找到人类文明的归宿。

站在形而上的角度，则万物一齐，孰长孰短，越形脱相；无人无我，生有自来，死而不已，自本自根，如其本来，破无明，齐生死，万物一体，天人合一。

天人合一是中国传统文化的精髓之一，看似形而上的哲理，却是来自古人的切身实践，华夏民族也因此受益，繁衍昌盛，生生不息，相信在全球化的今天，它也可以成为人类和谐共存、健康生活的引导。

南老师的发心之一就是要使世人的心回到本源。我们的心本来都是清净的，但是被这个无明欲望污染了，都是稀里糊涂地在过日子。所以他就做教育，从我们中华民族的子孙开始做起，他老人家一辈子都在做这件事。所以跟着老师，我们也受了很多感染。

老师说修行就是修正自己的身心行为，要去掉贪嗔痴，回到心之本源。从跟随老师学习，到自己从事教育，就进入了中国文化，人就变了，过去的那种无知、那种傲慢、那种自我、贪嗔痴，就减少了很多。当我们明白了老祖宗这个智慧以后，就会改变。在这巨变的当今，作为中华民族的子孙，我们要怎样追求正知正见，怎样在这个特殊时代弘扬传统文化于现代生活之践行，如何挑起这个良心的责任？这二十多年来，我一直在思考这个问题并且付诸实践。

当年老师就看到中医在中国的境况。也许有一天我们老祖宗的中医只能向日本人学了。于是我萌生了传播传统中医的想法，并于2006年在上海开办了传承弘扬中国传统文化的公益性组织“百草箱”。老师同意这个名字，他鼓励我试试看。就这样，取凝聚天地日月精华的百草，去治疗帮助人们。

“拈来百草俱成药，舍却真修不论禅”，百草箱以中国传统文化为依托，以传播传统中医为平台，旨在以“内明”之学培养“明人”，通过对中医传统典籍的学习和体会，在实修、实证、实用中践履，帮助更多的人建立整体生命观，走上生命健康之路。

教育之目的是为后世造就利国利民之人才；学问之理念也是为众生启发自觉觉他之慧知。

敬爱的老师，我将用我的愿力去兑现对您的承诺，将跟您一道去修建这条改善社会人心、促进社会大同的大道。

路漫漫其修远兮，吾将上下而求索！

赖世伦
于丁酉年庚戌月

以阅读的方式纪念

记国学大师南怀瑾先生

王雪丽

南怀瑾先生，当之无愧地为海峡两岸文化人所尊崇的中华国学大师，我对他的了解，是从王十朋研究会所得知。

王十朋为南宋朝廷名臣，是我家先祖。《辞海》中载有他的词条，写道："王十朋（1112—1171），南宋温州乐清（今属浙江）人，字龟龄。初在梅溪乡间讲学。秦桧死后应试，绍兴二十七年中进士第一名。任秘书郎、侍御史等职。屡次建议整顿朝政，力图恢复北伐。孝宗隆兴元年（1163年）张浚北伐失利，主和派抬头。他上疏称恢复大业不能以一败而动摇，未被采纳。出知饶、夔、湖、泉等州，官至龙图阁学士。著有《梅溪集》。"《辞海》记载这段，基本符合事实；因为是词条，当然不能详述。这里要说明的是，进士第一名即"状元"，说是温州乐清人，具体说是乐清梅溪人，在家乡梅溪，后世人都称王十朋是状元郎，为之骄傲和自豪，感到荣光。我们作为王十朋的后裔自不例外，也自当敬之。在颇讲名人效应的今天，家乡政府因本地曾出了一位状元，出了一位载入《辞海》的全国大名人，不仅感到荣光，而且还要借名人搞各种纪念活动，以兴本地经济和文化。成立研究会，建设纪念馆，竖起碑林，发表研究文章，组织研讨会，不要说国内，纵然国外一些华裔名人也前来参会，搞得很有声势，很有气派。

温州乐清，可谓山清水秀，人杰地灵。从古至今，就出了不少大名人，南怀瑾先生是其中一位。在王十朋研究会成立后，他被聘请为首席荣誉会长，他本人乐于为之，众人亦极为推崇。家父是王十朋研究会会长，我忝列为副会长，多为家父做些庶务勤杂工作，这样我也就与荣誉会长南怀瑾先生多有联系了，对先生的为人也就有所了解。

南怀瑾，1918 年出生于温州乐清南宅后村。曾就读于浙江国术馆国术训练员专修班、中央军校政治研究班、金陵大学研究院社会福利系。青年习武，军人出身。抗日战争时期，国难当头，投笔从戎。后潜心研学佛典，1945 年，曾前往四川、西康、西藏参访，闭关修行三年。1949 年前往台湾，相继受聘于文化大学、辅仁大学等高校讲学。1984 年移居美国，并成立弗吉尼亚“东西学院”。1988 年移居中国香港。2004 年移居上海。2006 年移居江苏吴江庙港，并创建了太湖大学堂，旨在传播中国传统文化。南老幼承庭训，少习诸子百家。他早年曾兴兵抗日，后赴台湾，一生致力于中国文化的传播，并辗转美国、欧洲、中国香港等地考察讲学。南老学富五车，著作等身，被世人称为“南师”。南师历来敬仰先祖王十朋的人品和才学。他们都是温州乐清的人才，乐清的骄傲。

南老先生还是温州至金华——金温铁路的催生者。金温线 1992 年开工，1997 年 4 月正式通车。十年间南老为修建这条铁路奔走呼号，集资运营。想当初温州市政府领导赴香港求见南老，请他帮助筹资，以利造福桑梓时，是费了一番苦心的。南老历来孝敬父母，他几十年在外，与他结婚两年的原配妻子王翠凤，在离别丈夫四十余载的岁月中，一直陪在婆母身旁。1990 年 2 月 14 日除夕之夜，百岁高龄的太夫人在故乡辞世。她平素梳头时常将落发积在一起。老夫人辞世后，政府人员很有心，设法用其慈母的灰白色发丝，特为南老的母亲绣制了一张慈母绣像。20 世纪 80 年代末，温州市领导赴港晤谈时，呈上一幅用南怀瑾先生母亲的发丝绣制的绣像。南老见到母亲肖像后当即热泪盈眶，双膝跪地接过母亲发像。亲情大礼托付出家乡人民的真情和祈愿。1997

年 4 月，金温铁路通车，其火车站的站名就是南老书写的。南老几十年来坚持中国文化的传承必须与时俱进、经世致用，并以此改变大众的生活状态、行事方法和价值取向。南老辞世，在南老的告别仪式上，文明办的领导致悼词时称南老是大学问家，是永远的精神导师，他是把经典文化与大众化相融合的导师。他精通儒、释、道典籍，是我国当代的国学大师，出版有《论语别裁》《禅与道概论》等几十种专著。

我还清楚地记得，1990 年 9 月，我与家父合著的《王十朋传》出版后，家父首先想到请南老斧正。于是他设法找到南老的地址，将《王十朋传》寄到香港，并附上一书致意求教。如能得到南老的指教那是何等荣幸！南老日理万机，学案公案繁忙，然而他老人家在百忙中给家父和我回信，在蓝色国际文教基金会专用的信纸中，南老回信道：

“祝光先生（家父名为王祝光）雪丽女士左右：

顷接贤父女惠赠令太祖王十朋传，至感盛情。十朋公乃乡贤辈，自南宋以来，素为故乡后辈敬仰，惜无专著表扬令德。今得贤父女之作光扬先德，殊为敬佩，特此致谢。”

又：

“先生题于书面嘱辞过于谬奖，实不敢当。不慧如吾读书学剑一无所成，俯仰有愧，何足道哉。”

又：

“贤父女尊著此书惜未定好书名，反而自阻销路，并使十朋公德泽声光却为减色，倘易名为南宋状元王十朋，且将公之画像移做内封面，封面但取雁荡一峰挺拔，当更为生色矣。区区鄙陋之见不知有当否？聊以供献微诚，代向十朋公先辈之敬意也。专此即颂

撰安

辛卯 1991.5.3 南怀瑾拜”

南老的来信给我和父亲极大的鼓舞，看来五年工夫才写成出版的《王十朋传》得到了大师的肯定，我父女极感欣慰。甚至南

老认为这本书的书名更改成“南宋状元王十朋”更好，对封面设计如何更正，提出应将封面王十朋公像移内封等一系列不足，都指点得十分精到。一份感动，两份感恩，十朋公虽是我们的先祖，然而他的爱国精神和思想及《梅溪文集》的诗文是民族的文化遗产，我们要把家事当作国事办，要把先祖的宝贵精神财富传承并弘扬开来，古为今用。南怀瑾先生在 20 世纪 90 年代初在金温铁路筹建和建设时，被温州人民称为金温铁路的催生者，1991 年南老的这封来信，也催生了成立王十朋研究会这一文化工程。倘如没有南老对我父女在王十朋研究这一初熟成果的肯定与支持，也许至今也不会有王十朋研究会机构和系列活动。1995 年 8 月 18 日，王十朋研究会筹备会首次在风华居召开。二十年来，王十朋研究会搞了一系列工程和文化开发活动。南老还亲自为《王十朋纪念论文集》题字，为纪念馆题名。在南老的倡议和推动下，我们召开大型王十朋国际学术研讨会，将王十朋研究的文化工程向文化产业推进，这都是南老的功德。

成立王十朋研究会，为了请南老出山担任首席荣誉会长，父亲致书南老征求意见。不久南老即给父亲回信，同意担任王十朋研究会荣誉会长的职务。南老在 1996 年 3 月 8 日的回信中写道：

“王祝光先生左右：

二月十日手书及附来有关王十朋先生研究会等件均拜悉。所嘱担任名称，任随先生安排。我因年老很忙，不及细述。又：为王十朋先生全集出版事，正承温州方之嘱，要我写一篇序言，尚未交卷，近日当勉为其难完卷。匆此不另。祝

平安　令嫒安好

一九九六年三月八日 南怀瑾”

南老在信中提及的王十朋公全部诗文著作，以原《梅溪文集》54 卷为蓝本，出版后更名为《王十朋全集》，王十朋公的诗文集共 80 万字，南老为此全集写了“抱负经纶之才 贞守纯臣之道”——重刊《王十朋（梅溪）全集》前言。南老在此前言的第二段中还专门又提及我父女所撰《王十朋传》一书，其

文曰：

“丙子（1996年）初春，又得王氏后裔王祝光先生来函，言及其事。前年，祝光先生曾与其女公子雪丽合著《王十朋传》寄示，读竟，惟建议其应改书名为《南宋第一状元》更为恰当。今又为《梅溪全集》之事有所举措，公案学案双关，再三延宕，似又不妥。于是，乃强起捉笔，不自惭拙陋，改序文为前言，庶免塞责之难。”

由父亲专职主办的王十朋研究会经常得到南老先生的支持和关心，凡有所求极尽满足和指教。1997年5月15日南老在给父亲的回信中，特为先祖王十朋公赋诗，其信函曰：

“王祝光先生左右：

承寄有关王十朋研究会资料两次，及今得启读，逾期致歉。请见谅是幸。因我年老，虚名在外，凡国内外及欧盟等地，例如各种学术研究会及个人著作，乃至海峡两岸，有关政经等件每日收到，积成一月即堆积如山，而且大多为题辞等要求，或为个人企望，不胜枚举。我以一介平民，为应付公私等件案牍，俨如一重要公司或一小政府机构，倘每日面对此等函件即可令人望之兴叹，为之气阻。故在不得已中，由同学等一二人组成秘书室，拣最有时间性及现实政情有关者，由其分别答复。至如有关涉及虚名增华、添叶者，皆视为次要，有时一搁笔，即过年余，甚之。将其归档，不一而足。因此得罪诸方，实所难免。今因清理积件得见尊札，不胜歉仄。先生嘱为王状元颂梅集题字，稍过数日待写毛笔字之便，即当奉上。唯我不善书法，难免贻笑大方，又嘱为状元公题诗，今随笔口占一绝，待数日后一并写成寄上。用与不用皆不在乎，只为先生所嘱，再来应命一次而已。诗曰：

一代文星百代光，常闻人说状元郎。

而今时世皆非昔，犹见高风颂故乡。”

南老情之殷殷，言之切切，令家父深为感动。家父感念南老之德，将题字“一代文星百代光”，用红色大理石镶刻在风华居院内的白墙黛瓦的围墙上，赫然醒目。

自1995年8月王十朋研究会筹备会召开，至1997年12月研究会正式挂牌，我和父亲幸蒙南老关爱，多次得到南老的题诗和来信，然而从未谋面。我很想能亲自聆听南老的教诲，并且渴望依南老之见题写《南宋第一状元——王十朋大传》的书名。于是，于2011年3月下旬某日致南老信函一封，后于3月29日亲到江苏吴江庙港镇拜访南老。

由南老亲题的太湖大学堂坐落在江苏吴江庙港镇的太湖之滨，中式结构的学堂门楼简洁质朴，大门通透，园内景物一览无余，门楼连着黛瓦白墙，大门右侧的黑屏上题写太湖大学堂各种教学机构名称，左侧白色围墙旁的大理石石壁上镌刻着“太湖大学堂”金字。一排修剪整齐的灌木丛依墙而立，更显白墙素洁，门前方砖草地宽阔。我携两书一信，轻轻敲开门卫大门，通报我拜访南老的来意。不一会儿，一位姓张的小伙子出来客气地对我说，您因未事先联系安排，南老不得见。我再三请求，他执意不肯，最后只能留下我给南老的一封书信。他指点我回杭州的班车，临上班车前他还为我拍照，在太湖大学堂门前留影，我深深回眸门口的景物，太湖大学堂，难舍难离。

当日下午三时左右，在去杭州的长途汽车上，我的手机响起，一位安详温柔的女声告诉我说：“我叫宏忍，是出家人。南老午休后已看到您的书信，老人家见您远道而来，特叫我转告您，请您到太湖大学堂里来转一转，玩一玩。”听此来电，我激动不已，遗憾至甚，只能礼貌地回道：“我已离开庙港，现正在去杭州的车中，再过一个钟头就要到杭州了。请代我和父亲问南老先生安好！”“那甚好，以后有机会再来，代问您老父亲好。”汽车在奔驰，我的心在颤抖，离庙港越来越远；可我的身心，却觉得仍留在太湖大学堂……

于西湖逗留一日后，我便回到温州与父亲言及南老的热情相邀和情谊，甚觉感恩，只是没见到大师，遗憾之情溢于言表。父亲安慰我说，我们抓紧时间争取与电视台再访谈南老一次，请他讲讲梅溪先祖的光辉业绩。于是我和父亲马上又各自给南老修书一封致谢，用快递寄南老。第三天又接宏忍的电话："南老已收到您的书和信，他特别敬仰你们的先祖梅溪先生，他老人家已94岁高龄了，现在已经很少有什么活动了。"我感谢宏忍两次来电话，感谢南老的关爱。我多么希望南老健康长寿！

然而，就在2012年9月29日下午4时，南老却在太湖大学堂驾鹤西归，享年95岁。得到噩耗，眼泪止不住地流下来。此时，家父也85岁高龄，正住在温州的第一医院的抢救病房中，我在身边侍候。当家父得知南老辞世时，我从父亲的眼神中读出了他的悲痛，只是他不能说话，用笔在本子上写出了他的心意，他要写一对挽联速传南老秘书室致哀。老人家是在生命极度艰难时留下这一挽联：

温州怀瑾出，乐清家学优，少年研诸子百家，抗战从戎，进佛道修经典，赴欧美港台设坛，育英才济世，学贯四海；

太湖文星沉，举国双泪流，毕生携海峡两岸，帷幄运筹，金温线功千秋，崇南宋状元及第，怀雄韬文略，德布五洲。

我把挽联快递给秘书室马宏达和宏忍老师，以寄托我们的哀思。想着南老已去，此时此刻，我的心在自责，至此我才感悟到世上有很多事不能等，时不我待啊！为什么那次在离开太湖大学堂后，我不马上从杭州转回庙港拜谒大师呢，我真后悔！看来，我的心还不够挚诚。我有一个错觉，总以为我下次还有机会再来大学堂拜会南老，一种侥幸的心理，耽误了我和南怀瑾先生的会面，终成失之交臂的痛，成为我永远的遗憾。南老啊，请您原谅我这个学生的不恭，而辜负了您老人家关心梅溪后人的一片挚诚。

先生之德，山高水长。大师之文，润泽四方。正值清明，以此文作祭。

（此文原发表于2014年《辽宁散文》，今值先生百年纪念，谨以此文纪念先生）

论怀师在《原本大学微言》中对内圣学养的贡献

王耀强

摘要：儒家经典对形而上少有言说，作为儒门心要之一的《大学》亦是语焉不详，怀师大胆引用佛道的修证功夫，旁征博引，阐述精义。其见解独到，一反朱熹的路线，而崇尚原本《大学》。怀师以三根普被的心意，通过圆融事理的方式，进行了深入浅出的讲解。其建树颇丰 ，但以内圣学养的贡献为最，这也是深谙修身为本的原则所致。本文故由此展开论述。

关键词：四纲；七证；八目；亲民；格物致知；诚意

孔门学问传承至今，儒之学者多言济世利生，而于形而上的事例少有言说。正如子贡所言："夫子之文章，可得而闻也，夫子之言性与天道，不可得而闻也。"虽然得孔子心传的曾子著有《大学》，且义理精微，然而于形上之道仍是语焉不详。而今南怀瑾先生本着"东方有圣人出焉，西方有圣人出焉，其心同，其理同"的原则，大胆引用佛道的修证功夫，发大学之微言，透行上之玄关，澄清后世的酸腐之见，偏颇之见，还其本来面目，展现真实不虚的智慧修养境界，让人颇感欣慰。

经典一旦被译为白话文，滋味立减，而成干巴巴的教条，使读者初读而觉得有道理，再看又觉可望不可即，多读必生厌烦。

也有发心的行者，却也多是浅尝辄止，引为世俗的道德规范，只识其浅表，不能明其内里乾坤。这类人多是强压心中烦恼，而作戒律的持者，稍有不慎，则成为愤世嫉俗之辈。故知怀师所讲《大学》，真可谓穷理尽性以至于命，使人知其然，更知其所以然，而能以此通透的见地正心诚意地修身，无有偏失。这是怀师教以定慧等持的功夫，而能使人自然在戒中的道理，以此下手，渐渐修习，才能止于至善。

怀师崇原本《大学》，开篇即对朱熹著《大学章句》进行批判，而后更是深究根源，详尽分析，以正原本《大学》之理。诚以为怀师推崇原本《大学》与朱熹别为序次各有千秋。怀师常能发原文之所未发，睹秋毫之末而能见丘山，故能于看似错乱的原本《大学》游刃有余，阐发微义令人拍案叫绝。而朱熹言"旧本颇有错简，今因程子所定，而更考经文，别为序次如左"。诚然，古书简错乱坏损常有其事，今出土的《道德经》就有多种版本，《大学》一书传承千年而有错简也在情理之中。再看《大学章句》，的确自成一家，虽然不能说一定符合曾子本意，但不可否认它有独到的参考价值。

然而审慎思之，《大学》所讲的是以修身为本的实践功夫，也唯有自身水平达到了才能豁然贯通，才能进行深刻讲解，使学者不至于受到教条的灌输，而能了悟背后的真实。怀师所讲授的，堪称透彻，仰之弥高，钻之弥深，这是因其实证功夫深不可测所致，非只做学术理论者所能及。朱熹亦有身心修养之境界，但在怀师眼里不算到家，书中有言："从他这两首七绝的诗，不能不说他对于'诚意'、'正心'之学，确有相当的心得与成就，可惜的，他还是不明白所谓'向上一着'的究竟。"正如其对朱熹"虚灵不昧"的辩驳一样，知道这还只是"止、定、安、静"求证功夫的一种境界，"灵光独耀，迥脱尘根"才是形而上的第一义道的境界。我自知修养不够，更莫谈证得"向上一着"，唯乞细品原本《大学》，将怀师之高见印染于心。

怀师在第一篇开宗明义即驳"三纲八目"之说，而提"四纲、七证、八目”。宋儒理学家从“大学之道，在明明德，在亲民，在止于至善”中把“明德”“亲民”“至善”提出来作为“三纲”，怀师在此基础上将“大学之道”的“道”提出来作为首纲，这样使《大学》之纲有了完整的体用体系。其中，“大道”为体，“明德”为内用，“亲民”为外用，“至善”是自觉觉他而觉行圆满之果。

接着，驳朱子“明德”“亲民”之论，在对“明德”的解释中驳斥了“虚灵不昧”的观点，认为见地不透彻，不足以解释“明德”。在一番否定之后，怀师给出明明德是要自明内明学问的准则的答案，而要达到这般实际，需要通过“止、定、静、虑”等功夫去证得。通览其对“知、止、定、静、安、虑、得”的七证功夫和“物格、知至、诚意、正心”的修身功夫的讲解之后，回头再与朱熹比较，便知其微妙犹如“本来无一物，何处惹尘埃”与“时时勤拂拭，勿使惹尘埃”的差别。

对于“亲民”，则认为把“亲”当作“新”来解释，“亲民”解释为使民不断革新，后遗的流毒太大了，且擅自改编《大学》次序，用“苟日新，日日新”等文中多处“新”字例句来证明自己的道理是过分的举动。“亲”即亲，本自合理。“亲民”是亲自实践，亲近群众之意。

两者都言之成理，但怀师更能体现出“大学”学者精神，是本着自我要求，躬亲实践的原则的。亲民是外王之用，也是明德内用的一贯使然，体现着修身的功用。而朱熹作为臣子，更多的是将其作为政治的功用而求诸君王，希望皇帝能够将《大学》作为帝王之学。由此可见，还是怀师更符合曾子“自天子以至于庶人”的用意。

自此，怀师开始大量展现其“内圣”的建树，首先对七证修养功夫进行了精辟论证。他提出这里的“知”是由一个能知的所生起的一个最初作用；“止”具有内外两重作用；“知止”即是自我反省，截断众流的功夫；功夫深入方可入定，定境有多种，佛学中有“九次第定”的说法；此中“静”和“安”也是定学境界的扩充；因此，这里的“静”不可简单地落入动静的讨论范畴，而要懂得这在定境上与定只有量和用的差异，深入的静境更是难以表达；“安”是在静定中引发的效用，包括身轻安和心轻安的功夫；之后的“虑”与“得”是“慧观”智知的成果；“虑”是精思、静虑，是慧力的开发；“得”是在经过前面所有的功夫修养之后，最终证得的“明明德”而见道的真正成果。总之，怀师不是对“知、止、定、静、安、虑、得”进行常规性的解释，如把“知”解释为“知识”等，也不是把它们变为抽象复杂的纯粹哲学性解释，而是展现其一步一征候的实实在在的功夫境界。

“七证”之后是对“八目”的讲解，“八目”包括格物、致知、诚意、正心、修身、齐家、治国、平天下，是内外兼修的实际学养。在“致知在格物”、“物格而后知至”的讨论中，怀师先论“知”，认为知性包括能知和所知。“八目”中的“知”是指于人类这个现实生命的阶段，从生为婴儿开始，本自具有知性的“能知”的“知”（怀师于此还提出了另外有别于能知所知的形而上本体功能的知作为参考）。“七证”中的“知”是后天知觉和感觉两种作用交织，有了意识思想之后的“所知”的“知”。总之，“致知”即是要反察这个能知之性的根本。怀师没有将此解释为获得知识，而是指对内察的功夫。诚如庄子所言：“吾生也有涯，而知也无涯，以有涯随无涯，殆已。”这都是在强调反求诸己的真学问。怀师处处棒喝着我们，叫我们不要心外求法，终是要回归内省的，可谓用心良苦。

由此，我们对于“格物”便有所警醒，对怀师先讲“致知”的道理也能明白几分。怀师言格物也不完全指格去心中的物欲，而且是要明白万事万物理性的本源，这与“明德”的“能知”之性是一体的两面。怀师用了大量的引证来让我们充分理解格物致知的内涵，又反复强调其重要性，讲到自古以来，人类对这个物质世界已经有了智慧的分类体系，且有“仁义、慈悲、博爱”等高远的宗旨，等到人类逐渐征服自然，创造出科技文明，却陷入“迷心逐物”中，不可自拔。怀师感叹如今这个“心被物转”

的时代，告诫大家人身也不过只有使用权，当认清“心物一元”的原则防“物化”，甚至应当树立追求“心能转物”的境界。之后还迅速地阐述了一番诚意正心修身的道理，剖析身、心、意、识，其实也是在讲“格物致知”的道理，正所谓最初的就是最末的，最高的就是最下的，乃至转入外用之学，讲到春秋战国和秦汉时期的事情，感叹难有“身修而后家齐”的榜样，也是在说若不能把握根本，即使成就再高，也不过是悲剧的道理。

怀师再回头讲内外兼修的道理，讲到“诚其意”的八重“正知”。这又是一个与朱熹对垒的精彩部分。朱熹大胆地将这部分内容打碎放在《大学章句》的不同章节中，他的条理清晰，见解亦深，无怪后人多有称赞之词。可是这毕竟是在原文走不通时另辟蹊径，一般学者忠于原文而被跳跃性很大的引文迷惑自是不及其高明，但怀师恰能“诚意”其中，而头头是道，这就不得不让人刮目相看了。其实怀师在《庄子》那般汪洋恣肆的文风的狂吹下都不会迷失津渡，甚至能迎风而动，随意所趋，更何况是《大学》呢。不知是其“恰恰用心时，恰恰无心用”的心境使然，还是一生博闻强记，饱经风霜使然。或许正是由于“不自欺”“自谦”“慎独”这样的修持功夫所致，自然明白历史中有德者的言语知解，如“诗云”“康诰曰”“汤之盘铭曰”等，都是“诚意”之后的理所当然。

怀师在此暗含了极其重要的认识——其一切的外用皆是内修的表现。帝尧、商汤、伊尹等，他们的所作所为都是道德使然，哪里需要去外面寻找什么政治的、管理的手段呢？从另一方面也可让人领悟到，孔子之学的确伟大，非为管理世人，非为政治，但为使人懂得如何安身立命。牧羊人用尽一切手段管理好羊群，而终将利用羊的一切。孔孟曾参教之以仁义修身，最终是希望人人皆能至臻至善。其用心差距可谓天壤之别，也无怪乎怀师要苦口婆心一番。

“诚其意”之后是“正其心”。怀师于前文已经解释过身心意识的内涵，这里再次讲解了身心的道理，提出传统文化中所说的“心”包括整个的生理现象及作用，也包括一切思维意识、能知所知的作用，不同于西方哲学“唯心唯物”的探讨，而是“心物一元”的名称。修身的道理一是修由身体内在所表达在外形行为的态色，后文“齐其家在修其身”中不为“亲爱”“贱恶”“畏敬”“哀矜”“敖惰”所左右是其体现。二是调整由生理习性所引发的情绪，“修身在正其心”中不为“忿懥”“恐惧”“好乐”“忧患”所拘是其体现。怀师点明了儒家对心性修养的高度重视，以其志存高远，故不只落于生理养生之中。

通过对内圣学养大量的深刻的理论讲解，怀师将我们的心识锁定在自家身心性命上，无须心外求法。对于齐家治国平天下，不再作过多的理论讲解，而是采用史料论证的方式，使人明白，外用亦是内修。圣贤治世无他，立德而已。帝王将相的成败得失都是因循于身心修养水平的。纵然时势所致，有人无德而能风光半生，但脱落其华丽虚幻的外衣之后，唯见悲哀而已。对于奸恶之人，无须多言，更自有因果审判。

通透此理，反观自家身心，遇人遇事将会如何，自然了了分明。或者惊得一身冷汗，幡然醒悟；或者大笑三声，更不疑修行。虽曰内圣功夫，行者实无内外，如是如是而已。

总之，但凡有智慧的人皆于自心中了却性命，外放其心终将是梦幻空花。而一般人知道道理却不能行，或者未能深入思考，浮于表面，终为外境所转。因此怀师这般煞费苦心地讲解，是要直切要害，于诸学者心田打入深刻透彻的理念，成为学者的种子智慧而能于所遇环境中自然放射光芒。明师接引须当如是！

义利之辨后，对《大学》原文的讲解算是结束了，但怀师又作了《儒学演化与国家发展》和《西方文化与中国》这两篇讲解，并作了“中国希望和平共存的世界”的结语才算全部结束。这不是累赘，而是表明怀师心迹，启发后生学者的重要内容。这是怀师利世利生的愿望，也是在告诉我们这是追求内圣者皆当有的愿望。也唯有大愿大行，才能真正成就内圣。我不知道怀师对儒学，对传统文化进行了多么长久而又深沉的反思，但明白一人之力的渺小。这两篇精心整理出来的资料便是对我们的召唤，召唤我们反思整个中国文化，努力去继往圣，开来学，争取有功于斯世！

总之，怀师深明以修身为本的内圣外王的儒家思想，而对于当今社会急功近利的现象无限惋惜，因此，无论从儒家精神本身来看，还是对治今世的药方要求，阐述内明精义都是重中之重。看今人知识丰富，聪明灵活，却又缺乏智慧，实叫人感慨万分。一切作罢，唯谢怀师于此点亮心灯！

参考文献：

①南怀瑾：《原本大学微言》。

②朱熹：《四书章句集注·大学章句》。

《论语别裁》学习感悟与心得

天地一如

与南老著作结缘是因为幸运地遇到了学识渊博之同事何先生，其知识、见地、才情远超于我，开始我很不服气，后来慢慢被其折服，其见我信服之后，推荐我读南老著作，并告诉我一定要先从《论语别裁》读起，当时我想南老是何先生最敬佩的人，肯定很厉害（《点灯的人——南怀瑾先生纪念文集》中《怀念到永远》作者大山人就是何先生）。所以我就开始读《论语别裁》，但开始确实没有读出什么，感觉《论语别裁》如同大白话一般多是简单叙述故事，缺乏逻辑严谨的分析。

因为我只是读而不懂得去感悟南老所叙述的中华文化命运多舛的宏大历史背景、不懂得结合人生经历去验证、不懂得如何深入思考，后来才慢慢读出其中的味道，当然现在理解了何先生让我先读《论语别裁》的深意。

一

《论语别裁》的伟大和高明之处在于：不论读者学历高低、职业贵贱、肤色黑白，都能从中受益，使深者不觉其浅，使浅者不觉其深，借用佛家的话就是“三根普被，利钝全收”。

二

能如此都摄，足见南老的智慧才情。

能如此都摄，也是因为《论语》本就是讲做人的学问。南老对《论语》扫尘除垢还本复真，用明白晓畅引人入胜的方式重现其本来面目。

做学问既非咬文嚼字知识渊博的训诂，亦非阳春白雪格调高雅的文学，又非道貌岸然令人望而畏之的理学等等，而是如何学之于知、习之于行、验之于事、成之于人。

故不论其学历高低、职业贵贱、肤色黑白，其首先是人，都离不开学习做人。

因一切事都是人事。事成是因人成，事不成是因人不成，即事在人为。

由此可见“事”很重要，但“为”更重要，而所为之“人”更加重要。

所以中国人自古以来首重“做人”，故有“做人即是做事，做事即是做人，商道即是人道，人道即是商道”等说法。

三

或曰本就是人，何来做人之说？

虽然是人，但人生来大都是不合格的人，也就是南老所谓的“假人”，必须经过学习，方能成人。

所谓成人，就是成为人，成为合格的人，成为优秀的人，成为饱满充实而有光辉的人（止于至善）。

孟子说人之异于禽兽者几希，如果没有人文文化，人和动物只有形式的不同，没有本质的区别。

我想这就是在所有著述中，南老最为看重《论语别裁》的原因，并在其中不惜眉毛拖地不厌其烦地说明何谓“学问”，何谓“做人”深意之所在。

四

西方竞争文明携泥裹沙所向披靡，特别是在市场经济全球化的时代，适者生存优胜劣汰的野蛮丛林法则开始主导人类社会，竞争不断加强、发展不断加速，导致个人普遍身心疲惫，家庭则矛盾重重、社会则问题丛生、地区则冲突不断。

西方物质文明发展至今日，世界性的经济危机、政治危机、环境危机、信仰危机可谓层出不穷，然对人类的危害威胁最大的应是心灵危机。

故有人说现代人越来越像动物，动物越来越像人，其然乎？其不然乎？

我想这应是南老半个多世纪前的忧心之所在，慧命如丝的中华文化能否传承发扬，不仅事关中华民族的存亡，更关乎全人类的世运。

五

尽管《论语》是讲做人的学问，但自汉以降，各朝代高考指挥棒及后来以朱熹夫子章句义解为标准答案的导向，使得天下学子或重于训诂、考据、疏释，或重于义理探幽，因循相习，积非成是（类如当下教育，谁都知道有问题，但谁都难改），于是将错就错，逐渐偏离了儒家经典的本原，其间偶有人提出异议，但仍于事无补淹没于历史潮流之中。

六

古人发现了永恒真理，用当时文字表述出来以流传后世，后世尊称之为经典。

故经典本身不是智慧，但经典中蕴藏着智慧。

经典本身不是真理，经典只是真理的载体。

真理是永恒的，既没有新过，也没有旧过，但承载真理的经典却有时代之特征或烙印。

真理没有时空限制，但表述真理的古人有时空限制，其在表述真理时必然要用到当时的文字、风物、制度、人情等，其不可能脱离其生活时代，如古人那时有马车但没汽车，所以《论语》中有“大车无輗，小车无軏”之譬喻；有飞鸽传书但没手机，故有“云中谁寄锦书来”；有弓箭但没有枪炮，故有“礼乐射御书数”等六艺。

古人表述的真理是“内容”，将真理用当时的文字并结合当时风物、制度、人情表述是“形式”，要透过形式掌握内容，故先要掌握形式，掌握形式当然不是终极目的。

但慢慢在学习经典过程中，日久生弊，或注重于形式而忽视了内容，从而变为舍本逐末；或注重于义理探幽而忽视践行，从而变成空中楼阁，忘记了探求、明证、实践真理智慧之终极目的。

或曰：先是求道、学道，然后是明道、证道，最后是体道、行道，即所谓下学而上达于天人合一之境界，时时、事事、处处合于道中（小子又想当然了）。

七

因秦火一炬焚书坑儒，故汉儒以降重训诂、考据、疏释也是理所当然，进而宋明理学的升起显然是对汉唐儒学势所必然的矫枉过正，而到了清代恢复朴学显然也是对宋明理学必然而然的矫枉过正（类如走钢丝一般，左偏则纠之以右，右偏则纠之以左），故以时空而言，此皆是理所当然、势所必然之权宜。

因为居中守中、执两用中不易，如孔子说“中庸其至矣乎，民鲜能久矣”，又说“天下国家可均也，爵禄可辞也，白刃可蹈也，中庸不可能也”。

故权宜是对当时之权宜，当然不能作为固定范式，作为固定范式当然会日久生弊。

故到了清末，遭遇鸦片战争无力反抗的屈辱，面临中华民族被瓜分的危局，西方外向强势竞争文明所往披靡，已成席卷全球之势，因为当时留过洋的老牌留学生发现不论左偏或右偏都解决不了现实问题，那就干脆打倒不要了，还是西方的“德先生、赛先生”比较简单易学，况且又是当下人类文明的主流。训诂、疏释、义理之学对民族救亡图存于时无补，故自然迁怒于以儒家为代表的中华文化。

八

南老之所以伟大，不仅仅是深入浅出、引人入胜解读经典从而使千万人正确认识并热爱中华文化，更重要的是检验南老一生，可以说其行谊合于经典之道，也就是一生奉行经典的道理。

行一时不易，行一日更不易，行一月则更难，而南老行于一生。

不禁想起赞叹孔子的诗：高山仰止，景行行止，虽不能至，心向往之。

反观自照，惭愧莫名，虽道不远人，然常背道而驰，“非不说子之道，力不足也”，忽然深切体悟冉求的借口了。

但孔子说：“仁远乎哉，我欲仁，斯仁至矣。”又曰：“有能一日用其力于仁矣乎？我未见力不足者。盖有之矣，我未之见也。”真发心方有真知，有真知方有真行，有真行方有真知，有真知方有真发心。

太湖三万六千顷 月在波心说向谁

——小言南怀瑾先生与《历史的经验》

干沐沙

2006年，我到南怀瑾先生的故乡温州参加工作。一次偶然的机会，我听前辈说起市委领导赴香港请南怀瑾先生为家乡筹资兴建金温铁路的故事。金温铁路是中华人民共和国成立后第一条股份制铁路，建成后南怀瑾先生又如数退出股份，还路于民。当时，我住在单位宿舍，门口有一家书店，某天徜徉其间，无意中翻开了平时略有抵触的一套"大部头"，当下即被其生动平实的文字和深入浅出的论理所吸引。那套书正是复旦大学出版社的《南怀瑾选集》。后来，我又陆陆续续看到了周瑞金、朱清时、彼得·圣吉等中外各界人士对先生传承、推广中华传统文化的推崇，这进一步加深了我对南怀瑾先生富有传奇色彩的经历及其学术思想的探究。

述而不作，信而好古

《历史的经验》是南怀瑾先生诸多著述作品之一。这些作品之所以称为"著述"，就是因为是经由他的讲课或谈话整理、修订而成，内容涉及儒、道、佛等传统文化，数量也颇多，单行本多达60余册。先生真正动笔写的只有1955年初版的《禅海蠡测》等几本，用文言文著成。他曾说当时写书完全是为了糊口，且经常引用清人纪晓岚的说法："道理古人都说尽了，再写也出不了古人的范围。”事实上，著述作品可以保持生动性，容易让读者产生较为强烈的场景代入感。这也蕴含了他启发读者自性灵机的苦心。佛教禅宗就非常注重这种教育方法，从大德的角度是一种“方便般若”，以启迪行者“应机顿悟”。《金刚经》即是释迦牟尼佛在一次饭后接引须菩提的对话集，《论语》是孔子传道于弟子的讲录，王阳明《传习录》、柏拉图《理想国》等等亦是如此。

我眼本明，因师故瞎

我们处于一个知识爆炸的时代，东西方思想交融，各种知识、观点很多，获取也很方便。但正如邓小平同志针对改革开放说的，窗户打开后，新鲜空气进来了，苍蝇蚊子也进来了。不少错误甚至有“毒害”的观念也充斥在所谓的“知识”海洋里。有些是客观上的学养不够、见地不深、滥竽充数；有些是主观上的动机不纯、虚浮迎合、刻意误导。孟子说“人之患在好为人师”，也提醒我们大家要警惕。禅宗有位祖师开悟之后说“我眼本明，因师故瞎”，骂他从前的老师指导无方，把他本来清明的法眼给弄瞎了。“名”师并一定是“明”师。故而对知识要有所甄别，针对学习历史、汲取历史经验，其方法本质上就要建立正确的历史观，如此可避免走弯路、邪路。譬如习近平总书记重视历史、学习历史、研究历史，他就坚持马克思主义历史观，从历史中汲取人生智慧和治国理政智慧。南怀瑾先生对于传统文化的研究注重实证和运用，其“以经解经”“前后印证”的研究方法与一般的学术论集也有鲜明的不同。他特别重视作者所处的时代背景，且时常直接把原作的重点思想贯穿运用到讲课方式上，可谓独树一帜，让人印象深刻。

风月无古今，情怀自浅深

历史发展表现出一定的周期性。希罗多德说：“太阳底下从来没有新鲜事。”人的思维缺陷是导致这一现象的重要原因之一。

罗尔夫·多贝里在其《清醒思考的艺术》中列举了幸存偏误、过度自信效应、从众心理、互惠偏误等52种思维错误。总体来说，人总是觉得自己是正确的，而且很少有人能够反观自己，即使别人指出了自己的错误之处，也会在稍有自责后即找到为自己开脱的说辞。因此，这些错误，一般人很容易犯，且犯了也不易察觉，还往往坚持这是根据自己"所见所闻"得出的"正确"判断。南怀瑾先生在《原本大学微言》一书中，借用明代买卖古董者之话语，来看待人生，无非三件事：自欺、欺人、被人欺！正如资本市场放大了人性弱点，导致交易标的的价格在较短周期内，在相对高低位不断"轮回"，也导致了绝大多数交易者不能盈利。然而，"股神"巴菲特曾说"别人贪婪时我恐惧、别人恐惧时我贪婪"，他正是摆脱了思维陷阱，"逆向"操作而获得了成功。不仅资本市场如此，人参与的各种社会事务都是如此，只是"显隐不同""周期不一"罢了，即所谓"道也者，不可须臾离也，可离非道也"。因此，正确认识"形而上之道"并以此指导实践，是在兴衰更迭中把握自己的关键。在此列举一些浅见。

——成事须顺势，不可妄自尊大。"成功学"总是强调"努力就会成功""有播种一定会有收获"。试问严冬播种如何收获？1994年下半年，巴林银行的"天才交易员"尼克·李森逆势大量买进日经225指数期货合约和看涨期权，又在日本关西大地震，股市暴跌后不断补仓，直接导致这家英国老牌银行破产。2005年，国储唯一有权进行境外期货交易的所谓"全球最出色的交易员"刘其兵，逆势交易给国家造成巨额亏损，史称"国储铜事件"。纵观历史，各个领域逆势而动付出惨重代价、顺势而为取得成功的例子不胜枚举。《孙子兵法》高度重视大势，在开篇"始计第一"中即指出决定战争胜负须"经之以五事，校之以计，而索其情：一曰道，二曰天，三曰地，四曰将，五曰法"。"故善战者，求之于势，不责于人，故能择人而任势。"《庄子》对"借势"也有隐喻，"鹏之背，不知其几千里也，怒而飞，其翼若垂天之云"。不仅战争如此，上至治国理政、下至修身齐家皆适用此法。小米科技的雷军也有名言："只要站在风口，猪也能飞起来。"党的十八届六中全会提出"以习近平同志为核心的党中央"，就是要通过巩固领导核心，形成实现中华民族伟大复兴的强大势头。只有自上而下形成了"势"，其他方方面面围绕在其周围共振才能真正形成合力。

——唯变是不变，不可刻舟求剑。万事万物都在不断变化，故而《心经》明确指出"诸法空相"。美国著名金融家索罗斯基于对"变化"的深刻认识而提出了"反身性理论"。这套理论多次指导他在交易中胜出，也正是这个理论使他在 1997 年香港金融战后期能清醒地认识到形势变化，果断止损出局。外交外事工作也必须深刻认识"变化"，始终保持"客观性"，根据国际大势、国内形势，调整确定各种应对策略，也就是"先为不可胜、以待敌之可胜"。从学习传统文化典籍的角度来看，战国时期也好，唐宋时代也好，当时的圣贤都是针对当时的社会环境和存在的问题开出的济世"药方"。很无奈的是，有些人基于片面的错误理解或者特殊目的，"倒洗澡水，把孩子也倒了"。圣贤们也担心人们过于纠结于他们当时应时应势说的话，反而忽视了对真理的追求和把握。释迦牟尼佛说："若人言如来有所说法，即为谤佛，不能解我所说故。""智者不言"就含有这层意思，因此"法尚应舍，何况非法"。《西游记》也透露了这一点：无字经才是真经。针对个人如何理解变化，把握变化，南怀瑾先生曾打比方说看搭公共汽车的人，第一等人把时间看好了，第一个上车，坐在那里睡觉到终站。第二等人车子来了，排队在中间还可以弄个位置坐坐。第三等人公共汽车快要开了，他才夹个皮包在后面追，眼看着汽车放黑烟，嘟的一声开走了，他还在后面骂，为什么不等他！——为学须穷理，不可人云亦云。《传习录》载：爱因未会先生知行合一之训，与宗贤、惟贤往复辩论，未能决。以问于先生。先生曰："故《大学》指个真知行与人看，说'如好好色，如恶恶臭'。"因此，懂得原理、知道由此而产生的关联，就像厌恶臭气和喜欢美丽的颜色一样，一定会做到知行合一。《素问》

云“道者，圣人行之，愚者佩之”，《道德经》云“上士闻道，勤而行之；中士闻道，若存若亡；下士闻道，大笑之。不笑，不足以为道”。“愚者”“下士”正是由于无法深刻理解原理和内涵，不能“诚其意”，故而做不到。毛泽东同志提出“读《红楼梦》，不读五遍，就根本没有发言权”。习近平总书记非常强调“学原文、懂原理”，就是要让党员干部深刻认识到当前的形势，懂得党和人民的核心利益到底是什么，我们的时代任务是什么，这样一定会自觉团结在党中央周围。真正的学问在最平凡处，在日常生活的点滴中，“两耳不闻窗外事，一心只读圣贤书”“万般皆下品，唯有读书高”等是对学问和圣贤的误解，是学理不通的表现。王阳明先生晚年提出了著名的四句教“无善无恶心之体，有善有恶意之动，知善知恶是良知，为善去恶是格物”，很多人将之奉为经典，但很少深入参究，就像很多人把“为善去恶”挂在嘴边，却很少有人真心坚持去做。然而南怀瑾先生在蒋介石极力推崇阳明心学时，在中央军校教学时公然提出了自己的不同见解，谓之“阳明先生对‘体’、‘用’存在认识混乱”，不是“为善去恶”的真正原理所在，其致知之道可见一斑。也正因为如此，南怀瑾先生能够真正“诚”其“为善去恶”之“意”，且做到身体力行。他耗尽心力“续中华文化的慧命”，除了“修人间铁路”更要修一条“心路”；发起光华教育基金会，资助北京大学、浙江大学、南京大学等高校；在促成两岸对话、南水北调工程中做出特殊贡献。

怀瑾握瑜慈悲喜舍，赤心月圆功不唐捐

弘健

我是河南一位普通基层中医医生，没有福气缘分能够有机会见到亲近南先生，当面聆听老人家教诲非常遗憾。但是我真的非常感谢先生，因为他是我人生最重要的时刻遇到的一盏明灯、一座灯塔，是我一生学习的榜样，我人生道路的指引者。

我刚刚到中医学院学习的时候，因为国学基础太差，看到《黄帝内经》《伤寒论》等经典古文著作真的头脑发蒙。那个时候正是中医非常低迷的时期。上课的时候也有许多老师公开批评否定中医，对于喜爱中医却没有任何中医基础和背景的我真的打击很大。后来有缘看到了《金刚经》《坛经》，这些著作对我影响很大，又慢慢地自学十三经书籍和其他人写的国学著作，虽有启发受益，但不是太多。有一个星期天去郑州图书大厦看书闲逛，看到了南怀瑾先生新出版的一套系列丛书，当时就顺手抽出一本打开看一看，却一下被吸引过去，好像就在南先生面前似的，听他娓娓道来生动有趣。那个时候没有钱，我就利用周末在图书大厦站着或者在角落的地上坐着，看完了那一套新出版的南先生书籍。我也是从小非常喜欢儒释道医武，在先生的书里面我找到了许多答案和启发，真的非常受益。

毕业后来到了北京游学，平时有空去国家图书馆看书、听一些讲座。有缘遇到了一个师兄一起听南先生的学生叶曼先生讲课，学习《楞严经》。断断续续听了一年多，叶曼先生经常给大家提到南先生。这样我就从侧面对先生多了一点了解和敬重。那个时候也非常想能够有缘见到先生，可是福报缘分不够，成为生的遗憾……

在今年（2017 年）举办的纪念先生五周年活动中，我非常有幸被纪念活动举办方录取来到了太湖大讲堂现场。看到屏幕上先生亲切的笑容、周围墙壁上先生的墨宝和现场许多老师真情流露的发言，我好像感觉先生就在这里，没有离开。眼睛情不自禁地湿润了。先生，我看了那么多年您的书，今天我终于来到了您的面前，真的谢谢您，晚辈非常想念您！

回到家里我一直看先生的视频，看先生的《南禅七日》视频。非常好，还有文字，看到了先生苦口婆心谆谆教诲，生动有趣娓娓而谈。他好像就在我面前一样，真的让我非常受益。我学习中的许多疑问困惑都找到了答案。更让我佩服的是先生对大家说“您们都是我的父母爸爸妈妈”并合掌鞠躬。他是真正的大愿大行慈悲喜舍，真的是一生知行合一在弘法利生。他的许多观点高瞻远瞩言真意切，真的是忧国忧民忧天下苍生。他应该是提出认知生命科学、打破迷信的新时代弘法的第一人，并为之鞠躬尽瘁死而后已。一个好的老师就像蜡烛就像灯塔就像太阳，给人温暖、光明和希望。先生就是这样的人，一直在这样做。为人不识陈近南，便为英雄也枉然；后人不读南怀瑾，人生真的太遗憾。南先生的书应该通读反复看，还有许多视频、诗句等等多加留意重视，这样才能更加全面地了解认知先生。

先生说天下为公，好好做人好好做事。学问深时意气平，人到极致是平凡。他用一生告诉这个世界怎样做个读书人、修行人！先生安好从未走远，您永远在我们的心中指引我们向前。

不才后学弘健合掌鞠躬，敬书于 2017 年中秋月圆夜。

想念南师的报告

老七

老七想念南师，感恩南师。

自南师离开后，无数次朋友、同事们谈起南师时，不太敢发言，一则言语无法表达内心的种种感受，更多是愧于自己的思想行为，不好意思谈起曾在大学堂里工作学习过，这意味着曾在老师身边出现过听过课的同学——老七在南师大德身边存在过而却仍如此小人非凡，对不起老师的慈悲与大恩。

时光飞逝，转眼南师离开5年了，每每念起，深自忏悔，不论时空，南师的慈悲一直加持和帮助着我、照顾着我，越是困难时越是感受到生生不息的老师智慧的力量和保护。感受着南师的慈悲，是生命中光明幸福的原动力，让我想要努力，想要多一点解脱身心束缚的信心和力量。

近几年从事传统文化教育方面的工作和实践，使我越发感知南师的通达和慈悲智慧、老师对弘扬中国传统文化的努力；同时因近期有幸在山中道场学习工作，有更多机会安静下来整理自己，开始试着想要分享一点学习体会，也给自己作个整理。

认为自己最受益处是开始知道“反省”

数十年自以为是的岁月里，感受上有好有坏有累有喜，经济上有“小资”时亦有落魄处，多次变化地方人事环境，想要寻找和变化为“更好的自己”，时光累积道理滴点渗来，我终于实践到能变的“根”：不在外境人事经济，在自己的“心”。

南师说“知道了一点就要去做”，开始有意识地引导自己过“知反省”的日子，不断从家庭、工作、人事中观察“万象都缘一念波”，真的是自己给的人事和环境；“善恶无门唯人自召”，是自己的动机念头像开关一样，启动变化着人生。所以，要知道、反省、转变自己，这是自修的根本。

“吹毛用了急须磨”，南老师说：“吹毛在古代用来形容锋利的宝剑，只要把毛发对着剑锋，一吹就断，它太锋利了。这是形容人们的聪明智虑，不管你有多么锋利，多么敏捷能干，如果不能随时回转反省自修而还归平静，包你很快完蛋，而且此心被习气所污染，就如滚滚旋转的车轮，不停不回，堕落不堪了。所以说，就算你聪明伶俐得像一把吹毛宝剑一样，也必须知道随时随地，好好保养它，轻轻一用，就必须再磨砺干净啊！”

虽然常提醒反省，其实一直不断地做错事对不起他人，不断地自以为是，好在，只要不忘记反省，转变总会发生一点点，回头看时，比起上回仿佛有进步。随着“反求诸己”的实践，心量和空间开始不同：人、事、执着、情绪对内心的影响力慢慢减弱；忆往昔更多对不起他人，更多感恩与温暖；当下从自己做起更多自在。这种感受言不及义，必须自己去做才晓得。

我以为这是南师给我的第一大教诲与受益处：知道要时时处处反省，并老实去做。

反省后就知道了一件事，下手处唯有“自己”

经历越多越是看到人生知道道理容易，从自己下手难。各种道理和理念仿佛是“给自己更好的理由”和“给他人做尺子”用的。“自己怎么做？”我以为这才是核心。

当学着以“自己当如何”的时候，对他人环境的不满不断减小，开始面对自己的真实处。想法、情绪、身体状态、对人对事的认知和选择也相对清晰。随着外力影响的逐步递减，内心力量仿佛逐步增加，经常看到自己的各种“自私自虑怕苦求乐”之状。自我修正之路，漫漫兮至遥，心念南师，又念“凡所有相皆是虚妄”，从各种烦恼、局限中观察自己居然时时也有偷闲偷乐之感，也许是“学而时习之不亦说乎”，点滴进步和改变，亦让自己忧虑复欢乐。

从自己下手，从自己努力，我以为这是我想让自己走的路，也是在实践中发现这是我唯一能走得下去也是唯一越走越开阔的路。老师常讲：“自助而后天助，自助而后佛助。”我很想接一句：“自助而后南师助”，感恩南师。

《点灯的人》中说：“南老师是随时在做教育，随时严格要求自己，回忆老师的身教言传，反省自己，去改变自己的习气，是向老师学习最起码的着眼点。”从自己下手，从念头言语行为知道自己，人、事、经历中会越来越体会到因果的自然规律，自己的因自己的果无关他人与风月。

从自己下手，我以为这是老师给我的另一大教诲，及我的受益处。

自修——不断知道和转变自己的心理、行为

一直说“要自修”，其实一直不断在重复、反复地错、陷入习气，不断挖坑填坑再挖坑……有实修好友鼓励说：加油，不过是“屡战屡败屡败屡战”，意思是不死就一直战，其实我想死了还得战。

遵照南师教诲对自己的自修路线总结为：

第一，“诸恶莫作，众善奉行”，南师说这是自修的起步和根本。一点点摸自己的各种习气行为心念。先在“诸恶莫作”上，知改。

第二，“做人做事中，是习气暴露的时候，亦是习气转化的过程和契机。”这句话是我在大学堂听课时马宏达秘书发言时所说，我记录下来常常自勉。所以读书知道理若不在人事上磨砺，若不在自己身上认知实践，“我”越大，“见解”越正确，固执越多，哪里来的解脱？

第三，特别要注意“读书人”的自大。难道你看到了珠宝，珠宝就是你的了吗？书中的道和你有什么关系？

这是近来我常常看自己的地方，我读南师的书较早，二十多岁就开始接触了，当时读时就觉得很多地方“心开意解”，很是自得；再经过二十年的风雨交加各地各处人事磨砺，才知“知道”和“做到”是两个。

南师在《如何修证佛法》开篇提道：“问题在哪里？注意！我们大家学佛，有点颠倒因果。‘倒因为果’，也就是说我们大家都在倒因为果。是的，我们都晓得自性本空，晓得都是因缘等等。但是，这些学理和道理，不是我们的，而是释迦牟尼佛苦行那么多年以后，对弟子们的回答；人家把这个回答记录下来以后，我们看了才懂的。事实上，不是我们懂，那不过是佛经的增上缘，我们拿到佛的成果，加以接受而已。那我们应该怎么办呢？答案是：我们也应该走修行的路子。要学释迦牟尼佛一样，走禅定的路子，向真正的修持路上去求证，自己去证到那个‘缘起性空’。”

以上是我对自修的一点书面理解和思考，停留在道理的感受中，希望勉励自己做一点点。这是老师给我的又一大教诲。

近期刚刚更新的一点体会：关注自己是否还在外求？

求外形“好”时，胖胖瘦瘦洋气土气各种不满，被此想所限；

求“做人”好时，发现无论怎样，有觉得你好必然有觉得你不好，听到夸则喜被议论不好则嗔，为他人评价所限；

求做“好人”也不靠谱，就求“做事”吧，做事中求理解和支持，继续发现，条条大路通罗马，一件事不同的人不同的做法，都会有好的效果，有各种利弊选择，没有绝对的好与不好。你既然如此做，自然有认为你做得尚可，也必有认为不应该这样做应该那样做……做事时求好，依然会被求好之心所限，并影响到做事时的心念。

好吧，南师曾讲“做事时义所当为”，应该怎么做就怎么做，开始学着做人做事时问自己的内心，当为？不当为？为公怎样更好？私心否？悄无声息地又开始“求自得自乐自我进步”。近期突然发现，“崇高必然堕落，积聚终会消散，缘会终须别离，有命咸归于死”。发现有高必有低，有开必有合，有乐必有苦，若有“求乐”之心，依然被其所限制。

果然是“有求皆苦”，有求则必为“所求”而累。

还是平实好。简单、平淡、老实做人、踏实做事。管他乐与不乐，好与坏之“苹果”（评价与结果）。

对教育的几点思考

老七从业以来，前十几年从事法律工作；于 2011 年初改行进入吴江太湖国际实验学校学习做老师，参与到南老师教育理念引导下的小学教育，见识到开放性、传统文化文武兼修的教育方式；同时有幸参与大学堂晚餐后的学习，在南老师身边待一待；也见识到不同领域出类拔萃的各种人物，听他们的经历和修行。从吴江太湖国际实验学校辞职后，于 2014 年中旬起参与一国际公学传统文化小学部的创办，实践中，慢慢对“践行南师教育理念”积累了一点体会。下面简单分享几点：

一、教育从哪里开始？

从洒扫应对开始，人格培养开始，关注内心。

更重要的是要先从自己做起。

二、自己都成问题怎么教孩子呢？

南师说“先教怎么穿衣服，怎么洗脸，怎么端碗，怎么吃饭。现在的社会，连大人们都没有这些规矩了，鞋子乱丢，东西乱放，垃圾乱丢，穿衣服没有规矩，做人也没有规矩，讲话没有礼貌……这些都是儿童教育最重要的”。

三、“自我教育”是最好的教育。

南师在《原本大学微言》中讲到学问所在：心能转身，一切可以从心的力量自能转变。

孩子正处于自我意识的觉醒时期，这时候如果能顺应每个孩子“想好”的天性，保护和帮助他的主动性，那么，教育能出现更好的效果。

四、读书要这样读——吟诵。

南师说：“儿童教育的重点，初步先增强孩子的记忆力。现在的是看书不是读书。读书要背书，要入藏。”“不管四书五经，或是古书，任何一段，像唱歌一样，很轻松愉快地背诵，不给他讲解，或偶然稍稍讲解一点。这样背下去以后，一辈子都有用，一辈子都忘不掉……”

南师所说的读书方式，是中国两千年以来传统的读书方式。南师读书示范的有《冬日遣怀》《清明》《滕王阁序》等。

我最早接触到“唱诵”，是太湖大学堂宏忍师父唱佛教偈颂，一天忙碌下来，纷纷扰扰疲惫，跟着唱一嗓子“阿”字即身心畅快。后来有一回宏忍师吟诵诗歌《游子吟》，不少老师当场哭了。我开始越来越注意到“吟诵”的读书方式，发现它能触动己心。

再后来我在成都学校时被安排上吟诵课，开始从近体诗学起边学边教。几年下来，成了这种传统读书方式的受益者，同时实践出孩子们“唱着读书”学习效果更好的经验。

现在常常想起那段在上下班路上学吟诵，现学现卖结果发现自己越来越喜欢的日子。那段时光是一段“难缠”的逆境，所在的小学部股东变更、管理权交替、遇到十分“固执”的老人家领导，很多事情“不得已”而为之。比如“吟诵课”比如“各种变化”。事后再看，人往往是在逆境中更加扎实地看到真实与获得成长。这里特别分享下自己吟诵方面的学习体会：

以前读书背了就忘，忘了也就不爱背了；看书了没？看了，讲了啥，说不清。用吟诵的方式后，“背会”变得较简单，更重要的是专注度提高，学习的兴趣提高，读书效果是真好。如南师所言，这样读书记忆东西比较快，而且是有情有趣轻松背诵；其次容易调动起真情实感，对诗歌文章的理解深，常常打动自己；心被感动时，诗文中忧国爱民的情怀豁达潇洒的个性能影响到自己的观念；同时吟诵时声气相合，疏通经脉，有益健康，是读书人十分实用的养生方式。

南师讲“开口念诵等于在修气修脉……”如果结合佛教偈颂的唱诵要点，益处更大。

基于以上，我常常想：孩子们如果回归从小用吟诵的方式读书，既易背诵理解，又可德育，又练了气健康身体，同时可体会到专注读书之乐趣，又可从“心平气和、专注投入”地读书到做人做事也要“心平气和、专注投入”……读书修身养性的气质和功能慢慢由内而外发出来，很有意思。

老七没有解决一直需要面对的固有问题

一、对自己的执着胜于普通“未号称修学”的人。

很执着自己的身体，敏感于针刀等器械，害怕身体的疼痛伤害；

执着于心理感受和想法，外境因缘与自己所想相背时，各种分别心和远离状。

害怕吃苦。对身心的苦痛敏感、害怕，追究自己年轻时开始信仰佛教，深藏的心理是害怕吃苦，以自己信佛修行想要少临苦境，这种念头藏在心里，至今依然固有。看到书中讲有修行的大德死于毒药死于被害的情节则不愿意接受，想起《金刚经》中，“如我昔为歌利王割截身体，我于尔时无我相无人相无众生相无寿者相，何以故？我于往昔节节肢解时，若有我相人相众生相寿者相，应生嗔恨”。一念及此，我都害怕不能忍，若有遭遇觉得无法想象的痛楚，而况于不嗔恨？

这种对身心的强烈执着，我理解应需要通过实实在在地修行做事，增加福报与智慧才能得以慢慢减弱，直至解脱。

二、怕苦则想乐，一直容易放逸放散，跟着自己的感觉跑，遇到人事常分别执着，起起伏伏，上上下下，从身体、心理、做事方面进步很慢。究其根源，近期有师父指出是“没有发心”，关于此处，尚在思考中，想从做事中慢慢挖掘自己的发心处是在哪里？发心了又是怎样的状态？尚在摸索中。怎样是发心？怎样能够自律不放逸？同时觉得“发心”是一件很难的事，因为处处是“我”。

三、情重，喜欢被好好地对待。此习气深重，不知如何如何，尚待下回分解。

以上是老七同学的报告。想对过往人事道声“对不起”，对现有的自己提醒要“吃苦耐修”，也是整理思路，心念南师，求大神指点。虽粗鄙简陋，一颗小人心，但有一点诚实。从南师和南师的学生大人处常年来得到太多指点和各种帮助，不胜感恩。

结尾，我想与大家分享一句话：“活着就是快乐的。”

在生老病死吃饭穿衣挣工资发牢骚，养娃还被娃嫌弃，无语怨东风，全民务实教育体系评价体系大多是物质标准的时光里，活着就是快乐的，需要多深厚的修为和恬淡乐观的心理，需要多么大的心量，需要多么踏实地做事“去恶为善”，需要多清楚“凡所有相皆是虚妄”啊。在这里祝福大家：忙中勿忘养生机，流转中勿忘修行。愿我们大家皆身心安康自修实修。

骑着毛驴儿向湖畔

刘甲

骑着毛驴向湖畔，哪得偷来半日闲，太湖三万六千顷，月在波心向谁说。南老师晚年勘定太湖大学堂时，曾驻足太湖之畔，凝望着堤岸上郁郁葱葱的杉树林，不由得感慨道“能骑着小毛驴在这里读书一定非常惬意”。我相信这是老师一辈子的愿景。但哪怕这件在我们看来最平凡的事，对于老师也是如此缥缈。

老师为天下子女献出了自己的一生。

老师是一直在等我的那个人，直到现在我也如是感慨。如果没有遇到南老师，现在的我会是什么样，我无法也不敢想象。也许像芸芸众生一样，浑浑噩噩，不知所云地度过自己的一生。然而很幸运，我遇到了南老师，一个在我人生最迷茫之际改变了我一生的人。我恍然大悟，为什么中国自古以来如此尊师重道，赋予了老师最崇高的地位——所谓天、地、君、亲、师。

真正的老师是菩萨般的普度。

与老师的缘分始于学生时代，那是我的大学时光。我们这一代表面看起来很风华，但在我看来同样是悲哀的一代。年少时我们承受着学校课业的各种压力，踏入社会后又面临着生存的逼迫和欲望的无限膨胀，反而在前无虎狼后无追兵的大学时代，在人生的芳华，我们不约而同地选择了迷失。许多本该不凡的年轻人，都湮没在时代的洪流中，成为时代的牺牲品。

时代像大浪般地淘沙。

初入校门，我对大学满怀期待，期待着“高谈阔论”，期待着纵横学海。但很快现实就将我击败，在这里并没有我期望中的生活，许多学子像断了线的风筝，没有目标，没有结果地随风飘摇，在父母的期望中渐行渐远。而这恰恰是我最不能接受的，我开始变得迷茫，然而在这个浮华的时代并没有能为你排解的精神导师，于是我开始尝试阅读，希望能从点滴的文字中找寻自己的答案。

每个人的救赎都是自立自强的果实。

也就是在阅读中，我遇到了改变我一生的老师——南怀瑾先生。南老师经常戏称“著书都为稻粱谋”，在我看来，老师的书却是对天下人的供养。我们学校的图书馆很小，因为所在校区只是学校的一所分院，自然也不会有什么惊世骇俗的建筑和馆藏。但令人称奇的是，在这方寸间却蕴藏着无尽的精神财富和文化宝藏，仅仅是因为南老师的著作就暗藏其中。现在回想起来，老师的书如有神通般地静候着每一位迷惘求知的学子，有谁又能够想到在这毫不起眼的图书馆中能遇到改变自己一生的机缘。

许多时候我们都被外在的假象给骗了。

初读老师，如久旱逢甘霖，这是我们经历文化断层后最宝贵的重逢。最先读的是老师的《金刚经说什么》，对宗教毫无概念的我竟然被深深吸引，老师幽默浅显的语言字字珠玑，从背景到讲述再到延伸，令人拍手称快。再后来读《论语别裁》，我才开始第一次正视中华文化，从小到大在学校接受的教育在那一刻分崩瓦解，新世界的大门在向我敞开。在此之前，没有谁能对我讲清楚我们自己的文化是什么，我们的文化是何等博大，对我们每个人，对整个中华民族，甚至对这个世界又有什么样的重要意义，但老师做到了，他让我开始寻找那埋藏已久的根，寻找生命的归宿。“不二门中有发僧，聪明绝顶是无能。此身不上如来座，收拾河山亦要人。”这是对老师一生行愿的最好写照。

老师是一盏灯，他燃烧了自己，点燃了千千万万盏心灯。

起初对老师的印象仅仅停留在书本上，一是老师不喜风光，各种资料有限；二是老师的书着实精彩，闻其言又何必睹其人。但后来对老师了解愈深，老师一生的行为处事，悲悯天下更是令我感动和震撼。我经常感叹是何等的文化塑造了南老师，又是怎样的南老师传承着这样的文化。我很庆幸在自己最宝贵的年华遇到了最好的老师，有如凤凰涅槃，这是新的生命的诞生。

我想一日为师终身为父也不过如此吧。

“中国的传统文化不能断，靠你们了，我们都老了，像我们这一走掉，你们接不上手，这个文化就断层了，所以大家努力！”这段深情的告白是老师最放不下的尘缘。老师一辈子也许没能骑着小毛驴儿悠闲地穿梭林间，书声琅琅，但他辛勤抚育的众生却开始生根发芽，破土成长。

致我最敬爱的南老师。

大地山河一担装

牟南

收拾起大地山河一担装，四大皆空相。

昨天因偶发的事件赶往成都，初秋的时节，暑热已退，天地未寒，恰如其分的清秋。

难道不是吗？很多时候，重要的事情总会被我们完成得漫不经心。比如去看一看南老师的舍利。

心里很明白，其实也并没有什么好看，想跟他见面，最好莫过于读他的书。他活着都不会轻易展现什么神迹，遑论如今？可我就是想去看一看。好像是完成某种具有使命感的仪式，就那么在他的舍利前站一站，我以为这是我起码的生命表态。

得知南老师的舍利在成都文殊院后，就谋划着一定得去一趟。后来听说并不对外开放，不过心里很清楚，只要我想要完成的事情，一定可以完成。如果说近年来偶有所得的话，我想，或者恰好是这份对于人生的自信与把握。

五月间去过一次成都，知道师父同文殊院有往来，禀告师尊希望代为引见。不意文殊院的监院换了人选，宗性大和尚人在北京，师父去电无人接听。我行程匆忙，又要赶快回渝，只能当面错失一回。

会遇见的，一定可以遇见。

处理好成都的事务，同行的朋友说都已安排妥当。在纷纭嘈杂的文殊院外下了车，这座俗世红尘里立定的古老院落，恰好以众生的浮躁为资粮，跏趺于热闹的道场。若非甚深智慧，般若波罗蜜多，只好去荒山冷丘隐居，只有文殊的智慧，才能了达：凡尘俗世里才有最纯粹的清净。

接待的僧人早已在藏经楼外等候。十年前、百年前，甚至古刹新建的那一年，那时什么样子，这时还是什么样子。凡境最难抵御的，始终是人间的四时；可以一如既往的事物，首先是令人学会谦卑。

僧人一一为我们介绍墙上的题字、文殊院的历史，以及佛教的精神态度。多数人以为，信仰佛教一定是遭遇了什么人生剧痛。当然，一部分人确实如此，皈依佛教寻求困境的解脱与精神的安慰。然而，佛教不完全是人生的收容所，为受难者提供庇佑，体现的是佛的慈悲与心愿。

感谢生命赐予我的佛的教化，令我不至于成为一个浅薄而狂妄的人。当曾有一天，我突然领悟到佛教作为人生最高学府的实相时，至心皈依顶礼十方三世一切贤圣。只有佛教给予了我这种宇宙的胸怀。但我并不自称是佛教徒，因为以我本人如今的修养，我还没有资格成为佛的学生。看不惯，忍不过，做不到，我得有自知之明并且好自为之。

甘露堂的正面，供奉着南老师年轻时的一张放大照。我在想，照片里当时这个明眸皓齿的青年，有没有预见到他将来竟会影响整个佛教以及海峡两岸暨香港，成为现当代中国文化史上的一代宗师。人固然可以创造一切，可人同样也是必然的命定。宇宙是悖反的。

有那么一刻，心里就激动起来。我必须保持克制。跟南老师见面，一定要平常而平凡。他老人家不大喜欢那些稀奇古怪的章法。真正非凡的人是时刻拥有平凡的气度，凡夫着凡夫相，圣人着圣人相，此二者皆同凡夫。

南老师的舍利用黄布盖起来。能见到的，除了玄奘法师的顶骨舍利外，还有释迦牟尼佛舍利一颗，以及释迦牟尼佛弟子的舍利一颗。舍利是诸佛来往人间的证据，亦是诸佛不得已的慈悲。

人因有相而生信，不信无以穷道源。

生前南老师不接受众生的顶礼，他的虚怀若谷落实到了一切细行中。今天，南老师是无法拒绝的，玄奘法师和世尊同样，跪拜你们，不是请求慈尊加被我以现世的荣耀和尊贵、平安与富足，而是感谢您们，以此凡夫的肉身为器，穿越一世的红尘苦辛，将俗世庄严成菩提道场，您们是整个世界星星之火的那点星星，燎原后万千光明里最平凡的一线光明。除了向您们深深地敬礼，头面礼足外，我不能有其他非分之想。

很多年前，有一位陌生的热心人曾给我写过一封邮件，提点我学佛要走正路，那么多高僧大德不皈依，专门崇拜南怀瑾。其实，南老师既不要人皈依，更不需人崇拜，南老师以及高僧大德们，学问都比我好自不必说，而其对于做人做事的态度，只有南老师，越走近，越尊敬。

假期校对杨光岱师叔的大作《说禅》。光岱先生因后来师从贾题韬先生，故而称师叔，而题韬先生曾参与维摩精舍初创。同时，光岱先生当年与南老师亦是师兄弟。师叔来说禅，当然是本家作略。圆寂前，他将书稿交付给师父，嘱咐合适时再印。师父生过眼疾，看小字费力，有事弟子服其劳，理所当然。

第一次从师父处得知，南老师一直资助着四川的这些当年的师兄弟，再看师父写的《贾老使我认识了禅》，才知道，1989 年南老师派人参访贾题韬先生，并送上一万美金作为贾老生活补贴，希望他可以不必为生活劳神费力，大力弘扬禅宗。后来贾老将这笔钱用在了禅学会的开支上。大概是 1991 年，南老师又委托宏忍师送来两万五千美金支援禅学会。这两万五千美金由维摩精舍的三位老人保管，除了开支，银行利息用于补贴三位老人的生活。后来三位老人因故将款退回了南老师。据师父说，主要是没有找到合适的道场，弘法没有展开，大家就把钱退还了原处。

一个人，能够这样不忘旧情，这种人性的可贵比满腹经纶才华横溢更令我敬佩。那些捐钱捐物帮助穷苦人的，我认为只能叫不差，不一定算好；非得你的几十年知根知底的老朋友，可以如数说出你大致生活细节的老朋友，他们还说你好，那你是真的好。大仁大义，有时候极可能成为冠冕堂皇的借口，而真正无私无我的小恩小惠，才是做人起码的修养和品格。拿出来能让天下人都参观的美德，多少都会虚有其表；而只有念念真诚并不为人知的岁月情怀，可以光耀大千。

今年（2017 年）是南老师走后的第五个年头。大地山河，空而有相，向南老师学习，愿我此生，觉而有情！

道不远人——此生致力传国学

杨伟升

"上下五千年，纵横十万里，经纶三大教，出入百家言。"这是学界对国学大师南怀瑾先生的一种敬仰。可南先生给自己的评语却是："我的一生，八个字：一无所长、一无是处。没有一样是对的。"先生 95 年修行深刻影响了后人。我是个后辈，膜拜不已。但说来惭愧，对南先生知之甚少。2018 年 8 月份才特意第一次去南怀瑾故居探访了一下，但不放过每一个角落。又从邻里乡亲那儿了解点滴。前几日听说乐清市图书馆有一个由先生之子南国熙主讲的"道不远人——说不尽的南怀瑾"南园秋高主题论坛，我后来得知，错失了机会，只得又从他人处了解一二。然后静心阅读了一些南先生的作品，有选择性、有针对性地加以辨别阅读。下面我就根据自己的认知和感悟谈谈南先生国学与乐清亲缘的渊源、南先生国学与两岸交流合作等方面的关系。

道不远己：南先生得道，"得其道不谋其利"

南先生得道，得从家风说起。先生自幼接受传统私塾的严格教育。少年时期开始，遍读诸子百家，同时研习文学书法、诗词曲赋、天文历法诸学等。据南先生的儿子南一鹏讲，南先生很小就被送到私塾学习。学的是四书五经，以记诵为主。奠定下其传统学问的基础。先祖特别注重家风，不仅自己身体力行，也要求先生学行一致、知行合一。家里桌上常年摆的《朱子治家格言》

就是先祖布置给先生的课业，不仅要背诵，还要照着做：“黎明即起，洒扫庭除，要内外整洁；既昏便息，关锁门户，必亲自检点……”先祖对先生的影响是终生的。在后来讲课时，南先生常常引用《朱子治家格言》的最后两句话：“读书志在圣贤，为官心存君国。”祖母也告诫读书不是为了做官，教育要有更大的目标。也是这句话开启了南先生“不问禄位问功德”的修行之路。可见家风对南先生的立志至关重要。

后来先生人生几经跌宕，但修道不止，即便年届九旬，先生依然每天在太湖边讲学，至死不渝。

道不远人：南先生明道，“明其道不计其功”

据南先生子南一鹏讲，社会上有一些人认为，传统文化僵硬老旧，不能用以解决现实问题。但传统是随时可以创新的，并非简单的复古。复古，就是把当代中国的命运交给三千年前的古人承担。当代知识分子自己不承担国家的责任，反而让孔夫子扛责任，就把孔夫子打死了。南先生讲《论语》，不复古。他说，朱熹注释的《论语》有些地方值得商榷。比如，孔夫子评价宰予“朽木不可雕也，粪土之墙不可圬也”，好像是说宰予是一个又笨又坏的学生。但孔门七十二贤，宰予是言语科里的第一。所以，南先生这句话不是孔子在骂宰予。宰予身体不好，白天在那睡觉，孔子的意思是说，宰予这个孩子身体不好，他是叹息，心疼他。

南先生一直试图还原孔夫子思想家的地位，让大家看到儒家思想是正向的。他说，那些强调纲常伦理一类的东西，是后代儒生为了适应国家统治的发展而逐渐附加上的。于是，孔子的思想在发展中被曲解和误读得渐渐多了，孔子也成了一个被随便涂抹的偶像。南先生多次讲《论语》，他充分考虑到从未深入接触过《论语》的普通人的感受，用通俗易懂的语言讲解，加以经史合参，旁征博引，将原文撮编成一个个历史故事，寓意深远而妙趣横生。曾引发台湾读《论语》热，很多人甚至将刊登其讲解的杂志剪贴成册。

关于这一点浙江大学人文学部主任徐岱曾说“他为推广中国传统古代思想作了很大贡献，开创了一种风格：口语化、简单易懂的方法，让普通人了解那些已被我们敬而远之的中国古代思想”。

道不远乡：南先生正道，“正其道不谋其利”

据说，2012 年 9 月南先生曾给来拜访的乐清市人大常委会赵乐强主任等家乡人，诵读温州江心屿宋代乐清籍状元王十朋那对奇妙名联：云朝 (zhāo) 朝 (cháo) 朝 (zhāo) 朝 (zhāo) 朝 (cháo) 朝 (zhāo) 朝 (cháo) 朝 (zhāo) 散；潮长 (cháng) 长 (zhǎng) 长 (cháng) 长 (cháng) 长 (zhǎng) 长 (cháng) 长 (zhǎng) 长 (cháng) 消。先生说，现在的普通话和古音有很大差别。我们温州话至今还保留许多古音读法，是唐宋之间的国语，用温州话作诗填词，押韵要比普通话更接近古音。还说，现代人研究国学，要学习温州话。先生对家乡的热爱之情，可谓是“一片冰心在玉壶”。早在 1993 年 4 月，南先生曾给修建金温铁路的同志写过一封信。信中说：“只要你们有这个心，真肯为国家、为老百姓尽心尽力，我愿意拿出两三千万美金，由你们去自由发挥。什么名，什么利，我都不要。所有的功劳归你们，所有的好处也归你们。我真正愿意做的是：为文化事业做出贡献。那比起这条铁路的价值，不知高出多少倍。这是无形的，但却是我真正的目标。”言辞间让人感受到先生一生对文化事业非同一般纯净的追求和热爱。

道不远国：南先生传道，“传其道不急其功”

南先生全心致力于传播中国传统文化。早在 50 余年前，南怀瑾即在台湾讲述传统文化，从学界、商界、政界直到民间大众，教化 30 余载。先生总结千年历史，把文化建设放在国富民强的首要位置上，并孜孜不倦地为之努力。曾出版《论语别裁》《孟子旁通》《原本大学微言》《易经杂说》等数十种著作，在华人世界掀起国学热。回到香港后，先生愈发认为，文化重建要从儿童抓起，于是先生开始着力推广中英算儿童东西方经典诵读运动，自 1997 年起，从台湾、香港开始，逐步在全国推广。南先生亲自列出书目，选编一套《儿童中国文化导读》教材，包括《大学》《中庸》《论语》等典籍。这一活动在内地及港澳台地区得到了推广。曾有记者问“儿童读经”的推广初衷，南先生说：“一个国家，一个民族，最可怕的是把国家和民族的根本文化都丢掉了，一个没有文化根基的民族是没有希望的。中国文化的优越性就在于由一批历代流传的经典构成了我们的文化资产。儿童是社会的希望，是国家的未来。现在的小孩子可以唱很多流行歌曲，却对充满先贤智慧的经典毫不知晓，这的确是一件很可怕的事。”

2000 年南先生在太湖边开始亲手创办太湖大学堂，践行“为往圣继绝学，为天下开太平”。关于创办理念，南先生说：“今日的世界，在表面上来看，可以说是历史上最幸福的时代；但从精神的层面上来看，也可以说是历史上最痛苦的时代。在物质文明发达和精神生活贫乏的尖锐对比下，人类正面临着一个新的危机。”当有人问花如此大心血创办太湖大学堂的原因，南先生解释：“其中一个尝试，是运用认知科学、生命科学与传统文化的交流、研究与传播，挽回这个时代所面临的危机。”对于有人质疑是否陈义过高的问题，太湖大学堂解释道：“只问耕耘，不问收获。”南先生也说：“凡事我但尽心，成功不必在我。”

北京大学国学研究院教授楼宇烈对南先生的贡献感佩有加。他说 1992 年 1 月，北京大学传统文化研究中心（北京大学国学研究院前身）成立，南先生功不可没。

作家余世存也很称赞南先生在传统文化普及方面的功绩，说南先生“打通了庙堂和江湖，让普通大众对传统文化有了亲切感，为大众提供了一种入门的可能性……我们大陆知识分子没有完成文化现代化、知识现代化的任务，大众对世俗化的知识、学问是有需求的，所以南先生的著作填补了这个空白”。

南先生之子南一鹏也曾说："我父亲之所以努力教化，就是相信每个人都可以成为中华文化的继承人，相信每一个人自性的光华，终有一天会显现出来造福世人。"

道不远世界：南先生信道，"信其道而不囿其道"

"共产主义的理想，社会主义的福利，资本主义的管理，中国文化的精神。"这是南先生20世纪80年代在美国讲学时，教导回国投资建设的侨胞必须具备的四项基本理念和认识。南先生全心致力于传播中国传统文化，出版有《论语别裁》《孟子旁通》《原本大学微言》《易经杂说》等数十种著作，有的书被翻译成八种语言流通世界。美、英、法、德、日、韩、加拿大、比利时、菲律宾、马来西亚、新加坡等国一些名牌大学的专家、学者和男女学生，仰慕中国文化，崇敬南师的人品学问，纷纷登门拜访、学习。南先生总是以诚、以礼相待，倾心传授，不讲求代价，更不要求回报，因而不少从南先生学习或交往的西方人士，受中国文化熏陶，逐渐进入东方文化的人生境界。

总结语

"世间须大道，何只羡车行"，这两句诗就表明了南先生的心境，那就是世间须有大道，这大道不只是可以行车，而是一条可以通往世界人心的大道，是一条用文化发现修筑的大同之道。我深信，心存仁义，胸怀天下，用天下精神，先生大道必将其行。

怀念南怀瑾老师

杨宇

我生于 1991 年，现在在广西玉林工作，我在读书时代接触到南怀瑾先生的书籍，非常感激，感谢，也有一些感想。借这个征文的机会写下来，纪念一下南先生。

一开始听到南怀瑾先生的名字是在 2008 年，那一年我们国家经历了汶川地震，举国上下同心救灾。接着是成功举办奥运会，向国际展示我们中华民族正在一步步走向伟大复兴，同时，各种传统文化也在恢复传播，像中央电视台的《百家讲坛》栏目影响很大，让国学迅速传播开来。那年年底，我升上高三准备高考，如当时的很多孩子一样，在成长的阶段陪伴自己的，就是不断的考试、升学。可就在这最后一考即将到来时，自己心里总有种说不出的苦闷。总之就是无事恼春风，莫名其妙。受当时中里巴人和他的著作影响，同时古人也有不为良相即为良医的观念，所以我特别钟爱学医，特别是中医。

一天晚上在宿舍，好友借给我他的收音机，告诉我周末十二点中央电台有一档《国学堂》的节目，我应该会喜欢，让我拿去听听。结果我拿来一听真的是喜欢上了这个节目。这个《国学堂》是著名主持人梁冬策划的，请来的都是国学方面成就很高的学者大师来交流。侧重于中医，同时也有其他很多传统文化的讲解。有一次请来的嘉宾是一位王先生，当时介绍他：自幼侍从南怀瑾先生……我心里想，这位先生都挺厉害的，那南怀瑾先生不是更……就是有这么个念头在。他讲了苏秦张仪两人如何配合合纵连横（后来我才知道是南师《孟子旁通》里面的内容），当时听来在我真的是觉得不可思议，且非常新奇。能知道南怀瑾先生我自己真觉得挺感激王先生的。

后来忙于应对高考，同时我还坚持听节目。心里总觉得有种踏实感，就是无论面对什么样的考试，考得怎么样，心里还是很平静。结果成绩出来也真的还不错。只是我体检时被查出轻微色弱，不可以报考医学专业，真的是有点丧气。后来学校和专业是家里人帮选择的。我觉得不能学医，学什么专业已经无所谓了。也是因为这种心情，加上上了大学后，无拘无束没有老师追在后面看着学习，我也变得很懒散。那时候手机渐渐开始普及了。我们同学人手一台，很多人上课玩手机、看小说成了一种常态。我当时并不喜欢看那种网络小说，我想找类似《品三国》的书来看，结果脑子里面突然出现南怀瑾先生的名字，于是我就搜了一下，结果一看，哇！真的有他的许多著作：《论语别裁》《孟子旁通》《老子他说》……然后我就点了排在第一的《论语别裁》。不看还好，一看不得了，真的完全沉迷在他的书中内容里面无法自拔。《论语别裁》开篇从人们对于四书五经反感的现象问题谈起，同时追溯分析产生这个问题的深刻历史原因，先生用了粮食店、百货店和医药店形象比喻了儒释道三家文化，文字语句虽然是谈话记录下来的内容，可我读起来内心真的是无比赞叹。同时自己的思想天地仿佛被打开了一样。从那一刻开始我就有一种想法，在大学我会努力完成学业，完成得优秀不优秀不管，或者工作前途如何，我自己有一种信心，我相信我努力的目标方向方法就在这书里面，可能我还没能具体清楚说出这个目标是什么，可我心里就是知道。不言而喻只可意会不可言传吧！且在后来更多地读到先生的书，我是从读儒家的开始，然后道家再到佛家。我发现他是在从各个方面把这三家的东西都融会贯通在一起。由浅入深，深入浅出，不知不觉你已经听进去了！我从《南怀瑾与彼得·圣吉》一书开始知道简单有效的呼吸法门，然后配合《南禅七日》里面讲的打坐锻炼方法。对于像我这样工作的对于这方面又感兴趣的人来说是一种非常合适的方式。真希望哪天能有所成就，哈哈。惭愧惭愧！

又快到中秋节了，好怀念南怀瑾先生啊！南师逝世之后，我有好几次看着《寒山僧踪忆南师》的视频，反反复复，一遍又一遍，难过得流下眼泪。真是说不出的难过。

最后用这首诗怀师吧：

月明帘下旧窗台，非复其时雨从来。
一片愁心遮不断，顾影虚室夜未白。

南师心光照山乡

佚名

我是一名山村教师，工作在大别山深处的安徽省潜山县天柱山中心小学。

2005 年冬天，一次偶然的机会，通过朋友汪世诚得知了南公怀瑾先生，他送给我《论语别裁》，并告诉我，南师是为了重续中华五千年文脉而来的。后来汪师兄陆续送了我很多南师的书籍，几乎囊括了南师讲述三教百家的重要选本。作为一名农村最基层的教师，多年的教学经验，让我也深深感到文化的缺失，特别是家道、师道文化的缺失，所造成的教育问题日趋严重。农村孩子的品德、心理健康、生活自理能力等诸多方面，都开始出现这样那样的问题，比如独生子女过度溺爱、留守儿童缺少心理关怀、生活自理能力开始下降等，我和我的同人也很担忧，这样下去，国家不仅没有“先天下之忧而忧，后天下之乐而乐”的具有家国情怀的祖国栋梁，连基本的生活生计都成问题了。在南师的书中，我看到了南师的忧思，以及解决之道，必须落实到教育上来。

为此，还是这位汪师兄，千方百计筹措场地，组织人马，准备在家乡开展文化启迪工作。在同样受南师文化影响的及第禅林释惟平师父帮助下，于 2009 年暑期，我们在寺庙里试办了《大学》解读成人班，来听课的有学生、老师、师父及关心乡村文化建设的宣传部的王美琴夫妇。这个班由于各种原因，只办了三期就暂停了，至今在我们心中还是一种遗憾。后来，在禅宗祖庭三祖寺师父的帮助下，开办了一公益国学夏令营，也因为内外因缘不具备，只办了两周就匆匆收场。

2009 年秋季，汪师兄和崔建生校长都深感南师所说的“文化断层”问题到了命若悬丝的境地，他们觉得文化传承落脚点还在体制内学校。汪师兄自掏腰包，在我校三年级成立了我县第一个“素读经典实验班”。随后，在时任天柱山镇镇长王小平女士、上海谢文轶先生帮助下继续至今。如今，我校的“素读经典文演节目”也多次到县内外参赛，并获得较好声誉。

2016 年，我在无意之中接触到一位朋友，她非常热情地介绍了《父亲南怀瑾》和《少年南怀瑾》，这两本关于南师一生教化的书，为我们在山乡推广南师文化提供了一个鲜活的素材。大宝法王北美三乘法轮寺噶玛琳女众闭关房指导金刚上师洛卓拉嫫，以及从北京回乡创业的中露联潜山基地冯依联先生，合计捐资近万元，帮助我们在家乡中小学推广介绍南师文化的书籍。在冯总等人的鼓励与支持下，我们将《父亲南怀瑾》和《少年南怀瑾》这两本书送到了最基层的学校和孩子手中，范围覆盖到潜山、岳西、太湖、桐城、安庆等地。孩子们特别喜欢《少年南怀瑾》封面的设计，很多孩子一见那个背剑走天涯的南师形象就蹦跳着说：“南爷爷好帅”，真是“大智者，无时不是教化，无处不在教化”。我接触到的很多人，仅仅是看到南师那慈祥的面孔，就心生欢喜。

写到这里，我不禁要提到我县的几位超级“南粉”。他们在南师的德光照耀下，默默地在山村用自己的方式践行、推广着中国传统文化。第一位是我县教育局基教股股长徐英权先生，从 2014 年起，在北京潜山老乡会支持下，组织全县热爱传统文化的教师和青少年利用假期集中学习中华传统文化；第二位是我县特殊教育学校的程祥校长，多年来带领特教人学习传统文化，并将教师的阅读体悟编印成册；第三位是汇通书院的陈文渊先生，在家乡坚持推广《孝经》多年，其影响已至上海；第四位是皖山书院的储劲松老师，帮助皖山书院院长谢狂飞博士在省内外弘扬《大学》《莎士比亚十四行诗》等中西经典；第五位是我县野寨中学徐富贵副校长，带领同人推行品格教育，推行忠孝文化。这些微小的努力，如一股清流，润泽了我们这个偏远山乡的父老乡亲，也推进了山乡人文素质的提升。

“天不生仲尼，万古如长夜。”这句用来赞美孔夫子的名言，同样也适合南师。

南公怀瑾先生，这位同样“生于忧患，死于忧患”的当代孔子，也如一盏明灯，照亮了我们这个偏远的山乡，而他的光辉将穿越时空，温暖更多的人。

南师的影响管窥

闲人

我不知道是否有像我一样的人：毫无修行经验与心得，却一直将南师视为精神的归宿，化解生活中种种不如意，南师的著作陪伴着度过无数苦闷、空虚的黄昏和子夜。

我是一名人民教师，我决定写文章纪念，是纠结了许久的，一方面根本不敢写，因为南师身边高人无数，有亲炙师诲数十年者，有修行有大成就者，更加不乏各方面的艺术大家，我既无有一面之增上缘，又无修行心得，在文字上面更是粗陋难登大雅之堂。之所以与南师有关联，不过缘于曾看过南师大部分著作，私淑于南师，将其视为精神导师也！

另一方面，又认为必须写，因为南师的书陪伴了我七年，见书如面，受南师的教化而安此身心，怎能不略尽感恩之情？更何况南师之教化，更多的是普润了不曾有一面之缘的芸芸大众——其拳拳之诚，信可有也！

南师之伟大亘古长存，自然不需我无名小辈来歌功颂德。因此我不敢巧饰词章，遮盖淳朴寸心。谨就我于南师教诲得益处，述说几件典型，与大众结缘。

身心

我是一个孽缘果报很重的人，耽着淫欲，恶习缠身，大学时期严重失眠，心火上扬，思虑重重。正对生命迷茫之时，加之神经衰弱，于生命淡若游丝，沉溺于伤感美学；于恶习则根深蒂固，不能撼动纤毫。后来看了南师的书才知道：原来伤感源于肾虚，失眠乃是心肾不交。须控制欲望，以药物调理肾水，失眠时可以蜷缩身躯，手心枕耳，人为“水火既济”（《周易》中重要的一卦）。按照此方调理，身心大为改善，不再触物伤情，虚度时光！同时感叹：可惜不曾早读南师的书，否则也不至于浪费如许大好年韶！多么痛的经历才换来对南师的书的真正领悟啊！

身心相互影响，互为一体，这也是看了南师的书才明了的。如今身体康健，心态较超然，有更多时间读书修行。

修行

我自幼内向，但思虑很重，于书，我一向爱好，可作为自我调节的一个驿站。并且我对传统文化有着似乎先天的爱好，古人的孤灯夜挑、水边月下都令我如痴如醉。接触南师书籍前初步接触了佛法，佛法之前留心于哲学一段时间，阅读了《西方哲学史》《中国哲学史》，中外思想家思想精彩纷呈，琳琅满目，反而令我更加无所措手足，然而一遇三宝，心便安然。人世间的因缘真是说不清楚的！

初学佛法，从《景德传灯录》入手，以一己妄见，鹦鹉学舌，几入癫狂之中，时人都说我没得救了，幸赖南师之书——《如何修证佛法》《论语别裁》——指引我回归修行和生活的正路。

学佛已七年矣，其中偶或精勤，惜无恒心，所得甚微。更多时候乃是在失望与自暴自弃中得过且过，古语有言：出家如初，成佛有余。回首过往，只有惭愧忏悔。此中唯一不变的是南师的书不曾搁置，有些书如《如何修证佛法》《论语别裁》《禅海蠡测》已读了三遍以上——教我不至于离经叛道太远！

如今我于诸法中选择了一法——药师法门，兴许是个人贪念执着严重，此有为法门，更能使我持之以恒地努力。《药师经的济世观》正在精读第二遍，明师虽已逝，然其著作还在，可作迷海航灯。

事业

《易经》言：举而措诸天下之民，谓之事业。若以此准则考量，我绝不敢自称有什么事业。然而俗世皆有如此称谓，乃比职业更倾注心血者，自觉差强人意，姑妄言之！

我是一名热爱传统文化、热爱南师及其思想行履的小学教师，之所以走上教师岗位，有我个性原因，但是决定将教师作为我人生的事业，矢志不渝，却是南师的教化使然。他在《论语别裁》和《原本大学微言》中教育我们要高着眼，知止定，明于事理，勇于担当。网上有副对联可作为这两本书的大要总结：儒为表，道为骨，佛为心，大度看世界；技在手，能在身，思在脑，从容过生活。无怪乎南师多次强调他的这两本书最重要！在《亦新亦旧的一代》中，南师慨叹小学教育时，既针砭时弊，又引经据典多加比较百年教育沿革得失，引而不发，留给我们太多的思考！南师亦初心不改，晚年主持创办了吴江太湖国际实验小学，引发了国内的教育思考。

南师的教育思想影响着我，在教学中渗透传统文化和人格教育，坚持将教育与自我修行统一（修行是一切事业的基础，有所为有所不为就需要修养）坚定不移，如此职业，我称之为事业。

逸闻趣事

作为一名忠实的“南粉”，深憾于没能面见南师，哪怕只是远远看上一眼！如此因缘，怎可能有逸闻趣事，不过是跟南师或者其书相关而已。

一、几年前，我曾组织一个读书会，并自费购买了南师的《论语别裁》，人手一册，约定定期进行心得交流，我以为时人会像我热爱南师一样，关注了解南师及其作品，或者至少读南师的书会有不少心得吧！结果，一期心得交流都没有成功，只是我唱独角戏……后来书也就随缘送了！因此想道：佛还无法度无缘之人，自己太一厢情愿了！

二、我上课或者写文章，经常引用南师著作中的小故事或者是观点，这些故事有些是南师阅历使然，有些是古籍中口译过来的，寓意深远，课堂上总能吸引孩子的注意力，他们听得津津有味！

文章引用南师的观点——更确切地说应该是受南师影响产生的自己的见解，事后读来不禁拍案叫好！化作闲谈，谈吐自然与众不同。这些虽然是细枝末叶之事，诚可为大家会心一笑！

三、在教育领域，或报刊文章，或文件通知，我总能见到南师的大名或者南师思想的影子，我欣喜异常：欣喜自己追随了明师，更欣喜南师的思想已然遍及社会各个领域中——我焚香祷祝！

以阅读的方式纪念

宋雷

三年了，整整三年，南怀瑾先生离开我们已经三年了。

2015 年 9 月 29 日是南怀瑾先生辞世三周年的日子。这期间，全国有许多地方、许多人，在以不同的方式进行纪念，如他的家乡浙江乐清特举办“南园秋高”主题论坛；在南怀瑾先生的辞世之地，苏州吴江区老太庙则举办了“国学讲座”等系列纪念活动；中央电视台在推出《先生　南怀瑾》第一集的基础上，又适时首播了第二集……纪念活动虽然很多，但因之前没有得到任何消息，所以哪一个也未能参与。

那么，我又该怎样表达自己的怀念之情呢？思前想后，还是阅读先生的书吧。然而，先生的著述那么多，又该读哪一部？最终还是选择了《论语别裁》。

说实话，对于南怀瑾先生的著述，我很少有一本书通读两三次的时候。不是不想多读几遍，而是确有难度。一则因我生性愚钝，文化底子薄，像《易经杂说》《易经系列别讲》《我说参同契》等，根本啃不动，读了也只是认得字而已，内容大部分不懂；二则老先生的书太多，内容又儒释道、古今中外无所不有。往往是手里现有的书还没读完，新书便又面世了，赶快再购新的来读。所以同一本书很少重读。不过也有例外的，如《论语别裁》和《禅与生命的认知》这两本书，我就曾经多次研读，而且是带着情感去读，一次与一次的感受自然也不相同。这里只谈一点读

《论语别裁》的经历。

我案头这部《论语别裁》是复旦大学出版社 1996 年 6 月出版的，为第二版第七次印刷，分上下册，精装本。我于 1998 年秋天购得。

之前，我对《论语》《孟子》《老子》这类经典从未接触过，因为当时古文基础几乎为零，心想这些古籍一定很深奥，便不敢碰。但当我在书店翻阅《论语别裁》时，顿觉有一股新意，最起码能读进去。回家后一连数日，如读小说一样抱着看。读过第一遍后，虽然谈不上有多大收获，但确实也明白了许多东西。原来有很多常用的成语、名言警句出自《论语》；原来这《论语》是讲做人做事的呀！……感悟最深的是，原来这古典我也能读，并不如想象的那么难啃。

其实，《论语别裁》之所以好读，是南怀瑾先生讲述得深入浅出，旁征博引，妙趣横生，又有别于学术的注释或翻成白话文那么古板的缘故。当然，这点心得也是我多年以后才渐渐明白的。

第三次通读《论语别裁》是在南怀瑾先生仙逝之后。我虽然没有见过老先生的面，但这么多年了一直读他老人家的书，平时也非常关注先生的消息。当得知老人家突然走了后，很长一段日子，心里总是没着没落的，说不出的那种滋味。后来我的心思被女儿发现了，她说："以爸现在的条件，最有意义的纪念就是读一本南先生最好的书。"女儿的提议非常在理，但哪一本又是先生最好的书呢？

在我的脑子里，南怀瑾先生的书每一本都是最好的，只是内容不同，侧重不同，读者的感受不同而已，否则，我也不会在那些年经济条件并不宽裕的情况下，只要是南先生的书，只要我家里没有，见几本购几本，还不惜花高价从台湾邮购在大陆买不到的先生的著作。但终归还是要选一本最好的书来阅读。我从几个角度选择归纳。首先是回忆南老先生对自己著作的看法，他曾在多个场合，多次对亲近他的人强调过《论语别裁》与《原本大学微言》这两本书的重要性，特别是在学佛这一问题上，多次告诫一些人，好好读读《论语别裁》，先把人做好再谈佛法。再从其他渠道收集其他权威人士的评价，周瑞金先生、马宏达先生、朱清时校长、薛仁明先生等，都认为南先生最重要的著作之一是《论语别裁》。更有趣的是，台湾的李慈雄、杜忠诰两位先生还因义务推销《论语别裁》留下一段佳话，与南先生结下了更深的师生情谊。他们二位是不是也认为《论语别裁》最重要呢？到此，我的思路也逐渐清晰了，那还是选《论语别裁》。

而今，南怀瑾先生已经离开我们整整三载，按照民间习俗，三周年是不同于其他周年的，因此，纪念活动不但多，而且也比往年规模更大、更隆重。我是哪个活动也无缘参加了。不过，我也有自己特殊的纪念仪式的，就让我以阅读的方式来纪念南怀瑾先生吧。

于是，我又打开了《论语别裁》。

《论语别裁》读后感

妙行

几年前的文字，虽时过境迁，亦未加修改，以此纪念南老师百年诞辰。

读南老师的书，
是一种享受，
拿起来就放不下，
非一口气读完不可，
身心愉悦，
痛快淋漓。
读南老师的书，
有一种震撼，
时而心向往之，
时而无地自容，
让人警醒，
令人发奋。
最近再读《别裁》，
读后却无从下笔，
一则南老师的书，
洋洋洒洒数十万言，
旁征博引，
令人感慨万千；

二是自己学识浅薄，
见地全无，
一落笔即成窠臼。
只好姑妄言之，
不当之处还请见谅。
对比孔子和南老师，
他们有共同的命运。
用南老师的话来说，
是生于忧患，死于忧患。
他们所处的时代，也何其相似：
孔子年代，
诸侯争霸，礼崩乐坏。
孔子一生，颠沛流离，
集上古文化精神之大成。
言传身教，
皆是诠释“止于至善”的大义。
南师时代，
百年乱世，文化凋零。
老师一生，书剑飘零，
续中华传统文化之慧命。
居止行藏，
无非实践“觉行圆满”之宏愿。

千百年来，世人读《论语》，或高推圣境，或曲解圣意。其实至人只是常。所谓古时有圣人，今时有圣人，此心同，此理同。

《论语别裁》是南老师从自心自性的天真流露，剥除了宋儒之妄解，以佛道合解、经史合参、以经解经的独特风格，殊指而同月，鉴古而知来，温故而知新，让《论语》原文思想发出本有之光芒。正合“有朋自远方来”的道理，穿越两千多年的时空，为我们描绘了真实、平凡而伟大的孔子。若孔子与南老师有缘相见，彼此定当会心一笑！

古今中外的圣贤，都是伟大的教育家。在时代的盛衰演变中，文化教育永远走在最前面。

书中几个关于教育的描述特别发人深省：

有教无类。

这是孔子和老师的教育精神，

没有亲疏恩怨，不论尊卑贵贱，

不管地北天南，不分智愚高下，

为众生作不请之友，使之心向道。

随机设教。

整部《论语》就是一堂师生对话，同一问题对不同人的回答有同、有不同，有针对性，对症下药，使其突破当前的局限，打破现有境界。老师比对禅宗祖师的机锋转语，让孔子的教育显得更加形象和生动。

圣之时者。

孔子和老师都是博学多闻、与时俱进的人，非常善于利用音乐、艺术和科学等最新成就，循循善诱，因势利导，而且诲人不倦，生命不息，教化不止。

望之俨然，即之也温，听其言也厉。

我想，这是孔子和老师"既高不可攀、深不可测，令人肃然起敬，又温文尔雅、平易近人，言语之间时刻都在鞭策每一个人"的师道形象。

《论语》记载的孔子，时常感叹凤凰麒麟之盛世；

《别裁》的字里行间，流露着老师对多灾多难的中华民族实现伟大复兴的期盼。

而三千年来中华民族的历代兴衰，都与教育问题有关。因此，孔子和老师，都是通过教化实现文化精神的复兴来力挽狂澜。

结合老师晚年的行为来看，将重心放在太湖大学堂，更体现了他对教育的重视。

尤其现在的应试教育使传统文化面临的危机非常严重，自己以及下一代如何挑起文化传统的责任，是我们每一个人都要反思和力行的事。

对于现在的应试教育弊端，我本人有切肤之痛，进入大学成绩优异，但是教育缺位，没有理想、没有信仰，我们这一代人在学校都是虚度光阴。

读老师的书，

才知道要补传统文化的课，

才开始慢慢修正做人的根基。

现在我们的下一代也要上学了，再不能步我们的后尘，最重要的，不是孩子的学历和成绩，而是要打好做人的基础，养成好的习惯，塑造高尚人格。

所幸南师开风气之先，

通过生活教育，让孩子们知洒扫、应对、进退，培养独立生活和生存的能力及必要的礼节；

通过武术和体质训练，铸就健康的体魄；

通过学习音乐绘画，升华人生的修养；

通过修习静定，保持孩子们空灵的心境，乃至扩大心量；

通过知识教育，让孩子们博学多闻，将经典铭记在心中，照耀未来的人生道路。

所有这一切，都是让我们欢喜赞叹的。南老师在《别裁》中说，立身出处，完成一个人格不容易。

只有通过教育，才有可能具备

伟大的胸襟，恢宏的气魄，

坚定的意志，果敢的决断，

深远的眼光，正确的见解。

在人生的道路上，

在历史的道路上，

才能真正知道国家民族社会的重要，

真正担当国家民族社会的责任。

在此，真诚希望南师的教育
影响中国现代教育走出一条创新之路，
果能如此，
则是天下有识之士
不胜馨香祷祝者也！

五分钟的教育

国琴

今夜无月，星空熠熠，边塞如洗的苍穹褪却了白日里的尘埃与嘈杂，越发显得洁净庄严。点燃一柱清香，我静坐在几案前，回想自己三十六岁至今多年来点点滴滴的变化与成长，执笔释怀，借以缅怀一位从未谋面却影响和改变我后半生的老人——南太老师怀瑾先生。

二〇一〇年春的一个周末，丈夫在互联网上找到了南太老师怀瑾先生《南禅七日》的视频资料，便兴奋地约我一同观看，谁也不会想到，就是这么一看，给我日后的工作和生活带来了深远影响。

这一年我三十六岁，在质监系统一线从事稽查工作，保障“两个安全”（当时是食品安全和特种设备安全）、打击假冒伪劣产品、遏制违法违规生产行为、依法行政是我义不容辞的职责。总结自己七年来的行政执法工作，自认为做到了清正廉洁、秉公执法，无愧于头顶的蛇杖，双肩的方圆。但随着二〇〇八年地方经济的加快发展，政府改革的深化进行，越来越多合情不合法、合理不合法的行为集中涌现，“法律、法规”与“地情、人情”之间的矛盾关系错综复杂，不但成为我工作中的拦路虎，甚至一度扰乱了我本该具备的正常职业判断：有的案件在调查中，行政相对人虽然明知违法但却满腹合理牢骚，我恻隐之心难免显露；有的案件在取证过程中，行政相对人如实提供材料却不知已违法，我纠结之心难以两端；有的案件依据法律查处结案之后，“罚过是否相当”“教育和处罚如何体现”等诸多问题在我内心仍存困惑，久觉不安。我深知工作这样干下去，我是受不了的，必须找到一个有效解决问题的原则、方法，哪怕是一个理念性的启发、一个改变思路的灵感。为此我花了八个多月时间翻阅了大量的法律法规资料和案例充实自己的知识库，但没有找到自己想要的答案。时间久了，工作便成了一件痛苦的事，点滴积累成压力，搞得身心疲惫，逐渐在心中郁结成一把锁。

我就是在这样一个状态下观看的《南禅七日》。

太老师在《南禅七日》第一集开篇中讲学习“佛法”要做到“四依四不依”，当讲到“‘依法不依人’……这里的‘法’指的是‘佛法’，是指一切事，事指事实，一切理，理指道理。一切事、一切理综合拢来就叫‘法’”时，我整个人顿时愣住了，似有所悟却仍在云里雾里，大脑中不断重复“一切事、一切理”……然而太老师下面一句“事和理配合起来就叫‘法’”真可谓拨云见日，让我茅塞顿开，那一刻知道自己找到了开锁的钥匙和学习的方向。其实我听到这里，《南禅七日》第一集太老师开讲不过五分钟，所以我称之为“五分钟的教育”，但要说明一点的是，在这五分钟里太老师明确讲到“这里说的法是‘佛法’，不同于一般普通法律意义上的‘法’”，但事情就这样机缘巧合，这个“佛法”轻而易举且真实地解决了我在“法律适用”中遇到的工作难题（这也使我今后对佛法的认识有了更直观的印象）。随后抛开自己原有法律知识理解观念，转而去学习传统法及古法核心“礼”的精髓，了解中国传统法将道德视为执法的精神和灵魂，继而明白“为政之道，在人情世故”之内涵，进一步拓宽对现代法的认识，在执法理念上“盗用”佛法中的“一切事、一切理”的概念，力求“事实上求真、求实，道理上求纯、求净”，在实践中探索“合法、合情、合理”的说理式执法模式，将服务纳入执法，简化办案难度，极大提高工作效能和社会影响力。当年年底我的工作得到国家质检总局的认可，获得“全国办案能手”称号，也是全国第一名女办案能手。近年来，我的工作经验受到省稽查局的重视，在全省推广。回想起来这段经历，可以说，太老师五分钟的教育，由工作推及做人，影响了我的后半生。

星火燎原

二〇一四年十一月我捧起南太老师怀瑾先生的《论语别裁》认真读。这一年我四十岁整，距离二〇一二年第一次读这部书已两年有余。细究起这两次读《论语别裁》，都有故事根源，对我人生的选择更是起到决定性作用。

二〇〇八年女儿出生，许是考虑到她将来的教育问题，丈夫推荐我看南太老师怀瑾先生的《论语别裁》，但当时因种种原因，书放在那里，只是偶尔才去翻阅，直到二〇一二年夏初，我利用晚上女儿睡着之后的时间看这部书，用了 15 天读完。自此这部书成为我思想行动的指南。

书中南太老师怀瑾先生引经据典，用通俗的语言解读《论语》，系统、完整地还原了一个首尾一贯的《论语》，孔子万世宗师的形象跃然纸上，读者更加清晰先圣孔子施教的目的和因人施教、因材施教、因地施教的灵活教育方法。同时，这部书又不自成一体，它亦首尾相连，每一句话都闪耀着南太老师怀瑾先生思想智慧的光芒，这部书横跨千年成为贯通两位历史老人思想的桥梁。看这部书时，我眼前常出现这样一幅画面：先圣孔子手持《论语别裁》，拿出好酒招待太老师，与太老师坐饮高歌“有朋自远方来，不亦乐乎”！但这部书带给我更多的，是震撼、感动和力量。子曰“夷狄之有君，不如诸夏之亡也”；南太老师怀瑾先生则由此引发感慨“国家不怕亡国，亡了国还有办法复国，如果文化亡了，则从此永不翻身……所以我们这一代的责任太重大了，决不能让它在我们这一代的手中断送掉”。书中事关文化传承的教诲无处不在，我被他们身上所承载的传统文化思想精神所震撼，被他们将传统文化传承视为己任，用生命去阐释的淡然洒脱所震撼。这份济世的大度感动着我，感染着我，带给我力量，指引我前行。

如果说二〇一二年读这部书，促使后来我们夫妇选择送孩子离疆去内地学国学（因为新疆没有这样的教育机构），那么两年后送孩子上学的经历，更加坚定了我沿这个方向开展自我教育和教育孩子的信心。

二〇一四年九月我送孩子到庙港读书，计划十一月初返疆。孩子在校寄读，周末才能回来，我平时闲得难受，便想找个义工做，聊以打发时间，因此有缘结识了几位曾在南师身边工作过的人员。

和她们在一起度过的两个月的时光我是快乐、时刻都在进步的，无法用文字和语言描述我的心得：虽不曾相识，相见却是那么朴实自然，像极了亲人；虽不曾说教，影响却无刻不在，我犹如重生。她们随时自然给予他人关心和帮助，小我大家，没有说教，却让周围的人在潜移默化中得到传统文化的熏染。她们不着痕迹的点拨，使我原本"点线面"化不连贯的知识体系得以重建，在脑海中逐渐形成一套整体思维架构，我开始重新认识生命，思考人生。她们遵循着太老师的教诲，继续自己的工作，似乎太老师从未离开过。她们用行动诠释教育带来的信仰以及信仰所产生的力量，那是薪火相传的力量！由此亲眼所见所感：星星之火可以燎原！

回到新疆后，我捧起《论语别裁》再次阅读，得到教化的心灵宁静而从容，有时读着读着我会微笑着发出感慨：四十岁真好。时光荏苒，转眼又经两年，我不知何时已加入她们的队伍，成为一粒火种，守着本分走在路上。

永远的南老师

岱峰

永远的南老师，这是我内心深处的话。因为福薄的原因吧，我连与南老师一面之缘都没有，但老师永远住在我心中。

故事得从 2011 年说起，那时在亲戚家无意翻开一本书，那是南老师的一个合装本，有《历史的经验》《亦新亦旧的一代》《中国文化泛言》，回家一翻，真是爱不释手，越看越有味，南怀瑾何许人也？学问修养竟如此之高，确有高山仰止之慨，何以之前闻所未闻？于是开始查阅老师的资料和著述，这个时候，兄长特地买了一整套南老师的著述送给我，我的精神世界也因此而有所不同，一下子就丰富起来了。

由于之前接触过一些佛学知识，我在南老师一整套著述中选择《如何修证佛法》开始细读，之后是《静坐修道与长生不老》《道家、密宗与东方神秘学》《禅海蠡测》《禅宗与道家》《心经讲记》《金刚经说什么》《楞严大义今释》等等。在这个过程中，我对老师的崇敬之心已然不可磨灭。在南老师身上我明白了什么是修行，这就是榜样的力量，通过老师的书，确立正知正见，不足为难。

2011 年春节七天，我一个人在深圳过年，看书之余，就是静坐，第二天静坐时，很快进入状态，身心内外清净，也不知具体过了多久，忽然自心就像默读一样读出了两句诗：星空平肩坐，白云随处无。这时我眼睛微微睁开一下，内心无比平静，因早已铭记老师提醒的话，对于静坐中的一切境界都不作圣解。不作圣心，名善境界，若作圣解，即受群邪。就我看到的资料，南老师以前主持禅七时，学生中也多有类似情况出现，并不稀奇。这件事给我本人和身边的几位亲友也带来很大的信心，因为他们也知道，我这个人哪会写诗啊，就算会写，以这两句诗的境界而言，绝对不是玩弄文字就能写就的，这足以证明六祖所说的“何其自性本自具足、何其自性能生万法”是真实不虚的，说明佛法确实是要靠实证并且是能够实证的！

谈到诗，我也认为要了解南老师，当然离不开南老师的诗，于是我专门看了《金粟轩诗集》，老师的诗禅味十足，远非春花秋月之辈所能共论，非智慧开发和人情练达者不能为之。文字般若，岂可小视。古人说要学诗，功夫在诗外，这话我在以前体会不到，而在我静坐冒出那两句诗后，我是确信不疑了，更有意思的是，自那以后我很自然地会用蹩脚诗来表达个人感情了，虽然浅陋，但也自认为是得之于南师呢，且记之如下：

一向自以为是，越学习越知道自己的不足，深感自己的肤浅与渺小，于是诗以记之：

三十五载犹梦中，书剑蒙尘愧事功；
叔向贺贫羞细研，既忧道来又怕穷。

有感人生苦多乐少，而一切多自作自受，于是写下：

一落娑婆事堪伤，八苦凡关各待尝，
种瓜自无得豆理，自买货来自担当。

到寺院参加一个传灯法会，很是感动，于是有诗：

手捧明灯接慧光，诸子同来续续传；
殷殷真心切切意，愿破迷情证空王。

自接触佛学，尤爱禅宗，知道衣里明珠不在外求，于是有诗：

祖师西来意何殊，自家冷暖自家知；
红尘波翻缘休觅，向壁虚心颔骊珠。

学佛几年，佛在西天，自知福慧远远不足，更不敢放逸懈怠，于是诗以记之：

稽首灵山意如何？福慧不足烦恼多；
唯复夜深翻藏卷，跬步千里力补拙。

以上文字，不敢言诗，然也是真心所致，有感而发，亦是南师慧光遍照，使我身心调柔，方能至此，故不怕贻笑大方，一并书出。

顶礼南师，永远的南老师，诚如一亲友的对联：

南者，江南，西南，东南。
师者，经师，人师，宗师。

如闻南师语

赵健汝

终于，可以静下心来，整理纷乱的思绪。

漱口，洁面。焚香，静坐。心怀虔诚地记述有生以来最不寻常的一段经历。

回想最初，不免感慨万千。何其有幸，因缘际会，在最茫然的时候，得遇南师。

还记得，决定参加“乡村教师奖”活动，原本抱着试一试的想法，却没想到，进入了网络评选。我知道，这应该感谢基金会的王彬老师。更没想到，最终得票竟然位居第二。我明白，得益于身边的亲人朋友以及各奔东西的众位弟子。

虽有自知，身居西北乡野，本无多大的本事。可是，内心深处，依然有几分小小的窃喜，也有一点满满的期许。

直到那一天，2015 年 8 月 24 日，收到了桂馨基金会发来的邀请函。巨大的惊喜，让我感到，幸福来得如此迅疾。未知的茫然，又让我心怀忐忑，不能预料会发生什么。坚定地告诉自己，所有的困难，都无法阻挡奔赴上海的急切脚步。

安排好两个班的语文课，安顿好家里琐碎的大小事。和祁翠花老师联系，得知不能同行，于是，意气风发地孤身向南。

暗自庆幸，日夜奔赴的路途中，认真地读完了南师《论语别裁》的上卷内容。那一程的潜心阅读，何止是醍醐灌顶。于我而言，真可谓是当头棒喝。因为，接下来的遭遇，是南师的话语，将我内心的混沌荡涤得无比澄澈。

且不说，下火车后隐没在茫茫人海的微弱渺小；也不说，挤上地铁后混迹于如涌人潮的惊奇诧异。事隔许久，依然清晰记得，当我站在恒南书院的门口，看到黑漆铁门沉沉关闭。在明媚的阳光和轻柔的微风里，满心欢喜地远望。苍劲树木亭亭而立，碧绿草坪郁郁葱葱。内心里，有着说不出的喜悦和宁静。

在聪慧灵秀的吴夏霜老师的接引下，步入书院。置身于大厅，网上百般揣摩的楹联，真实地，近在眼前。“斗酒纵观廿一史，炉香静对十三经。”字，是说不出的好；鱼，也是说不出的妙。

中西合璧的建筑风格，洁净明亮的素雅装饰，让一个乡下女子的心，忽而沉重，忽而轻盈。一时间，竟不知何处安放。

轻手轻脚地穿过回廊，走进客房。却在一瞬间，禅定般，不能动，也不敢动。怕一个不小心，弄乱了，破坏了，那份一尘不染的洁净。

终于，一个人，静悄悄地，抵达禅堂。那时候，夕阳的余辉穿过玻璃窗，洒下一室圣洁的光芒。虔诚俯首，默然叩拜。内心深处，关于生死之谜、悲喜之情的困惑，刹那间，有了顿悟。那空着的太师椅，似乎是南师悄然离座后静置于此，还有温度，还有气息。

初至恒南书院的那一晚，在智慧的禅寂中，沉沉入眠。

是清晨的第一缕阳光唤醒了我，一个人，走进上海九月的晨光中，也走进一场始料不及的落寞里。

不知何时，空荡荡的会厅前摆放好了获奖教师的展示牌。白色的底，绿色的文字，配有大幅的照片和精妙的介绍语。轻轻地走过，仔细寻找。却发现，没有我的名字。

是的，就在那一刻，天地黯然失色。明媚的阳光，被层层阴云遮蔽。所有美好的幻想，顷刻间，化为泡影。浮上心头的，是无数个怎么办。

学校的领导和老师，都已知道，此去上海，意在领奖；两个班的学生和家长，都已获悉，请假数日，必将载誉而归；家中老小，也等着一起分享这难得之殊荣。

回去之后，怎么面对大家呢？

完全蒙了。

当我紧紧抱住微笑一如圣母的祁翠花老师，几乎要委屈地放声大哭了。温柔慈爱的祁老师，多么睿智。她拍拍我的肩，一句话也没有说。

可是，我听到了，有人对我说：不要哭！

想起来了。

南师在《月是故乡明》（编者按：出自《论语别裁》）中，如此阐述：没有真正修养的人，不但失意忘形，得意也会忘形。如真有智慧，修养达到仁的境界，无论处于贫富之际，得意失意之间，都会乐天知命，安之若素的。

对于“造次必于是，颠沛必于是”，南师这样说：任何事业的成功都靠仁；倒霉的时候不颓丧，不感觉到环境的压迫，也靠这“仁”的修养而安然处之。

《吉光片羽稍纵即逝》（编者按：出自《论语别裁》）中，南师告诉年轻同学，不要怨恨，也不要牢骚，年轻人不怕没有前途，只问你能不能够站得起来；但要懂得把握时间和空间。

就在那样的时候，南师的话语，如一道划破暗空的光芒，在我的心里，腾升起坚强面对的力量。

于是，我平缓情绪，接受祁老师的邀请，和她一起走进会厅。

南师说，一个人道德素养到了宁静安详的境界，走路的神态和平常不同；忧郁时，走路的神态又变得与高兴时不同。真理就在你自己内心里，内心随时随地都能宁静、安详、平淡，这个境界就差不多了。你永远保持修养上的这个境界，久而久之即可随心所欲而不逾矩了。

回转身，总会和祁老师含笑的双眸相对而视。那是怎样的眼神啊，有着草原般深广的智慧，更有着雪山般洁净的光芒。这样的祁老师，不就是淡然、静默的吗？

《冯道的故事》（编者按：出自《论语别裁》）中，南师说，“动容貌，斯远暴慢矣。”就是人的仪态、风度，要从学问修养来慢慢改变自己，并不一定是天生的。暴是粗暴，慢是傲慢看不起人。人的这两种毛病，差不多是天生的。尤其是慢，人都有自我崇尚的心理，讲好听一点就是自尊心，但过分了就是傲慢。傲慢的结果就会觉得什么都是自己对。这些都是很难改过来的。经过学问修养的熏陶，粗暴傲慢的气息，自然化为谦和、安详的气质。“正颜色，斯近信矣。”颜色就是神情。仪态包括了一举手、一投足等站姿、坐姿，一切动作所表现的气质；“颜色”则是对人的态度。例如同样答复别人一句话，态度上要诚恳，至少面带笑容，不要摆出一副冷面孔。“正颜色，斯近信矣。”讲起来容易，做起来不容易。社会上几乎都是讨债的面孔。要想做到一团和气，就必须内心修养得好，慢慢改变过来。“出辞气，斯远鄙倍矣。”所谓“出辞气”就是谈吐，善于言谈。“夫人不言，言必有中。”这是学问修养的自然流露，做到这一步，当然就“远鄙倍”了。

对于我来说，接下来的颁奖典礼，无疑，是一次心灵的洗礼，更是一场精神的饕餮大宴。我所看到的每一幕景，我所见到的每一个人，都如南师所言，是那般的好。

当桂馨基金会的荣誉理事康典先生微笑而语：发天下之善念，集天下之善士，筹天下之善款，做天下之善行。

那一刻，我有一种强烈的感觉，南师有知，定当依旧含笑。而心里，更是热血沸腾。究竟积了何德，居然，在南师的禅堂之下，经历一番此前不曾奢望的盛况。

更没想到的是，稍后的会餐，精神矍铄的康典先生端起酒杯为获奖的教师祝贺。那样的一份随和，岂不是南师所说的，修养的自然流露。

当恒南书院的李慈雄先生将追随南师的经历娓娓道来，提及擦洗茶杯一事，仍然记忆犹新。笑称，第一份工作和最后坚守的事业都是推销《论语别裁》。

那时的我，感动盈满心怀。先生为人低调谦逊，对恩师的感念之情，更是溢于言表。

此前，已在网上查阅，得知先生创建恒南书院，意在发扬、传承南师的精神和智慧。更有幸读到先生缅怀南师的文章《老师与我——一个真理追求者36年的参悟与忏悔》，其文其情，诚挚真切，感人至深。

恍然想起，先生于百忙之中抽空进行的讲座。幸运占得前排的我，和先生隔着一张方形长桌。平易近人的态度，不疾不徐的语气，睿智，谦和。

当先生说，南师一生度日清贫，而自己，一件长衫穿了十年不曾遗弃。

那一刻，我猛然发现，先生清瘦的面容，和南师那般神似。

如今想来，先生请大家休息片刻，到室外享用咖啡点心。而我，捧着南师的《论语别裁》，请老人家题字留念。印象深刻的是，先生提笔，略有停顿。而后，在扉页一角，郑重地写下自己的名字。

那一幕，至今，不能忘怀。

当我，再一次翻看那时的照片，目光定格的瞬间，微笑之余，不觉泪蒙双眼。

是和樊英老师的合照。

颁奖典礼前的排演，很多老师和樊老师站在一起照相留念。当我走到樊老师的身边，她很自然地拉我过去，没有一点生分。挽着我，靠在她的身侧，是那般用心。

也便想起，听南师秘书马宏达先生的讲座，提及为了工作忽视健康。马先生微笑着说，樊老师就是这样的人，经常出差到乡村，养成了多年的老胃病。

至今不能忘怀。当我回头的时候，恰好看见，樊老师双手合十，弯腰作揖。那一天，她穿着素雅的旗袍，外面罩着浅灰的短衫。在我眼里，那么美。在我心里，那份美，镌刻般，挥之不去。

也便想起，禅堂中随了方放老师学打坐，我恰好在樊老师的身边。当方老师说，樊老师的标准双盘有着极深的功夫，我转身去看，又见樊老师，合掌，颔首，微笑致谢。

恒南书院的那几日，我遇到了生命中最好的人。如南师所说，他们都有共同特点，一团和气。

每次翻读《论语别裁》，方放老师题写的“内养外用”和马宏达先生赠予的“心安即自在”，总能触动情怀，引发更绵长的思索和回味。

想起南师在《谦虚和自信》（编者按：出自《论语别裁》）中，如此告诫：研究学问，不光是在死的书本上下功夫，还要在社会上观察。别人对的要学习，不对的要反省。这句话听起来很平常，都懂得这个道理很难，应该这样做。可是照我们的经验，人都不肯这样做，包括我在内，人们多半有一种傲慢的心理。照孔子的态度，对比自己好的人要尊敬，向他看齐。可是发现一个比自己好的人时，由于这种傲慢心的作用，自己心里很难受。再过两秒钟，觉得自己还是比他好，于是越想自己越好，有如当年在大陆时乡下人说的：“天大，地大，我大。月亮下面看影子，越看自己越伟大。”人类就天生有这种劣根性。所以孔子这几句话看起来很平淡，没有什么难度，仔细研究起来，若说在人群社会中，真发现了别人的长处，而自己能从内心、从根性里发出改善、学习的意念，是很不容易做到的。

颁奖典礼结束后的座谈会，让我看到了获奖教师的优秀和卓越。来自祁连草原的祁翠花老师，送给大家的，是一本含蕴深厚的《诗韵祁连》；来自成都三台的李登文老师，带给大家的，是一本飘着墨香的《草堂诗刊》；来自四川达祖的王森良老师，赠给大家的，是一叠手工制作的美丽贺卡；来自浙江义乌的丁志平老师，分给大家的，是一套颇具特色的自制棋盘；健谈的盘晓红老师，在全国率先开创了“美心课”；开朗的余道容老师，指导学生走进了“大会堂”；帅气的袁战海老师，用优美的歌喉唱响了“侗歌”；和善的龙林章老师，以绝妙的艺术传承了“苗饰”……

不能忘记，和我同住一室的谭桂珍老师，自称四十岁才发芽，是一位“播撒阅读种子的花婆婆”。她坚持每日一记，热情地向我介绍“1+1 博客”，拉我加入“教育行走”的讨论群……

当我遵循南师教诲，看到获奖教师的过人之处，才深切地明白，如王彬老师告诉我的话：学习的机会很重要。也便记起，祁翠花老师站在河边的柳荫里，微笑着安慰我：你还年轻，需要积淀，提升的空间会更宽广……

记得南师在《南面王不易也》（编者按：出自《论语别裁》）中如此形容：一个人要修养到家，先能够不受外界物质环境的诱惑，进一步摆脱了虚荣的惑乱，乃至于皇帝送上来给你当，先得看清楚应不应该当。有了这个修养，才可以看到孔子学问修养的境界。人生的大乐，自己有自己的乐趣，并不需要靠物质，不需要虚伪的荣耀。一般人看不清楚，只在得意时看到功名富贵如云一样集在一起，可是没有想到接着就会散去。所以人生一切都是浮云，聚散不定，看通了这一点，自然不受物质环境、虚荣的惑乱，可以建立自己的精神人格了。

令我佩服的吴夏霜老师，看似柔弱的小女子，办事却有着男儿不及的果断，说话更是铿锵有力而掷地有声。在颁奖典礼的分享中，她说，时常叩问自己：我是谁？我在做什么？我要到哪里去？

记得当时，内心里有一种幡然醒悟的触动。

这个问题，十年前，二十岁的时候，我便无数次地问过自己。可是，那时，那地，心中所想，不同以往。

如今回想，更真切，更深刻。

我只是一名平凡的语文老师，做着喜欢的工作，以教书育人为平生乐趣。我想做南师笔下，如我所见的优秀者。

我知道，此去千万里，山高水长。我更知道，此心如磐石，不曾动摇。

离开恒南书院的前一夜，不知是日有所思而夜有所梦的缘故，还是心之所向而情之不舍的原因，依稀梦中，仿若看到，沐于祥和光芒中的南师，微笑而语。

梦醒时，睁开双眼，只有一室的静寂。而窗外，上海的日出已经升起了绚丽的霞光。推开窗，有鸟鸣，有淡淡的清香……

那一幕，至今难忘。

无数次，背包里装着《论语别裁》。随手翻开，那些隐含了南师智慧的文字，仿佛一剂剂良药，告诉我，怎么做人，怎么做事。

每一个若有所悟的时刻，我都在心里，暗暗地告诫自己，这是一条通往不惑的道路。有些寂寞，有些孤独。要坚持，不要退缩，前方有圣地，彼岸有坦途。只需，一念执着，埋头苦索。

就像此刻，众人皆睡我独醒。敲下这些文字，内心一片清明。

我知道，这样的时候，静下心，默然聆听，便会，如闻南师语……

“认识”南师这几年

姜秋华

2008 年的一天，老婆外出买回两本盗版书，其中一本是《金刚经说什么》。封面上，有一位仙风道骨的和蔼老者。马上翻看，内容深入浅出通俗易懂，意境高远回味无穷。《金刚经说什么》是我潜在意识中想看的经典著作。看了几十页，我果断下单买了一套《南怀瑾选集》。这是我“初识”南师的经历，一见倾心。

之所以说《金刚经说什么》的出现唤起了我沉睡已久的潜在意识，是因为上学阶段曾想读经典。那时，面对古今中外浩如烟海的“经典”，不知道从哪下手。比来比去，选了一本国外名著《战争与和平》，勉强看了几十页，就被不停出现、越来越复杂且根本记不住的不同人名搞得差点精神错乱。于是，读经典之路尚未起步就被熄火。

南师著作的出现，顿时复燃了我心中的熊熊烈火。不过，由于当时工作之余正在自考，无暇顾及其他。2009 年毕业论文答辩结束后，便一头扎进南师的著作，不可自拔。看完《金刚经说什么》后，开始看《老子他说》。花费好长时间异常吃力地看过一遍，不知所云。以至于在看第二遍时，完全“忘了”第一次的存在。就这样，古文知识零基础、对传统文化零了解的我，在反复“咀嚼”中得到了南师的灌溉，干枯而迷茫的灵魂接上了“源头活水”。

为了快速填补巨额历史欠账，我如饥似渴，利用一切可用的时间阅读南师的著作。已经记不清到底有多少个周末、夜晚和出差途中，都是南师的书陪我度过的。从《南怀瑾选集》（复旦大学出版社）全十卷的初次相识，到对东方出版社陆续上架的《老子他说续集》等系列书籍的穷追不舍，从老古文化再到南怀瑾文化出版的台版著作，至今藏有的南师著作已有五六十本。

大概在 2012 年之前，我只关注南师的书而没有关心南师本人。一天心念忽动，在百度搜索后惊喜地发现，南师竟然健在，89 岁高龄的他竟然在苏州创建太湖大学堂，阐释和弘扬生命科学……于是，渐渐地知道了南师极富传奇色彩的一生，对于他 25 岁悟道后发心拯救中国传统文化断层而力挽狂澜的 70 载风雨历程有了属于自己的心得体会。

作为一名“断层”人，在南师呕心沥血的“拼接”下，我找到了中国传统文化精华的宝藏之门，一脚跨入，永不回头。

“认识”南师之前的二三十年，我早已默认了生而为人的既成事实，然而，人到底是什么，人生到底是什么？不识庐山真面目，只缘身在此山中。“为贪游戏到娑婆”的南师，来此“山中”弘扬妙谛，揭示来自“山外”的究竟答案。对于这份答案我只是一个“知道分子”，仅仅知道“此中有真意”，每次“欲辨已忘言”。那就用一些积极的改变来间接表达吧。

最显著的改变就是重塑“三观”——

2013 年 1 月，32 岁的我在博客《客观评判主观的我》一文中，初步确立了克己复礼、修身齐家的“燕雀”之志：做一个为人类社会文明进步注入正能量的正常人。2015 年 12 月，在《主观评判客观的我》一文中，进一步确立了“科学发展观”，即以人生为目的，以慧命为追求，以解脱为享受，以自立为方向，以立人为快乐。

新的“三观”一经确立，顿时感觉拨开了重重雾霾，见到了名利为人生的工具而非目的的“朗朗乾坤”，顿时感觉喧嚣的世界安静了，浑浊的思想净化了，犹如一股清流，潺潺而动。幸甚至哉！在人生“三十而立”的重要阶段，南师的著作为我过往的迷失画上了休止符，也为我不断的进步书写了感叹号。

在生活方式上，我知道了“养生”。发现身体有毛病，化被动为主动，积极调理；坚持跑步和做俯卧撑，磨炼意志，增强体质；少吃辣椒，少吃蒜泥，“镇压”欲望，保护肠胃……

在生活理念上，我懂得了“变通”。以前总喜欢因循守旧，现在懂得了世事无常，懂得了要以不变应万变；以前总想逃避现实回避问题，现在懂得了积极应对迎难而上，懂得了“尽人事，听天命”……

在生活境界上，我看开了“人我”。小到夫妻生活大到历史演变，归根结底，无外乎人我的矛盾统一。在是非恩怨面前，以前总是黑云密布，现在变得云淡风轻。诚如南师诗云：“细思量，是非人我，真真假假，虚虚实实，本是无真。”我也偶得一偈，用来消解是非：“是非亦非是，分明无是非。是非欲分明，是是又非非。”

对于这些改变的描述可能有些浮夸和词不达意，但是，身心向好的点滴变化却是真实的，是可感可见的。然而，细思极恐，对于追求慧命、自立立人的新航向虽然是坚定不移的，但是，行动却是迟缓的，是惭愧的，正好应了南师那句话——“讲得好，做不来”。

知易行难。“认识”南师这几年，正是我破除我执我见并重塑我执我见的过程。有了新的我执我见，还需要在是非人我之间艰难行道。行道需要参与是非人我，需要参透是非人我，需要超越是非人我，需要改变是非人我。如果换一种表达方式，可谓在人与人打交道过程中需要恰到好处地运用般若智慧，不管何时何地何人何事，都能做到“我心不动，随机而动”。随机而动的结果追求恰到好处，亦即实现人我的矛盾统一。

之前所说的以慧命为追求，就是希望自己能够减少无明、昏沉和散乱，做到“我心不动，随机而动”。生而愚笨的我，每当遭遇行道之难时，都恨不得把南师著作及其他经典通通输入阿赖耶识，永世为我所学、所用。因此，生而为人，学而为人。生也无涯，学也无涯。

然而，每个人都有我执我见，每个人都坚持我执我见，那么，如何才能确定自己的我执我见是正确的呢？这就需要明师。南师正是我的明师。透过南师的著作，我强烈感受到南师“经纶三大教，出入百家言”的渊博思想；透过南师的一生，我切实感受到南师“功勋富贵原余事，济世利他重实行”的圣贤风范；透过南师的诗篇，我尝试去感受南师“已了娑婆未了缘，深情只欠祖师禅”的菩萨境界。

人身难得，得矣！中土难生，生矣！佛法难闻，闻矣！明师难遇，遇矣！感恩南师点亮心灯，照亮人生路。谨以拙文纪念南师怀瑾先生百年诞辰。唯愿有缘再识南师，由私淑弟子变为弟子。

怀念

袁媛

值遇南先生百年诞辰之际，感恩于先生的教化与对国家民族的大义付出，寄诗一首，表达自己的感激怀念之情。

怀念

百年风霜尽
干戈寥星辰
俯首娑婆界
朗日照乾坤

一首小诗纪念怀师

晓村

娑婆信步廿八秋
最向峨眉雪处游
灵隐掩关惊贝叶
慧乾动地倚江洲
诗思频变催哀气
词兴更呵仗酒愁
踏破毗卢佛顶义
平川独上第一楼

子规声里劝人归

浮玉

知悉老师已是而立之年以后的事了，无意中看到一本冠了老师名头的书，还是一本盗版书，对错漏百出、粗制滥造的盗版书一直没有触碰的欲望，只是记住了大大的“南怀瑾”三个字，觉得封面上的南爷爷目光如炬。一日，一念忽起，在电脑上搜索了“南怀瑾”这三个字，其中有一部央视纪录片——《先生 南怀瑾》，于是就点进去看看。当看到老师说，五四运动的时候，其实就是倒洗澡水，把孩子一起倒掉了的那段，我深以为然，觉得特别有趣，一句简单形象的话就把问题都说清楚了，一点也不啰唆，一点也不学究。一口气看下去，当看到老师在走廊上拄着杖踽踽独行时，心中恓惶万分，不胜唏嘘。看到老师荼毗仪式“华枝春满，天心月圆”的场景时，涕泗横流，不能自已，为什么我到此时才知道有这样一个人！

老师说：“我就好像一个老树一样，现在就剩我这一个老根了，趁我这个老根还活着还在的时候，你们要发芽。”“所以我现在最担心的，中国传统文化不能断，靠你们了，我们都老了，像我们这一走掉，你们接不上手，这个文化就断层了，所以大家努力。”——每每看到耄耋之年的老师对不肖后辈杜鹃啼血般的嘱托，不禁泪如泉涌，心如刀绞，如梦初醒。

开始四处搜寻老师的书籍和影音资料，首先看的是《人生的起点和终点》这本书，因为从小对生和死充满了困惑，想得到对于生死问题的解答，试问世上的愚夫愚妇又有哪个真不怕死呢？读过之后，说老实话，只是认识文字而已，离看懂领悟还差十万八千里，很多内容闻所未闻见所未见，里边提到的法师也不知道，偈子也很陌生，引诗用典之处还得问度娘，内容深广格调活泼，跟以往读过的任何书籍的风格都不一样，后来了解到这就是老师“经史合参”的方法。总之，震惊于老师的博学幽默，汗颜于自己的无知，不知道做了这么多年所谓的读书人，自己究竟学到了些什么，只是浑浑噩噩地认得几个字而已，既谈不上“博学之、审问之”，亦遑论“慎思之、明辨之”，与“笃行之”更是毫不相干。

深感对老师的行履一无所知，开始读刘雨虹老师主编的关于老师的纪念集。首先读的是《点灯的人——南怀瑾先生纪念集》一书，其内容很能满足我的好奇心，每个人与老师缘分各异，还原了老师生活中的种种细节，觉得跟老师更亲近了一些。当此之际，发生了一点意外，后脑枕骨骨裂，头痛难忍，就像有东西在脑壳中旋转一般，没有办法睡觉，这时想到了之前囫囵吞枣看过的《南禅七日》视频中老师所授出入息的法门，于是就无知者无畏地调节自己呼吸，算是瞎猫碰上死耗子，终于勉强能够入睡了。如果没有老师的安那般那法门，真不知自己要怎么熬过这一关。

孩提时，看了根据《聊斋志异》改编的影视剧，顶顶羡慕的人物就是美丽的狐仙，用修炼了几百年的内丹，救活了多情的书生，心里盘算着，如果人也能修炼，也能有内丹该有多好啊。似乎一直以来对早已融入中国人骨髓血液的佛道的概念就是一团模糊的迷雾，既神秘又陌生，既亲切又不敢亲近，甚至于不懂得佛家道家正是人类修行的练家子，对中国传统文化基本常识的无知到了令人咋舌的地步。

从少年时代开始，最大的感觉就是迷惘、困惑，没有信仰支撑灵魂，被生命的本能牵引着浑浑噩噩地虚度光阴，奢望有朝一日能找到一个生命的支点。百科式大家阿基米德有云：给我一个支点，我就能撬动地球。是的，我就是要找到这样一个能够撬动心灵的支点，乃至一根支撑心灵的巨大支柱，这就是我念兹在兹的渴望。曾千万次地在心中呼喊，有谁能来拉我一把，助我脱离这不断使人堕落的泥淖，但是没有福报得遇导师。后来在老师的书中，读到迷茫是时代病，大家都迷茫时，我才似乎开始懂了，变得不再那么迷茫。

一段时间，特别欣赏犹太民族，因为他们拥有世世代代传承下来的珍宝——《塔木德》，他们向世界证明了一件事情，那就是只要民族的文化精魂还在，灭亡了多年的国家就可以再建，失落的家园就可以失而复得，并以凤凰涅槃浴火重生的姿态屹立于世。不禁困惑于为何我们就没有像《塔木德》一样的宝贝，找到老师以后，才蓦然惊觉，老祖宗留下来的法宝一直就在身边，而且还不止一件——博大的儒学，精微的佛法，幽玄的道家，仅就释门而言，佛经就有三藏十二部，八万四千法门，我们皓首穷经也无法受用其万一。我们这代人，坐拥宝山，但却浑然不觉、知之甚少，传统文化断层的后遗症在我们身上显露无遗，无怪乎老师会“一生拼了一条老命”，“为保卫民族文化而战”！

看过太虚大师《人生问题的解决》一文后，躬身自省，才惊觉自己就是属于解决“生养死葬”问题那一类，既不属于“惟虫能虫，惟虫能天”，也不敢奢望“三不朽”的大业，甚至以为“三不朽”就够得上人生的终极目标了。而身边的大多数人似乎也跟我一样，营营碌碌都为稻粱谋，将生命耗费在柴米油盐的卑微中，无意义的喋喋不休中，物欲攀比的琐碎渺小中，情欲纠缠的儿女情怀中，为了蝇头微利、蜗角功名钻营苟且，在名闻利养的染污中沉浮流转，舍本逐末，利令智昏，愚痴短视，视苦为乐，刀头舔蜜，沦为业习的奴隶而不自知，从来没有在浮世尘劳中真正静下心来面对自己，正视自己有幸生而为人的尊贵，探究自己生而为人的究竟意义。

如同婴孩吮吸母乳般，从老师的著述、影音资料中汲取“甘露”已成为生命中不可或缺的起修的基点，老师的光芒冲散了障碍觉知的重重迷雾，让生命的真谛展现在眼前，烛照着前行之路。有一对联："佛为心、道为骨、儒为表，大度看世界；技在手、能在心、思在脑，从容过生活。"道出了为人处世的要旨。按这一法门"修心"，就多了一份镇定，遇事反求诸己，待人以宽，控制情绪，转变习气，空掉烦恼，更容易知足，也更懂得感恩，培福惜福。渐渐地，躁动的心灵清净起来，也快乐起来，不安全感减弱了许多，纠缠成一团的心结也开始松动。之前觉得自己做什么错什么，现在这一状况开始扭转过来，朝着喜乐的方向发展，这些转变都是自己可以觉察到的，"飘飘黄叶"真的止住了"儿啼"。

得遇老师，何其有幸！老师为我打开了长久以来蔽锢在头顶的遮罩，让阳光铺洒进来，驱散了内心中沉积多年的黑暗，让被斫伤的心灵重新泛起了些微灵明。"父母生我以幻身，老师生我以法身"，虽然深知自己业深障重，痴顽鲁钝，但"此身不向今生度，更待何生度此生"，定当迷途知返，寸阴是竞，此生起修，尽力做一个老师口中"活活泼泼"的"平凡"人。

老师虽已舍报，但洋洋述著就是老师的法身舍利，亲近老师的结集就仿佛得到老师的看顾一般。"世间须大道，何只羡车行！"——老师早已为我们铺就了一条人走的人道。老师的弟子们、子女们也都在尽己所能地传师心灯、接引后学。特别是参加了叶师兄发起组织的"十月成都行——重走南师足迹，寻根参拜之旅"，从谦谦君子的叶师兄身上领略到了老师的些许风采，从同行的师兄们身上感到了久违的脉脉温情，修学精进的路上我们并不孤单。

"我真是非常幸运，我真是非常感激"——引用叶曼先生"常念的一句咒语"方能表达我的感受，因为多年夙愿终于得偿，在"更向乱峰深处啼"的子规导引下，我这"迷巢"的"归鸟"找到了回家的方向。

志诚祈愿老师倒驾慈航，不舍众生，乘愿再来！

浮玉稽首敬书

怀念南老师及抒怀诗几首

黄耀辉

一

怀南师

苍茫乱世风雨浓
振衣清啸几霄重
不负当年峨眉月
天心悟尽点点空

二

浮世

同来浮世有缘身
渺渺尘心未为真
过眼秋光留月影
柔情相印菩提因

三

聚散

何其聚散与无常
历历此间安心端
又逢此时天未老
清茶倾尽味清欢

四

有感

此生有愿离苦海
如何感梦入娑婆
扰扰大千化异氛
缘缘客尘悲劫浊
感怀法乳知明灭
忏悔宿昔泪滂沱
前路普照心光月
一念来伏海潮波

五

流年

笑共流年染鬓来
青山消尽英雄才
倦翻诗书凭阑罢
碧血春风待花开

六

微茫

诗到愁绝才有味
话逢酒醉可倾谈
年来依稀蕉鹿梦
水月光中立微茫

七

障深

忆昔红粉堕温柔
历历攀缘绕心头
执手信游许天长

依偎柳月数风流
花随逝水谢东风
倚栏吟啸少年愁
障深未观白骨禅
生死犹在娑婆洲

八

迁流

万古迁流皆不是
寂寂天心无假真
萤光勿逐虚壳外
离名离相悟未生

九

非真

万山如海一微尘
渺渺白云欲忘身
懒顾人间不平事
觉知此心梦非真

十

禅味

惭愧逢禅客
弹指会精神
拈花许一笑
江湖吹微尘

心的声音

李易道　沈杰

尊敬的南师：

您好！

很久没给您写信了，最近还好吗？

这次，想向您报告一个喜讯：我和易道决定在一起了，预备明年（2018年）的3月22日领证。哈哈，没错，正好是您百岁生日的那天。这是我们特意安排的，希望借此表达对您的感谢。谢谢您一路的指引，让我们学会了谛听心的声音！

过去的六年，风雨兼程，我们在跌跌撞撞中走了过来。2010年，易道受您创办"太湖大学堂"的感召，开始在绍兴的大学里组织学生社团——形同虚社。其中，最核心的项目是策划体验式的公益型论坛。它以"LC"（Lead to Change的缩写）为名，倡导"成长变革""重构互生""多元跨界""共振放大""引领改变"等五大理念。通过邀请社会各界优秀的代表，每人18分钟共话一个主题，启发大学生在"有用"的知识中体悟"无用"的智慧。大学毕业后，他在香港注册了朴乐农业有限公司，与被边缘化的生产者合作，以"公平贸易"的方式，为消费者提供最放心的农产品。从无量山的茶，到攀天阁的米，再到文山的三七花，等等这些，无论是原料的选择，还是包装的设计，抑或营销的管理，他和团队的成员们始终都坚持"源于自然，合于人心"的企业精神。他相信：一次又一次的尝试累积起来，良性的商业生态系统就会逐步形成，并在循环往复中惠及所有的参与者。

而这一切的努力均源于同一个梦想，即在西南地区建一所学校，立足东方的传统，借鉴西方的现代，以文化人，鼓励大山深处的孩子们在热爱生命的同时觉知慧命，好好做人，好好做事。坦白地说，这一路，他走得不容易。学生社团活动经费不足了，他掏钱补贴；公司的运作缺少人手，他又加班帮忙……不过，哪怕在最窘迫的时候，他也从没说过要放弃。“知君两件关心事，世上苍生架上书。”在易道的身上，我看到了您的影子。

至于我，那就说来话长了。从读您的《论语别裁》《老子他说》《金刚经说什么》开始，一个崭新的世界向我敞开了大门。可以说，正是您接地气的讲演，才使我摒弃了“迷信”“封建”等固有的偏见，重新回到《论语》《道德经》《金刚经》等经典本身，通过以经解经、经史互参的方式，穿越千年的时光，与先辈们直接对话，聆听他们的谆谆教诲。而您“上下五千年、纵横十万里”的经历也启示我“读万卷书、行万里路”的重要性。所以，在甲午本命年，我踏上了赴汉传佛教四大菩萨道场朝圣的旅程。从峨眉山，到五台山，继而去九华山，最后是普陀山，一路上，一个人静静地想了很多。“我是谁？”“我从哪里来？”“我要到哪里去？”……或许，这样的追问永远不会停止，因为终点也是起点。不过，这一生，我想做好自己喜欢做的事——鲁迅研究，也希望我的努力可以让身边的人更加幸福快乐。

其中的酸甜苦辣，我知道。庆幸的是，冥冥中一直有您的指引。从乐清地团的故居，到成都的文殊院，还有苏州的太湖大讲堂，以及重庆的慈云寺……一切的一切，不可说。唯有感恩，感恩生命中的天、地、人。特别是2011年的小满，在绍兴博物馆里，易道主持的那场“道法自然”的分享会上，他让我认识了您。那一天，是我和易道第一次见面。然而，前世今生的缘分早已注定。

往后的路还长，我们会慢慢走。“佛为心，道为骨，儒为表，大度看世界；能在手，技在身，思在脑，从容过生活。”我们定谨记。

　　并请

道安

李易道 沈杰 顿首

2017 年 12 月 9 日

下篇　南怀瑾先生诞辰百年纪念大会

“南怀瑾先生诞辰一百周年纪念活动”在上海举行

2018 年 3 月 17—18 日，“纪念南怀瑾先生诞辰一百周年”系列活动在上海恒南书院举行。本次活动由南怀瑾文教基金会、南怀瑾学术研究会、恒南书院、江村市隐主办，中国城市科学研究会、人民东方出版传媒有限公司、浙商总会、世界温州人联谊总会协办，恒南书院承办。

3 月 17 日，在恒南书院举办了“南怀瑾先生著述版本展、南怀瑾先生墨宝展暨南师墨宝馆开馆仪式”，中共中央统战部原副部长、全国工商联原党组书记胡德平先生，甘肃省委原常委、甘肃省军区原司令员陈知庶先生，温州市委常委、统战部长、世界温州人联谊总会常务副会长施艾珠女士，恒南书院院长李慈雄博士和南怀瑾先生之子南国熙先生，共同为詹文魁先生雕塑的南怀瑾先生铜像揭幕。

仪式上，南国熙先生代表家人向世界温州人博物馆捐赠了父亲的墨宝和家书，施艾珠部长代表温州接受捐赠，并在致辞中对南怀瑾先生及家人表达了崇高敬意和高度评价。

“南师墨宝馆”位于恒南书院内，占地面积 888 平方米，收集复制了南怀瑾先生在不同时期所书诗词楹联等作品 130 余幅，以及部分真迹和个人生活用品，宗性法师为墨宝馆题名。墨宝馆内同期展出了南怀瑾先生已出版著述各种版本以及所办杂志等400余种。

2018年3月18日上午9时，南怀瑾先生诞辰一百周年纪念大会召开，恒南书院院长李慈雄先生致开幕辞。

继而，上海市台办副主任王立新先生、上海市闵行区委统战部部长李红珍女士和南国熙先生，共同启动《百年南师》纪念短片首映。

许嘉璐、楼宇烈、林苍生、艾德（Marshall P. Adair，美国）向大会发来了书面致辞，刘雨虹老师发来了录音致辞。胡德平、孔丹、叶小文、张连珍、仇保兴、强文义、孙海麟、宗性法师、何迪、王苗、郑宇民、雷默（Joshua C. Ramo，美国）、贾浩、陈定国、黄书元、世友先生（Dhammachari Lokamitra，英国）等嘉宾先后致辞，以各自与南师的交往或从学的经历，再现了先生的身教言传与感人故事。

史原朋、孙涵、宋灿文（韩国）、纪雅云（Pia G，美国）、牟炼等五位，与大家分享了编辑、翻译、出版南怀瑾先生著述的故事。

宏忍法师、谢锦扬、欧阳哲等常年在南怀瑾先生身边工作的同学，接受了主持人崔德众的采访，使听众对南怀瑾先生的生活有了进一步了解。

此后，南怀瑾先生在台湾时期、香港时期、内地时期的学生代表，上台与大家分享了回忆或心得。他们是：陈芳男，戴思博（Catherine Despeux，法国），张春华，古国治，饶清政；李青原，彭嘉恒，赵海英；张心帆，南存辉，林德深，吕松涛。他们的分享使大家仿佛又回到了南师身边。

南国熙先生代表家人向来宾和主办、协办、承办方致谢。

会上得知，南怀瑾先生著述《小言黄帝内经与生命科学》日文版、《人生的起点和终站》日文版、《孔子和他的弟子们》日文版、《论语别裁》英文版等，已经或即将出版发行。

上海、温州、江苏等地的官方机构领导，中央、地方的主要媒体，以及来自世界各地的南怀瑾先生友人、学生、亲属，共计四百余人参加了活动。当晚十九点，在南怀瑾先生作词的《聚散》合唱歌声中，本次活动圆满落下帷幕。

从历史长流看南怀瑾先生的立德立功立言

李慈雄

各位领导、嘉宾、南师的亲属、同学们：

今天，我们大家齐聚一堂，在南师晚年准备常住的恒南书院，纪念他的百年诞辰，尤有特别的意义。我谨代表主办方及协办方[①]，欢迎大家的到来。我们今天纪念老师的百年诞辰，更要缅怀他的精神，继往开来，为中华民族的伟大复兴，为世界文明的新发展，能够贡献一己之力。所以，今天我试从十个方面报告历史长河中南老师的立言、立功和立德。

南师的学问与立言

记得在2009年，南老师要我出来办国学班的时候，再三语重心长地说："东方文化的慧命不绝如缕，慈雄啊，假定你们这一代人不能共同把这个担子挑起来，我们东方文化的慧命就断了，你们会成为历史的罪人。"

我相信在座的很多人，跟我一样，读老师的书，有时不禁掩卷长思："哦，原来古人的话是这么说的，原来这个话是这样的有道理。"才发现学问与我们的生命、生活，乃至做人处事息息相关，而不是像看待八股文似的死板印象。所以，我从20岁开始追随老师，如果老师没有讲述儒家、道家、佛家的学问，我们实在无从体会中国文化的博大精深与真实受用。国民党元老李石曾先生形容南老师：

上下五千年
纵横十万里
经纶三大教
出入百家言

这样的赞美之词并不为过，识者多以为切实，事实上除了三大教，老师对西方的文化、宗教，包括现代科学也很关注，而且有自己很深的见解。

老师常说，中国文化不是念来求知识的，而是让我们有所受用，启发智慧，使人克服困难。我见过很多朋友，因为念老师的书，在人生最低谷的时候，克服困难，从头来过。

历史长流中的人类学问

在亘古漫漫的历史长河中，人类为追求个体生命的升华及群体的福祉，出现了不同圣贤及学派。在东方文化中，举其大者，儒家强调人伦秩序的建立，着重强调以天下兴亡为己任的士大夫精神。曾经，欧美诸方纷纷攘攘，说中国没有宗教，中国人没有信仰，所以认为这个民族虽然有经济一时的发展，但是不会长期发展。事实上他们忘记了，我们中国人几千年来强调的以天下为己任的士大夫精神，这个比单纯的宗教更有生命力，更有深远的意义。自从改革开放以来，中国各个领域的稳步发展，离不开一大群尽心尽责的官员、企业家、老百姓的共同努力，共同致力于中华民族的伟大复兴。

老师常常强调要学会做人，要学会做事，不要变成书呆子，强调立身处世之道。有时跟他一起吃饭，他教的都是最浅显的道理，但也是最难做到的。他强调念书要经史合参，经是四书五经乃至诸子百家经典，史包括历史典故，在老师的书里，处处都是经史合参。所以在我们恒南书院大堂里，装着老师亲自挑选的苏东坡先生的诗句：

斗酒纵观廿一史
炉香静对十三经

老师关于这方面的著述，包括《论语别裁》《原本大学微言》《话说中庸》《孟子旁通》《易经系传别讲》《孔子和他的弟子们》等等。

对于道家，老师强调追求生命的求证与逍遥，但是作为真正的道家人物，并没有忘记以天下兴亡为己任的精神，每当历史变革，往往出来拨乱反正，协助明主开创天下，却又功成身退，这是道家的风骨和风范。老师基本上讲解了所有道家的重要著作，包括《老子他说》《庄子諵譁》《列子臆说》《我说参同契》等等。老师在台湾的时候，编辑了《正统谋略学汇编》，里面有《长短经》《素书》等等，这些对于个人的生命升华、政治的拨乱反正都很有启发之处。

关于佛家，曾有人问：老师，你是不是信佛教的？老师说：不是，我是信睡觉的。老师从来不以一个宗教徒自居，而是学习佛法，修证佛法，实证生命的自觉，从而自觉觉他，以出世的精神做入世的事业，以宗教家的精神做社会福利的事业。这一方面，有老师亲自撰写了《禅海蠡测》《楞严大义今释》《楞伽大义今释》，还有老师在台湾讲述的《金刚经说什么》《圆觉经略说》《维摩诘的花雨满天》（上下）《如何修证佛法》等等。

老师强调，文化学术要与历史经验、现实情况结合，不能徒托空言，所以他讲过《历史的经验》，很值得研究。当年，在送国熙去美国念书的时候，老师特意写了一首诗：

一生志业在天心
欲为人间平不平
愧我老来仍落拓
望渠年少早成名

功勋富贵原余事
济世利他重实行
怜汝稚龄任远道
强抛涕泪暗伤情

老师不止是一个所谓的国学大师，他强调传统文化和生命科学以及认知科学要结合研究，尤其是老师到大陆以后，讲了很多这方面的课，这些资料正在整理中，我相信会逐步问世。已经出版的有《小言黄帝内经与生命科学》《人生的起点与终站》《禅与生命科学的认知》等。

南师的“天下为公”

在恒南书院的南师墨宝馆[②]里挂着一幅照片，是老师在写“天下为公”，事实上，老师一辈子很少这么说，但他一辈子的言行就是天下为公。他常常强调，士不可以不弘毅，任重而道远，要以天下兴亡为己任，这就是最传统的儒家精神，以人类文化传承及发展为鹄的，所以老师在台湾创办“东西精华协会”，强调融合东西方文化的精华，而非闭门造车，要共同为人类文明开创新的世纪。

老师说道是天下人的公道，所以他把很多传统密而不传的“秘密”公之于世，让大家共同享有，共同体会，共同求证。最难做到的，是老师视天下人为子女，视子女为天下人，不管是初次认识，还是认识很久，跟他有所交往，谈话时你会发觉他是那么关心你、帮助你，但是大家有没有想到，视子女为天下人，这更是不容易的，老师有六个子女，他们共同发起创办南怀瑾文教基金会，把老师身后的遗产，包括著作权、出版权全部捐给南怀瑾文教基金会，用于公益事业，真正做到了老师的教诲——天下为公。

南师的治世思想之一

老师有一个非常重要的治世思想，值得我们去揣摩研究，在建设金温铁路期间，老师提出：

共产主义的理想
社会主义的福利
资本主义的管理
中华文化的精神

共产主义的理想实际上并非舶来品，中国儒家经典《礼记·礼运大同篇》中就有这样的思想精神。我相信我们国家在追求社会主义福利方面，随着西方文化及社会福利制度的冲击，我们中国人会逐渐建立一套有中国特色（譬如孝道）的社会福利制度，加上有效的资本主义的管理，中国文化的精华即贯穿在整个蓝图中。

南师的侠义与立功

认识老师的人会发觉他是一个讲情讲义，很有侠骨之风的人，他觉得这事是该做的，并不为自己着想，义所当为，义无反顾。他的古道热肠，推动了两岸达成九二共识，推动实现建成金温铁路的百年梦，推动中英算儿童智力开发，其中包括儿童读经。但是老师再三强调中英算，而不只是儿童读经，现在有些人过分强调儿童读经成为幼儿教育的重心，实际是违背了老师的初衷。老师建立太湖大学堂，指导建立武汉外国语学校美加分校，以国学教育与国际教育结合，以素质教育与学历教育结合。武汉这个学校目前有三千多名学生，也荣获中央文明办的赞许；老师推动洞山祖庭普利禅寺的重建，推动老太庙的重建，老师也帮助了无数的人，做了无数的好事，我相信今天满堂的嘉宾，很多人都有这样的体会。

南师的难行而行

老师的难行而行，因为我们在他身边，看得很清楚，老师有时并不宽裕，在精力财力有限的情况下，一样见义勇为，义无反顾。在东西精华协会创立之初，老师写了一首诗：

辛苦艰难独自撑
同侪寥落四周星
松筠不厌风霜苦
雨露终教草木青
熟读经书徒论议
实行道义太伶仃
乾坤亘古人常在
欲为天心唤梦醒

老师一辈子都是在难行而行，难忍而忍之中，但又是那么潇洒自在，这正是他足为人师之处。老师曾引用梁启超的诗句来描述自己的心境：求仁得仁复何怨，老死何妨死路旁。

南师的教育与学问之理念

老师数十年来以教育家现身，以师道入世，那老师的教育理念是什么呢？老师写过一副楹联：

教育之目的，为后世造就利国利民之人才
学问之理念，为群生启发自觉觉他之慧知

老师非常注重一切教育与学问的根本目的，在于利国利民，以及找到身心安顿之道。他说教育要培养有责任心、有家国情怀的人才，能够培养大思想家、大科学家、大文豪、大政治家、大企业家、大教育家等等。

南师的教育与立德

在老师的身边久了，会发觉他的教育是很活泼的，是多方面的，老师以身作则，为人师表，强调文武合一，身心并重。有段时期，老师发觉同学们的身体缺少锻炼，就要求每天晚上八点半每个人都要去习武，老师亲自督导。老师强调经史合参，强调受用，强调结合科学，与时俱进。老师鼓励朱清时校长把传统文化与现代科学结合起来，强调融合东西精华，致力于世界大同。老师强调每个人都应该有自己的职业技能，才能够真正成就一番事业。

南师的平凡与立德

同时，老师自认为是最平凡的人，常常说自己是三无老人：一事无成，一无所长，一无是处。虽说一事无成，但是老师却成就了千秋事业。事实上真正的千秋事业，不是一般人能够体会的。“举而措之天下之民谓之事业”，死后能够影响天下几千年谓之千秋事业。老师常说自己一无所长，实则时时学习，博古通今。老师生前最后的几个礼拜，每天还在看书，虽然视力大减，让同学把《楞伽经》放大，依然手不释卷。

老师说自己一无是处，实则是入世出世通达自在，永远那么潇洒，那么自在，极高明而道中庸。他以前考过我们一个问题：百尺竿头更进一步，后面是什么？大家有没有想过？百尺竿头更进一步——踩空了回到原地。谦虚至极，极高明而道中庸，所以老师说八八六十四卦，唯一的真正好卦就是谦卦。

宏达兄的太太小代在2006年描写老师：

糜粥香烟岩茶
圆帽长衫鹤发
大师高僧菩萨
耄耋顽童
他是当今神话

这是对老师生活及外界评价的白描归纳，但实际上老师是最谦虚，自认为最平凡的人，反对偶像化神化他。老师曾经给他的师兄弟写了一副楹联：

入世出世皆通悟
人道佛道两圆成

这是老师提出的努力目标，也是对我们所有人的鞭策。

致力于中华民族的伟大复兴

老师认为，中华民族的伟大复兴，应该认清现代世界的局势，归根究底与几百年前的世界局势是同理的，是因为文化思想引发战争，中华民族的伟大复兴不能只靠经济与军事力量超越世界，这样不可能维持长久。文化思想是国家民族的灵魂，而这个灵魂不只是局囿于古代，而是发扬优秀的中华文化，并结合世界文明的发展。早在20世纪70年代，东西精华协会创立之初，老师就提出未来人类社会的两大课题：一、如何为全人类着想，建立新的经济哲学思想；二、如何沟通精神与物质文明的综合科学思想。

老师说到目前为止，绝大部分经济学家的著述都是站在自己国家，或者自己的地区来考虑，很少真正为全世界人民，包括最落后地区的人民去考虑，去谋划，而且这种经济哲学思想不能只靠消费刺激生产，或者靠贪婪掠夺而达到所谓的国家发展。第二，怎么样沟通精神与物质文明，建立综合的科学思想，解决人类现实生活与精神出路的困扰。老师说传统宗教在现代科学的冲击之下，一定要变通，一定要结合现代科学的发展，才有办法真正引领未来的世界。

我知道，老师直到晚年，还是对世人满怀期待，希望世人对此两大课题能够作一个历史的交代。

最后，我借宋儒张载的四句话，仰赞南师：

为天地立心
为生民立命
为往圣继绝学
为万世开太平

谢谢大家！

注释

① 2018年3月17—18日，“纪念南怀瑾先生诞辰一百周年”系列活动在上海恒南书院举行。本次活动由南怀瑾文教基金会、南怀瑾学术研究会、恒南书院、江村市隐主办，中国城市科学研究会、人民东方出版传媒有限公司、浙商总会、世界温州人联谊总会协办，恒南书院承办。

② 为了纪念南公怀瑾先生诞辰一百周年，在各方人士的大力支持之下，恒南书院特意开辟场地建立起“南师墨宝馆”，该馆占地面积888平方米，收藏了南怀瑾先生在不同时期所书诗词楹联作品复制件近130幅以及先生的部分个人生活用品，并且展出了先生著述及所办杂志等各种版本400余种。

许嘉璐先生致大会函

许嘉璐

纪念南公冥诞，中华文化之大事，璐不克与会，至憾也！尚望杜先生代达微忱。

悼念一代大师之诚意及所受其启示，待微恙痊愈，当另有所表，以补缺席之憾，且就教于众大德焉！

楼宇烈先生致大会函

楼宇烈

南怀瑾学术研究会：

欣闻　贵会于本月十八日在沪上举行南老百岁冥诞纪念活动，深为感动。南老精神，南老为弘扬中华传统文化所做出的贡献，将永远为南门弟子们记住和继承。本人对本次纪念活动的举办，表示真挚的敬意，并祝活动圆满成功。

南老一生为传承和弘扬中国传统文化，真可说是“鞠躬尽瘁，死而后已”。从国内到海外，从台、港到内地，都有南老传播中国传统文化的身影和声音。八十年代南老一批讲述中国儒释道思想的著作在内地出版，曾对当时内地社会重新思考传统文化，有着相当的影响，特别是对当时一大批年轻人引发他们对本国传统文化的关怀和兴趣，更是起到了极大的引导作用。

1992 年北京大学成立了一个“中国传统文化研究中心”，这件事在当时国内曾相当轰动，《人民日报》还发表了一整版的报道——“国学，在燕园又悄然兴起”。人们不知的是，北大这个研究所的成立与南老有着直接的关系，是在南老的建议和支持下成立起来的。

记得当年我校国际关系学院袁明教授，去香港拜访南老，回来后就带回了南老的一项重要建议，即希望北大能够成立一个研究中国传统文化的专门学术机构，并表示他愿意在经济上给予资助。南老大概与袁明教授提到过我之前去香港，曾两次去拜访过他，并交谈甚欢。所以，当袁明教授向当时主管文科的副校长罗豪才教授汇报了南老的建议后，罗校长也把我找了去征求意见，并让我与袁明教授等一起商量关于建立研究所的事宜。于是，在罗校长和学校社会科学部的主持下，召开了好几个座谈会，听取和征求各方面的意见，特别是文、史、哲、考古等系专家们的意见。最终，正式成立了“北京大学中国传统文化研究中心”，之后又编辑出版了以书代刊形式的《国学研究》杂志。这些都得到南老经济上的直接支持。今天，研究中心已经发展为“北京大学国学研究院”，而且还担当起了培养研究传统文化博士生的任务，取得了丰硕的成果。“饮水不忘掘井人”，这一切都离不开南老当年的关心、建议和支持。

中国传统文化源远流长，博大精深，多元包容，丰富多彩，对它的继承和弘扬任重而道远。让我们继承南老的精神，发扬南老的精神，为继承和弘扬中华优秀传统文化而努力、奋斗不已！

北京大学国学研究院

导师　楼宇烈

二〇一八年三月十五日

刘雨虹老师录音致辞记录

刘雨虹

光阴真快呀！南老师百年诞辰到了。想起来最初见老师的那一年，老师才五十二岁，我呢是四十九岁，虽然也是半个世纪以前的事了，但我仍然觉得好像是不久以前的呀。老师的一切成就也好，贡献教化等等，用不着我来说了，恒南书院的李慈雄院长已经讲了很多。现在趁此机会，我来说一说老师送我一本书的事。

那是一九六九年的年底，老师随着文化访问团，从日本访问回到台湾。那天我到青田街八号老师办公处去见老师，当时我们谈些什么我也记不得了，可是在临走的时候，老师送了我一本书。现在大家看一看哪，就是这本书，名字叫《孔学新语》，印刷得很简单朴素。既然是老师送的书嘛，回家以后当然要看一下，这一看，哎哟！非同小可！内容与我平日所了解的孔门完全不同。为什么呢？因为我出生在北方，那个时候五四运动刚开始打倒孔家店。所以我上小学、上中学的时候，我的老师们都是北大的啦，北京师大的啦，他们通通是打倒孔家店的信徒。所以我当然也是要打倒孔家店的，其实我连四书都没有看过。不过当时因为交通不太方便，不像现在这样发达，中国的南方尚未受到打倒孔家店的影响。所以在浙江的老师仍然在读古书，而在北方靠近北京附近的风气，已经就是崇拜国外，崇拜德先生、赛先生，也就是外国的民主和科学。《孔学新语》这本书，使我对传统文化的观念有了一百八十度的改变，所以我就下定决心要跟着老师学习了。

这本《孔学新语》，虽然只有《论语》的前六篇，但它是孔学的重点，在台湾出版以后，引起了轰动。各界尤其是军方，不断前来邀约老师去讲演，讲国学，讲《论语》。直到 1976 年，终于出版了《论语别裁》这本书。然后到了 1990 年呢，也在大陆出版了简体字版。两年前，因为现在的年轻人啊，不喜欢、不习惯读很厚的书，所以我又特别将《孔学新语》找出来，重新编印出版，并且改个名字，名字叫《孔子与他的弟子们》。

跟着老师学习到了今天，转眼之间已将近 50 年了，忽然发觉自己已经是 98 岁了。哎呀，时光太快了，不过因为跟着老师学习、工作，是一件很痛快、很有兴趣的事啊！所以也没有发现光阴那么快。记得老师在谈到人生在世如何的时候，常常会提到一个古人的诗，这个诗啊，是这样的：

我心如灯笼
点火内外红
有物可比拟
明朝日出东

所以人生要这样。所以有缘跟随老师是多么幸运啊！今天这个纪念活动，大家聚会在一起，我虽然不能来参加，但是我的心来参加了，祝大会圆满！圆满！

艾德和纯芝的书面致辞

（美国）艾德　纯芝

乌慈亲　翻译

谨向参加南老师百年纪念的朋友们和家人们，献上我们的问候和最美好祝福！

很遗憾我们不能前来同大家一起纪念这个时刻，但是你们在我们的心中和祈祷中！

谢谢你们继续用思想、言语和行动，来分享南老师对我们的身教言传。

艾德和纯芝

Greetings and best wishes to all of our friends and family who are gathered together to remember and honor Nan Laoshi on the occasion of his 100th birthday. We are disappointed that we cannot be there celebrate with you, but you are in our hearts and prayers.

Thank you so much for all that you are doing in thought, word and deed to share the teaching and the example that Laoshi gave to us.

Marshall and Ginger Adair

林苍生先生的书面致辞摘要

林苍生

慈雄兄：

很抱歉，今天老天爷不让我来，带来了困扰。

如果方便，会上请帮我讲几句话。

一、南老师的思想是我们大家在21世纪好好因循的方向。

二、地球村的时代已经到来，几百年来共产主义的理想，社会主义的福利，资本主义的方法，实验至今都出现一些问题，最后只能靠中华文化的精神来融合，世界才能和谐共处，这样，21世纪才会是中国人的世纪。

三、21世纪是要进入生命能科学研究的时候了，而儒释道三家最后的中心点就是生命的科学。

四、科学与文化的融合点就是生命究竟是什么的研究。不同的人种不同的宗教，共同点就是生命。

五、因此，地球村时代，东西方想要真正融合，非由文化带路不可，需要用儒释道中对生命的深入探讨来作为理论基础，而这正是南老师济世思想的中心。

以上请代传达为祷。

苍生

纪念南怀瑾先生诞辰百年的发言

胡德平

今天是南怀瑾先生 100 周年诞辰纪念日。感谢主办单位邀请我参会，我想谈两点感想，希望能与在座各位分享。

一、台海两岸人们都认同南先生，其背后的原因，是大家都认同中华五千年来的历史文化。台海两岸的人们都尊敬南先生，其背后的原因，是不管在台湾、香港还是内地，他都不遗余力地宣扬中华文化，没有丝毫的功利思想。20 世纪 90 年代，他曾回到内地短暂居住。2004 年以后，则定居内地，甚至把江苏吴江市当作自己的家乡，修建了“太湖大学堂”，作为自己的藏修之地，后来以 95 岁高龄长逝于此。

2006 年 8 月 12 日，我去南京开会，特意弯路拜访南先生，那天我与几位朋友围坐在南先生身边，听他谈古论今，历史典故与人物信手拈来，让人坠入美好的遐想之中，时间从下午直到晚上的九点。我当时抄下了一副对联，他说这是康熙皇帝为郑成功迁移灵柩而题写的：

四镇多二心
两岛屯师
敢向东南争半壁

诸王无寸土

一隅抗志
方知海外有孤忠

之后，南先生又为我们介绍了清代名臣沈葆桢书写郑成功的另一副对联：

开万古得未曾有之奇
洪荒留此山川作遗民世界

极一生无可如何之遇
缺憾还诸天地是创格完人

近日翻阅旧日书箴，深感南先生的苦心孤诣。先说后面一副对联，沈葆桢写了台湾宝岛洪荒时期的先民和明末遗民，乃是中华民族的万古之奇，又写了郑成功力挽危局，虽不成功，但仍不失为一个无愧天地的历史完人。沈葆桢是林则徐女婿，又是中国第一支海军南洋水师的创始人，他对台湾非常热爱，又充满责任感。1874 年，当日本侵台之时，他奉命办理台湾的外交与军事事务，他成功地逼退了日军，而政府却拟定了一条屈辱的外交决定。1874 年后，在沈葆桢开禁、开封、开路、开矿政策的推动之下，台湾才逐步走上近代化之路。

再说前面的对联。康熙皇帝坚决平叛三藩之乱，不眨一眼，对非经他手处死的郑芝龙，事后也未抚恤，但他优渥礼待了郑成功。四镇总兵高杰、刘良佐、黄得功、刘泽清的军力比郑成功部队强大得多，但郑成功却敢向满洲八旗争夺东南的半壁江山。康熙尊重郑氏的海外孤忠，一隅斗志。当康熙武力统一台湾后，他不以成败论英雄，仍然优待郑氏家族，部下四万之众或重编入伍，或归田务农，至此完成国家统一。日后，在中俄的雅克萨战役中，台湾的藤甲兵还投入了捍卫边疆的英勇战斗。

南先生介绍的这两副对联让我对台湾的历史、文化、地理、居民有了更多的感性和理性的了解。我国历史上举出的民族英雄，多存于不同王朝之中，固应表彰，但若以国家观点来论，我认为郑成功才可以称得上是第一个中华民族的民族英雄。理由很简单，当时中国的东南沿海日本海盗猖獗，更危险的是海上已行驶着荷兰、葡萄牙、西班牙的舰队，郑成功是从海洋霸权的强国荷兰手中收回的祖国领土，他作为中华民族的英雄当之无愧。鸦片战争之前，中国人已经睁眼看世界了。

二、我国现在关心、整理、研究、宣传中国古代文化的绝非南怀瑾先生一人。中国自改革开放以来，物质文明建设和精神文明建设就已提到日程之中。这些年来，中国共产党和人民政府更是倡导、扶掖中国古代优秀文化的研究工作。

告诉各位一个消息，先秦典籍中有诗、书、礼、易、春秋五经，独缺佚失的乐经。现经“北京扫叶科技文化有限公司”遵照钱锺书先生“中国古典数字工程”的指点，经过二十多年的辛勤工作，他们已把古代文献中乐经的零散章句收集编辑起来，一部皇皇巨著即将在五月问世。整理出来的乐经共有 3 万字左右。该文化公司输入计算机的文献文字已达 21 亿个汉字，使用的不重复单字 6 万个。收录的文献中有人名记录的 36 万人，其中南宋以前有作品的 1.5 万人。只有做好这一基础工作，一部比较完整的乐经才能出现在读者面前。至此，孔子修订的六经就不再只是五经了。

南先生人生最可贵的一点，是他愿为中国文化献身，他的学术研究成果是他存留的一份珍贵遗产。祝愿这次纪念会能得到南先生的真传，把他未竟的事业发扬光大起来。

中国文化的守望者

——在纪念南怀瑾先生诞辰百年活动上的致辞

孔丹

在南怀瑾老师百年诞辰之际，我们在这里缅怀南老师，有着无尽的感念、感怀和感恩，更激励着我们砥砺前行。

20世纪90年代初，我在香港初次认识了南老师。有一次我应约到南老师家里面的“人民公社”大食堂，参加他的聚餐、畅谈，从此就一发而不可收，跟南老师有了频密的交往，多次聆听他的教诲。

南老师一直以来，对我嘉勉有加，说我这个人平生有豪气，遇事沉得住气，勇于任事，敢于担当，做事认真，做不好的事宁可不做，要做一定要做好。

我多年在我国改革开放的窗口光大集团和中信集团工作。在这个过程中，时时都会有很多困惑，遇到很多挑战。这些疑惑不仅有具体的问题，也有对国家、民族，以及对人生等方向上的思考。

每次见到南老师，都如沐春风。南老师以他精深的学养、博大的胸怀和远大的精神，春风化雨，润物无声，嬉笑怒骂，皆成文章，使我得到多次的点拨，很受教益。1999年南老师亲笔为我题写了辛稼轩那首广为流传的《破阵子》：“醉里挑灯看剑，梦回吹角连营。了却君王天下事，赢得生前死后名，可怜白发生。”他断写并改了一字，把“身后”改为“死后”，让我除却那种烦恼悲切的心态，激励我发扬那种家国情怀，为国效力。

南老师是中国文化的守望者，践行者，集大成者，传承者，发扬者，光大者！

南老师在 1955 年出版的第一本著作《禅海蠡测》封底即印有一行醒目的文字——“为保卫民族文化而战”。南老师的一生，是为保卫民族文化而战的一生，是为中国文化勤恳耕耘的一生。

南老师一直以来对中国文化充满自信，这一点大家能够从他的著作和交谈中强烈地感受到。“已是悬崖百丈冰，犹有花枝俏”，在中国文化被摧残得最严重的时候，在中国人民缺乏自信的时候，南老师犹如严冬的梅花，凌寒绽放。

南老师从不夜郎自大，从不泥古不化，而是与时俱进，注重学习西方文化先进的东西，兼收并蓄，始终都是轻松活泼，通达无碍，用最通俗易懂的语言，不断激活中国传统文化自身的免疫力，赋予中国传统文化蓬勃的生机。

南老师的奋斗、守望，绝没有白费！几经辗转，从中国台湾到美国，从美国到中国香港，从香港到上海，到太湖大学堂，南老师用他的足迹诠释着中国文化的顽强，诠释着中国文化的活力，诠释着中国文化的复兴，诠释着中国文化的未来。

南老师离开我们的那年，正是十八大召开的那一年。十八大以来的五年，是我国砥砺前行、在多个重要领域和关键环节改革取得突破性进展的五年，世界已发生了深刻的变化。

2017 年 10 月召开的十九大指出，中国特色社会主义进入了新时代，今天我们比历史上任何时期都更接近实现中华民族伟大复兴的目标。

南老师多次提到，从 20 世纪 80 年代起，我们迎来了长达两百多年的国运昌隆时期。我认为，国运就是历史规律的客观必然性，通过人民和领袖的主观能动性来实现。我觉得我们国运昌隆是有扎扎实实的依据的，“十九大”就是我们国运昌隆的集中体现。

十九大期间，王岐山同志参加他所在的湖南省代表团讨论时指出，十八大以来，以习近平总书记为核心的党中央“从根本上扭转党的领导弱化、党的建设缺失、从严治党不力的状况，真正体现出中国特色社会主义最本质的特征，校正了党和国家前进的航向”。

我在学习十九大精神时谈到一个观点，习近平新时代中国特色社会主义思想，是在长期的实践中产生的。习总书记在今年（2018 年）1 月 5 日中央党校的开班仪式上指出，中国特色社会主义不是从天上掉下来的，是源自改革开放 40 年的实践，是源自中华人民共和国成立近 70 年来的探索，是源自党领导人民进行伟大社会革命 97 年的探索，源自近代以来中华民族由衰转盛的 170 多年的探索，是源自我们 5000 年的历史文化。

为中国人民谋幸福，为中华民族谋复兴是中国共产党的初心和使命。“中国应当对于人类有较大的贡献”，是毛泽东向全世界做出的庄严宣告。“大道之行也，天下为公！”习近平总书记在十九大报告中明确提出：“坚持和平发展道路，推动构建人类命运共同体。”在新时代，推动构建人类命运共同体已成为中国共产党为人类作贡献的目标模式。今天，中国共产党人正一代一代地把光荣梦想变为伟大现实。

北宋著名理学家张载留下四句名言：为天地立心，为生民立命，为往圣继绝学，为万世开太平。这四句话是儒家和士子的最高理想和追求。

南老师主张，共产主义的理想，社会主义的福利，资本主义的管理和中国文化的精神。

历史选择了中国共产党，这不是偶然的。中国共产党的追求所体现的在一定意义上正是张载的理想，正是南老师的主张，正是古往今来仁人志士的情怀，正是人类美好的愿望，正是中国文化的精神！

我深信，在新时代里，南老师的精神和学问一定能够得以发扬光大！一定能够助力我们实现“两个百年”目标，助力中华民族复兴，助力人类命运共同体构建！

感恩这个时代，感恩南老师。

向南怀瑾先生请益安身立命之说

叶小文

今天龙抬头，百岁南老又抬头。在这座高堂里，高人满座。我因要赶 11 点飞机回京，冒昧先说几句，抛砖引玉。

南怀瑾先生儒释道皆通，“佛为心，道为骨，儒为表，大度看世界；技在手，能在身，思在脑，从容过生活”。诚如《中国文化泛言》一书编者所言，先生之作，对博大精深、浩如烟海的中国文化，无一不能“摄要钩玄、举其纲领、掘其法要”。

我曾以“儒释道相通之要义何在”为题，向他请教。他反问，你怎么看呢？

我对先生说，现代化使人们的物质生活水平普遍提高，可精神世界却缺少了观照。现代的人们拥挤在高节奏、充满诱惑的现代生活中，人心浮动，没有片刻安宁。欲望在吞噬理想，多变在动摇信念，心灵、精神、信仰在被物化、被抛弃。大家好像得了一种“迷心逐物”的现代病。如果失落了对自身存在意义的终极关切，人，靠什么安身立命？

安身立命即“生命的安立”，作为中国文化的传统话题，它不仅是儒家的追求，也是儒释道的通义。这一话题可演绎为关于生命的三条约定：热爱生命，追求幸福——这是安身立命的基本约定，也是今天现代化的动力；尊重生命，道德约束——这是追求幸福的集体约定；敬畏生命，终极关切——这是追求幸福的未来约定。现代化和市场经济不断放大、满足着安身立命的基本约定，但也难免刺激、放任个体对物质享受的过度追求，不断洗刷甚至消解追求幸福的集体约定和未来约定。于是，“天下熙熙皆为利来，天下攘攘皆为利往”，近利远亲、见利忘义、唯利是图、损人利己，甚至“要钱不要命”的道德失范现象，反而在促进生活提高、人类进步的现代化浪潮中沉渣泛起。人，如果在在皆是为钱，就会搞得心烦意乱不知所从，心浮气躁不思进取，心为物役只知道钱，心高气盛欲壑难填。

先生说：我们今天所处的时代，是最好的时代，也是最坏的时代。说好，西方文化的贡献，促进了物质文明的发达，这在表面上来看，可以说是幸福；说坏，是指人们为了生存的竞争而忙碌，为了战争的毁灭而惶恐，为了欲海的难填而烦恼。在精神上，是最痛苦的。在这物质文明发达和精神生活贫乏的尖锐对比下，人类正面临着一个新的危机。今天的世界唯科技马首是瞻，人格养成没有了，都是乱得不成器的。如果教育只是贩卖知识，这就是根本乱源，是苦恼之源。只有科学、科技、哲学、宗教、文艺、人格养成与教育回归一体，回归本位，均衡发展，才有希望。

我和先生讨论过的“生命的安立”“回归本位，均衡发展”的问题，其实也就是一个民族现代化过程中“精神的安顿”问题。

在一个信仰、信念的荒漠上，立不起一个伟大的民族。文化是民族的根。一个民族的崛起或复兴，常常以民族文化的复兴和民族精神的崛起为先导。一个民族的衰落或覆灭，则往往以民族文化的颓废和民族精神的萎靡为先兆。中华民族创造了源远流长的中华文化，中华民族的民族精神，在现代化浪潮中，从传统文化的深厚积淀中重铸，生命安立、回归本位，均衡发展，一定能够创造出中华文化新的辉煌，为中华民族的伟大复兴提供强大的精神支撑。

哲人其萎，其言尤存。谨以南怀瑾先生的安身立命之说，纪念先生诞辰百年。

在南怀瑾先生诞辰一百周年纪念会上的致辞

张连珍

各位专家教授、各位朋友：

今天，我们纪念南怀瑾老人家一百周年诞辰，大家聚集上海缅怀他，我一直感觉南老没有走，他永远活在我们心中，他的智慧、力量、精神永存。我们在南老的书山中走千秋。南老有一首诗对人很有启迪，题目是《聚散》：桌面团团，人也团圆，也无聚散也无常，若心常相印，何处不周旋，但愿此情长久，那里分地北天南。

2017 年 9 月 29 日，我们在苏州吴江纪念南老逝世五周年，我讲述了和南老交往的岁月，特别向他请教并交流我过去几十年研读《易经》的体悟，深感《易经》博大精深。上次我在纪念会上讲了向南老请教与交流的是《易经》六十四卦中的《谦》卦，序卦是第十五卦，排列《同人》《大有》卦后。今天我要讲的一个卦是《大有》卦，我对《大有》卦的几点体悟，有是人生存、生活、生命不可或缺的东西，是物质财富、心灵境界。《大有》上卦是离卦为火，下卦是乾卦为天，上下合起来的卦，为火天大有，金玉满堂，日丽中天。人生要发展，要前进，要取舍，要走正道，才会积累大有，保住大有。《大有》卦对我的启示：

一是要自强自立，大获所有。大有《象》曰："大有上吉，自天祐之。"这里的天道是自然规律，是伦理道德。人要有进取心，自强不息，顺天应人，顺应客观规律，按规律办事。天道无亲，常与善人。一般的卦最上爻不好，《大有》卦最上爻很好。因天道指的是正确、正义、正道，这样自助、人助、天助，自强自立的人大获所有。

二是富而思艰，不能忘本。创业的艰辛不能忘记，要倍加珍惜爱惜。今天的改革开放、和平发展、幸福生活是前辈们流血牺牲、千辛万苦换来的。自身的成功，也是一路艰辛。我们一定要牢记，一个民族、一个人重要的美德就是吃苦耐劳，艰苦奋斗。自然朴素不是贫穷落后，而奢侈浪费更不是文明进步，文明也不是表面文饰，“君子敏于行，而讷于言”，文明进步是蕴藏在行动中的真善美精神。

三是富而不骄，积中不败。《大有》卦的九二爻：“大车以载，有攸往，无咎。”《象》曰：“大车以载，积中不败。”其奥义深妙，词精意宏，品纯德厚，我反复体悟，诵读百遍，回味无穷。“大车以载，积中不败”，我的领悟是：一、要有良好“车况”，自身素质要好，“有大才如大车也”（宋·杨万里）；二、要创业积累财富，积累善德，“积善之家必有余庆，积不善之家必有余殃”；三、“车载量”不能超重，不能歪向一边，守持中道，行稳致远；四、车要驰行正道，有往必正，遵守规则，保“车”平安出行；五、大车装载的不仅是物质财富，也是精神财富。

四是遵纪守法，管好自己。今年全国两会上，习近平在参加重庆代表团审议时强调指出：“要管好自己的生活圈、交往圈、娱乐圈。在私底下无人时、细微处要如履薄冰，如临深渊，始终不放纵、不越轨、不逾矩，增强拒腐防变的免疫力。”这次的重要讲话，深刻精辟，我们要牢记在心。不贪不义之财，不做亏心之事，人不能贪心贪财，更不能发不义之财，甚至丧尽天良。《道德经》第九章“金玉满堂，莫之能守，富贵而骄，自遗其咎”，多么发人深省。我听过服刑人员说自身的惨痛教训：“贪得无厌使自己走上犯罪道路，恶果是妻离子散、人财两空、身心崩溃……”有些人总是在倒霉的时候才总结教训，做人一定要守住底线，不碰高压线。不仅要清醒，而且要坚定。南怀瑾老人家曾说："有形的财富，只是暂时属于你的，而不是真正你所有的。当你到眼睛一闭、两腿一伸的时候，一块钱也不是你的。""严格说起来，真正的财富是知足者富。"我认为，知足不仅是对富有的满足、满意、快乐，知足更要知道自己的足（脚）走在哪里，人要走在正道上。

五是奉献社会，享受快乐。中国特色社会主义已走进新时代，大家要勇于创业、创造、创新。《易传》曰："富有之谓大业，日新之谓盛德，生生之谓易。"有德才、有本领的人要为人民、国家、社会创造积累更多财富，有了财富要学会依法、守法管理经营，正确、合理、健康地享有、享用、分享。其实对一个人、一个家来说，享用需要、必要的财富是不多的，而对极少数失去理智、贪腐的人来说，想要的很多，甚至贪得无厌，一失足成千古恨。一个富有的人更应该谦和、诚信、谨慎。做人要学会正确取舍，当然，取舍要有能力和智慧，没有能力取不足，没有美德智慧舍不得。在我国的文字中有一个"舒"字，很有哲理和人生意义，舍得予，舍得给予他人，自己才舒心、舒服、舒适。但绝不能行贿，把别人拖下水，损人害己，千万不能。大有、富有不仅在钱袋里，有道德、有良心更应在你脑袋里、心窝里。

祝大家健康、幸福、快乐、大有！

南老，我们永远怀念您！

中华文化基因的修补者——南怀瑾

仇保兴

我和南师结缘是 1984 年，在南师的家乡浙江乐清县任县委书记时（当时本地人可以在本地任书记）。上任不久就收到南师从台湾寄过来的《论语别裁》上、下册。从此走上读南书、聆面授、阅书信的学习道路。今天，我尝试用自问自答题来介绍自己粗浅的学习心得。

为何南师著作的读者会越来越多？

众所周知，南师虽然著作等身，但数十年来并没有任何现代传媒广告宣传，没有任何两岸政府红头文件推介，没有任何社会文化基金项目赞助，没有任何国内外著名文化奖项掖奖鼓励，但读者却越来越多，读者中涉及的行业也越来越广，社会的影响更是越来越大。一般来说，谈论和阐释经史类著作是最基础（上下五千年之常识）、最熟知（千万人耕耘过）、最具争议（门派不同各抒己见）和最无趣（不能如文艺小说那样可天马行空）的，但“读南师”却逐渐成为当今社会“文化现象”之一。不仅空闲时读南师，决策时读南师，无奈时读南师，困惑时读南师，抑郁时也读南师。由此可见，南师著作是以浅出深入又富情趣的笔调来阐述中华传统文化，它具有无上的力场，能解读民众的精神难题，能解惑全球化时代的激荡风云。

为何中华文化基因会产生缺陷？

南师常言道："中华文化不能断，断了就会亡国亡族。"任何一个大国，文化不仅决定着民族前进的方向，而且还决定了前进的原动力。德国著名社会学家马克斯·韦伯曾断言："如果没有基督教的新教文化，就没有现代资本主义的兴起。"传统文化中最核心、最基础性的部分可谓之为"文化基因"。我的一位朋友，加拿大皇后大学规划学院院长梁鹤年教授，最近出版了他的著作《西方文明的基因》。他认为，如果说西方文明文化基因源自两千年前的古希腊哲学家柏拉图、亚里士多德和阿基米德等文化巨匠，那么中华文明的基因则来自同时代的春秋战国时期的孔子、老子、孟子和庄子等诸子百家所著的"四书五经"。"基因"虽然是最基本的信息编码，是生物体中最坚韧的部分，但在外界的强力干扰下，也会发生变异，从而出现遗传缺陷。我国作为世界上封建历史最为悠久的文明古国，受历朝的"文字狱"洗炼、历代权威对其的注释和始于隋唐的科举制度的三方夹击，对文化基因影响巨大。南师常常提道：中华传统文化在宋朝的转折最为明显。当时的大儒朱熹编辑的《四书集注》被以后的各个朝廷指定为科举文人的必读书，科举答题也不能超越朱熹划定的"雷池"范围。知识分子的批判精神越来越弱化，与世界的隔离也越来越强化，社会整体也越来越进入"超稳定结构"。民众思想从活泼转向僵化，从包容转向封闭，从创新转向守旧。在表层文化——艺术走向绚丽精彩的顶峰时，民族整体的积弱已暴露无遗。

南师如何修补"中华文化基因"？

以"挑战自然、征服自然的逻辑力量"见长的西方文化在把工业文明推向顶峰的同时，也制造了"气候变化""贫富分化"等顽固性积弊，这充分说明西方文化的局限性也已日益显露。这无疑为以中华文化为核心的东方文化的融合发展留出了空间。时代正在呼唤中华文化的复兴。但是如果让带有明显遗传缺陷的文化基因进入快速复制进化的历史阶段，不仅对中华民族的崛起无益，而且也不利于“人类命运共同体”旗帜下的东西文明互补融合。南师从重新注解四书五经入手，着手修复中华传统文化基因，无疑是实现中国梦最基础的文化工程。南师历时数十年，一以贯之。先是《论语别裁》，对号称“半部论语治天下”的经典以“别的视角”进行重释；再是《孟子旁通》，对问世最早的“人本文化”名著“另辟新径”进行解说；然后是《老子他说》，对千古恒律——《道德经》以“第三者眼光新释”；而《原本大学微言》，则是对这本四书五经基础之砖“微琢微修”；《列子臆说》，更是对其进行“更富想象力的解说”……

南师如何能重注中华文化经典？

纵观历史，无数文人志士都希望在注释文化经典中留下“重墨厚彩”，但鲜有成功者。南师的成功或许缘于三个方面。首先在于南师以天下为公，丝毫不为私名私利所累，以“出世精神”执“入世之伟业”；其次，南师从少年起“发宏愿，立恒心”，不为潮流、利禄等所移；最后，南师坚持包容并兼，学贯中西，博采正野。历代正史，都是统治者重新修订编辑的，充盈着“胜利者”的杜撰。南师本着史实研究“致真、致用”的原则，早已与“学院派、训诂派”分道扬镳。他认为正史可能“无中生有”，野史却可能“事出有因”。真正的史实真相或许储藏于那些躲过历代焚书灾难的民间野史孤本之中。因而南师历数年远渡重洋游历诸国，收集散落于海外的孤本、珍本文献。因世界之大，这些记载史实信息的“区块链”难以被全部毁坏。二十年前他曾寄给我一份书单目录，共计十数万册书籍（含孤珍本），商议在杭州西湖边建一座藏书馆向公众开放（因种种原因未遂，后移师太湖畔）。坐拥如此丰厚的历史文献，南师重注的四书五经就可以“博采正野”了。难怪少数死守正史或学院派的学者对南师的著作颇有微词。众识民智读南师之书，习南师之教诲，以每个人的切身实践，体会重注后的“新四书五经”之真善美，这是不可遏制之“自组织式民智、众慧”。

我们今天在纪念南师一百周年诞辰之际，心中常忆起南师自嘲“三无老人”时的音容笑貌。南师之伟大在于：他不追求功名，而功名永彪；他不谋求私利，却精神财富日增；他从不坚持私见，才海纳百川成就大业。“三无老人”，永远的南师，永远的楷模。

深切怀念南怀瑾先生

强文义

我们十分尊敬的南怀瑾先生离开我们已经五年多了，再过几日将迎来他 100 周年诞辰纪念日。读南书，忆往昔，十分怀念这位时代的伟人，感恩他给国人留下无量的润世杰作，感恩他用宽广的胸怀鼓舞我们去实现宏伟的强国理想。作为哈工大人，特别感谢他为我校的发展给予的无私支持和帮助。

我和南怀瑾先生相识于 1991 年冬。那年 10 月由国防科工委主任丁衡高、副主任聂力和台湾润泰集团董事长尹衍梁先生在北京组建了光华科技基金会。由尹先生出资，主要奖励为国防事业建设做出杰出贡献的科技工作者。理事会由南怀瑾先生任理事长，聂力、贾亦斌、尹衍梁等任副理事长，高等学校参加理事会的有清华大学校长张孝文、东南大学校长韦钰、国防科技大学校长陈启智和哈尔滨工业大学副校长强文义。理事会组织很严谨，下设评奖委员会。每年评选一次国防科研战线的优秀项目和先进人物。1991 年度首届评选，哈工大有 32 人获奖，占奖励总数近一半。而且刘永坦教授领导研制的“地波超视距雷达”项目获特等奖，另有 3 人获一等奖。在 10 月召开的第一届理事会和奖励大会上，我代表获奖数量最多的单位在大会上发言，感谢基金会对国防科技工作者和我校科技人员的厚爱，并请尹先生代向南理事长致敬。

在 90 年代初，在我国科技奖励制度尚未完善的情况下，南先生创导的光华科技基金会，把奖励目标首先集中在为国防建设做出杰出贡献的科技工作者身上，是具有深远意义和远见卓识的。国家要富强首先要国防强。光华科技基金会的设立极大地激发了国防科技战线科技工作者的积极性和创造性。连续多年奖励的一大批先进个人，后来很多都成为国防科技事业发展的领军人才，为我国国防科技事业的发展做出了杰出贡献。

在这次理事会上我认识了副理事长贾亦斌先生，他是南先生的好友，时任民革中央副主席，他为人特别谦和热情。

1991 年 12 月第二届国际制造技术会议在香港召开，我校参加会议人数较多，由我率团参会。我们通过校友朱育诚借住在新华社香港分社跑马地的宿舍。由于贾亦斌先生事先知道我要赴港开会，因此在我到香港前，贾老就先电告了南先生，并告诉南先生我到港后会去拜访他。因此在我们抵港后刚住下，还未参加会议时，南先生已通过新华社香港分社打听到我们的住处，并约我去他住处相见。16 日，我和蔡鹤皋、王仲仁于晚 6 时赶赴港岛坚尼地道 34 号 4 楼他的住处。南先生热情地接待了我们。他给我们的第一感觉“非一般常人”，面目清秀慈祥，十分和蔼可亲，因而肃然起敬。那晚我们在他的“人民公社”共进晚餐，谈了很多，真是一见如故，恨相见太晚。

席间我们谈了对国内外形势和许多问题的看法。南先生说你们学校培养了许多国内著名人士，你们这次光华科技奖一次评上那么多人，你们的学校是很不简单的学校。在谈话中我们了解到他对两岸关系的观点是：第一，弘扬中华文化；第二，促进两岸文化交流和统一；第三，引水归源（希望台资企业到大陆投资设厂）。南先生说现在他住在香港是“留半步”，可以更好做两边的工作，沟通两岸的情况。

在交谈中，我们特别谈到苏联情况和对苏技术引进事宜。南先生对此特别关切，南先生说对苏技术引进工作要抓紧时间，加大力度。现在许多国家乘苏联解体比较混乱状态，都在设法引进苏联的技术和人才。现在还有 2—3 年好时机。我谈到哈工大和苏联有悠久的合作历史，哈工大本身是中华人民共和国成立后苏联重点帮建的两所学校之一，很多教师都有留苏的经历，亦曾有70多位苏联专家在哈工大工作过。哈工大教师俄语好，这些年人员交流往来密切，苏联人也愿意到哈工大来，引进了不少高新技术。南先生对此特别高兴，希望我们一定要抓紧时机，加大引进力度。我说到去年我们自筹经费50多万元，有200多人次和苏联互访交流。南先生说还要加强，并说你们去年花费的50万元经费我负责补给你们，你们回校后马上告知账号，我给你们汇去，一定要组织更多教师引进苏联的高新技术，聘请更多的苏联优秀人才来校讲学和工作。以后引进的费用我可帮你们筹措，但时间要抓紧，现在美国、新加坡，连台湾都在打苏联的主意。

这次赴港和南先生相见虽然时间只有几个小时，但给我留下了很深印象，建立了深厚的感情，虽然那时彼此了解并不太多，但他的远见卓识，宽厚真诚待人，巨大的吸引力让我终生难忘。同去的蔡鹤皋、王仲仁教授都说南先生是一个“高人”，一席相见，终身受益。

临别时他赠给我们一批他撰写的书籍，并签名留念，再三嘱咐我们办事要抓紧。在场一些来访的人亦很惊讶。南先生初次见面就答应支持我们50万元经费去开展对苏技术交流。内地很多学校领导来拜访南先生，希望得到经费支持，南老师都很郑重，并进行了多次考察后才确定。

回校后我把此事向学校作了汇报，大家都非常感谢南先生的支持，表示一定要很好地应用这一渠道，把对苏技术和人才引进工作做好。我亦找了学校外事处，告诉他们南先生支持对我校对苏技术交流经费之事，希望他们很好运作，他们亦很高兴。后来他们提出最近对苏技术交流和人才引进，对方提出希望支付美元，能否和南先生商量提供美元。于是我又和南先生联系，南先生爽快答应改为提供8万美元资助，并希望我很快提供外汇银行账号。

与此同时他还发来一封热情洋溢的长信。在信中，他再三嘱咐我们，一定要抓紧时机，把引进苏联技术和聘请苏联专家的事情办好。

在以后的日子里，我们遵照南先生的希望，加大力度努力做好对苏技术和人才的引进工作。在航天部的领导下，由我校主持，我们和苏联分别在两国的哈尔滨工业大学、沙马拉航空航天大学、西北工业大学和基辅工业大学，连续 4 年召开了 4 次中苏宇航讨论会。引进了大量苏联先进技术和装备，聘请了众多的苏联专家来华讲学和工作。仅第一届在哈工大召开的中苏宇航讨论会，就通过各种渠道，聘请来了 36 位苏联高校和科研院所的顶级专家，包括苏联"火箭之父"克廖辽夫顾问，苏联包曼科技大学资深校长、资深院士格列兹尼柯夫教授。他们到会全面介绍苏联各领域以及航天高科技发展情况，分别和我国高校和航天科研院所签订了多项全面科研协作协议，使中断了多年的中苏科技协作，掀开了新的篇章。而在苏联沙马拉航空航天大学召开的第二届中苏宇航讨论会，我们根据国家需要，更是有目的地派出 50 多名国内著名专家去苏联参会，并深入到苏联各高校和研究院所、宇航生产联合体，了解和学习苏联的高新技术，商谈了许多航天高新技术引进事宜。

连续四年和苏联国防和宇航学术界的深入交流和全面协作，为我国卫星、载人航天、探月工程等国防尖端技术的引进和发展做出了重要的贡献。

哈工大亦在对苏的全面协作中，逐渐成为国家航天科技研究生产和人才培养的重要基地，为我国航天事业发展做出了突出贡献。

回顾这段历史和取得的成就，我们十分感谢南怀瑾先生，是他在关键时刻，给予了哈工大无私的帮助和鼓励；是他高瞻远瞩地再三嘱咐我们一定要把对苏技术交流和人才引进工作做好，才促使我们能为国家国防和航天事业的发展做出应有的贡献。

以下我想再谈一下，南怀瑾先生和孙运璇先生的情谊。

南先生对我校的杰出校友孙运璇先生在台湾经济振兴中起的

作用极为赞赏。他曾不止一次地对我说，台湾地区经济起飞，变成亚洲四小龙，孙运璇先生担任台湾地区行政管理机构负责人，以及他以后创建新竹科技园区，创立台积电，成批引进海外高科技人才等举措，起了十分重要的作用。你们学校能培养出孙先生这样的优秀人才，你们的学校是很不简单的学校。

1994 年我曾率学校代表团赴台访问，参加台湾大学管理学科的学术会议。其间特别去拜访了校友孙运璇先生，我们亦进行了深入广泛的交谈。在我谈到南先生对学校发展做出的贡献时，孙先生对南先生亦有很高的评价。他说南先生为弘扬中华优秀文化、促进两岸交流和高层沟通做了很多很好的工作，他不仅是一位杰出的国学大师，而且是位极力促进祖国和平统一的热情爱国人士。孙先生对很多问题的看法和南先生一脉相通。孙先生亦特别尊敬南怀瑾先生。

孙先生曾中肯地对我说，为了祖国和平统一，大陆应首先把经济建设搞上去，把人民的生活水平提上去，台湾现在人民怕统一后生活水平会掉下去。祖国要统一，要经历一个过程，不能操之过急。

孙先生对大陆经济发展建议，关键要把农村经济和农民生活搞上去，还具体建议要首先把电和公路通到各偏远农村乡镇。孙先生的许多观点和南先生的想法非常一致，孙先生和南先生一样都热切盼望祖国和平统一，并为此作不懈的努力。

鉴于对南先生和孙先生的敬仰，感谢他们对我校工作的支持，我曾向学校建议聘请南先生和孙先生为学校的顾问教授，并正式邀请他们来校访问。

对此孙先生接受了我校的邀请，并于 2000 年 6 月哈工大 80 周年校庆时，不顾身体有病，坐着轮椅，回到了他日夜思念的曾度过 7 年学习生活的母校。在踏上母校的土地时他深深向母校鞠躬，表示了深切的培育之恩。

他接受了母校给予他的杰出校友和顾问教授的崇高称号，圆了几十年回故里之梦。

我亦代表学校多次邀请南先生到哈工大访问，但遗憾的是，他为了促进两岸文化交流和和平统一，开始在香港“留半步”，不肯接受邀请。以后回内地后，他又全力投入创办太湖大学堂建设，未能实现去哈工大访问，这是极为遗憾之事。

在南先生一百周年诞辰纪念时，我们特别怀念他，他的高尚品德和光辉思想将永留人间永放光芒。我们亦十分怀念和南先生心心相印的孙运璇先生，相信他们为之奋斗终生的祖国统一大业，一定能在不久的将来实现。

在“南怀瑾先生诞辰百年纪念活动”中的发言

孙海麟

各位学者、各位同道、各位老师：

前面听了很多专家学者的报告，我非常受启发。下面我想讲一讲我在南怀瑾老师的指导、支持下，退休以后办教育的事。

我一辈子做过很多的管理工作，2010 年 1 月 21 日，我退下来，当时还是全国人大代表。那年 2 月 14 日，是正月初二，我去拜访南老师，南老师说：“岁数到了吗？”我说：“岁数到了。”中午吃饭的时候，南老师说“我看你还闲不下来”，我说：“您有个方向吗？”他说：“教育。”我也是将信将疑。3 月到北京开会，3 月 5 日我们当时的市委书记跟我谈话说：“你回你的母校南开中学去主持工作。”可以说我毫无思想准备，但是巧合的就是跟南老师说的方向完全一样。

我认识南老师比大家时间短，见的次数也比大家少，但是我对南老师非常信任，他跟我讲的话，我都觉得合乎天下的大道。领导和我谈话后，我于 3 月 16 日回到母校南开中学，前天也是我回母校八周年。这八年来，我遵循南老师的教导，办教育，培养圣贤，培养对国家民族有使命感的人。我积极努力地工作，在南开中学担任了理事长兼党委书记，前年我辞去了党委书记职务，现在只做理事长。理事会的组成人员，一是教育家，二是著名的校友，这些大家对南开中学发展起到了很大的作用。我坚持听课，这八年我听了 800 多节课。我做党委书记，讲了 11 次党课。

我跟58届校友赵启正先生，共同创办了一个“南开公能讲坛”。公能取自我们的校训“允公允能，日新月异”，这是1934年提出的，按照这个校训，我们请专家、学者给大家做报告，受到学生的热烈欢迎。我跟学生们说，这些讲座跟你们高考没有多大关系，听了一次讲课，大概高考也添不了分，但对你一生的成长很有帮助！到今年年初，我们已经讲了102讲，第一讲是赵启正讲的，主题是“追寻南开精神的DNA”，专讲南开精神；第二讲请顾明远讲的，他当时是中国教育学会的会长；第三讲请王大中讲的，他是清华大学的原校长，是我们53届的毕业生；第四讲请敬一丹讲的；第五讲请白岩松讲的；后来推下来，一年大概讲十几讲。每个人都是我亲自去请，每次报告都是我主持，每年都出一本书《南开公能讲坛录》，到今年已经出到第八辑了，今年又编辑了一本《南开公能讲坛百讲集》，这些应该说对学生是非常有帮助的。

周总理是我们的毕业生，他这一生在老家上过三个私塾，到东北铁岭上过半年小学，在东北的奉天上过两年多小学，经他伯父的介绍，来到天津，报考南开中学。1913年8月15日开始在南开中学上学，1917年6月26日毕业。毕业证是319号，得分是89.72，这个毕业证的存根现还在我们学校保存。周恩来在这四年期间学了22门课，每两周搞一次课业作文，学校统一发纸，用毛笔书写，基本上是文言文，他自己保存下来。1920年10月18日，他离开天津到上海。我昨天去参观了中共四大的纪念地，同时参观了周恩来在上海的一个纪念展。他是在1925年1月的中共四大，第一次参加党代会，以后主持上海第三次工人起义。临时中央在上海，他待了好多年。1920年11月7日，周恩来从这里坐法国的波尔多轮船，去法国马赛留学。1921年春天，他加入了巴黎共产主义小组。

今年3月1日，中共中央召开了纪念周恩来同志120周年诞辰的座谈会，习近平发表了重要讲话，给周恩来总理很高的评价，我记得有这么几句：“周恩来，这是一个光荣的名字，不朽的名字。”“周恩来同志是近代以来中华民族的一颗璀璨巨星，是中国共产党人的一面不朽旗帜。”“周恩来同志身上展现出来的中国共产党人的崇高精神，是历史的，也是时代的。”习近平用六个“杰出楷模”，概括了周恩来的一生。他说周恩来这一生中有三个时段：一是 1921 年，他加入中国共产党，成为中国共产党最早的一批党员。二是 1927 年，他成为党中央的核心领导成员。三是 1949 年，他担任开国总理，长达 26 年。他认为周恩来同志的人生历程就是中国共产党不忘初心、牢记使命历史的一个生动缩影。

我昨天也去参观了一下陈云的故居纪念馆，我觉得他们对党都是非常忠诚的，同时又都是非常务实的人。周恩来对自己提出的要求是：“戒慎恐惧，中和为贵”，他对自己严格要求，一生都很谨慎，如履薄冰地对待他的事业和他的一生。

回到母校，我听从南老师的指导，他说办教育不一定一个方法，要有很多的方法，但是干事业就要有精神，这像一个钉子，你要在那把它钉好。我第一次见南老师，南老师就鼓励我，你以后有时间一定搞教育，从第一次一直到最后一次，我始终是受到南老师的鞭策。2011 年 11 月 16 日，是我第八次去看南老师，我说：“来了七次了，心里战战兢兢都不敢说，这次按您的说法，回母校办教育去了，您给写俩字吧。”“好！”南老师题写了“书到用时方恨少；事非经过不知难”。我反复思考，觉得南老师说的，既符合中国文化优秀传统，同时对今天孩子的教育也指明了方向。他说要努力。这些年他说了很多：“将来中国缺水呀，要比石油缺口更大，你们要认真研究。”“中国发展潜艇，要比发展水面舰艇下更大的力量。”“中国要抓气象学的预测，这对国家的政治、安全、民生都有帮助。”他关心国家，关心民族，对我这样一个学生的成长，也充满了关怀。

周恩来、温家宝是我们学校的毕业学生，我们学校保留了他们的宿舍，作为纪念室。但是人们容易简单化成南开中学出了两个总理，其实这样的概括是不对的。温家宝同志曾说，我和周总理不可同日而语，咱们学校如果说优秀毕业生，还是以敬爱的周恩来总理为代表。另外，我们的学校出了60多位院士，但其实我们学校还出了42位革命先烈。人们容易只介绍院士，不介绍先烈，只介绍党和国家的领导，不注意介绍专门人才当中的杰出者。我们注意了这个问题，为此设立了一个梅贻琦先生纪念室。梅贻琦是我们学校首届毕业生，在清华大学当了17年校长，在西南联大主持8年工作，以后又去台湾，创办了新竹清华大学，这是非常著名的教育家。我们校友中还有第二位清华大学的校长，叫金邦正。校友王大中做了十年清华大学的校长。我们觉得，学校能培养这么多教育家，这是我们的最大成就。我们学校还出了很多文化工作者，像曹禺等很多文化人。在上海的文化人就有一大批，金焰、石挥、秦怡、上海的人民艺术剧院院长黄佐临等，这都是我们学校的毕业生。我们杰出的老师也很多，像老舍、张中行、熊十力等等。

南老师对我有很多指导和帮助。他很少讲大道理，他知道我是行政官员出身，着重在国家民族兴亡和民生上给我多作指导。我去南开中学之后，他的指导也非常具体，他说一定要让孩子不能死读书，读死书，一定要把孩子们教得有责任感，有家国情怀。我觉得我这八年来，在南老师的指导和帮助下，既遵循党的教育方针，也按照中华民族优秀传统文化来开展工作，这些对我办学是很有帮助的。

2012年9月29日南先生去世，30日我和我的朋友也来悼念，我对他的崇敬，是发自内心的。今年是南老师一百周年诞辰，我没有做发言准备，即席让我说几句，我就把我对南老师这样一种真诚的怀念贡献给大会。

谢谢！

在南怀瑾先生家属捐赠家书墨宝仪式上的讲话

施艾珠

尊敬的各位领导、各位嘉宾、各位朋友：
乡贤南怀瑾先生的亲友们：

大家下午好！

就在刚才，在掀起南怀瑾先生铜像红绸的这个瞬间，我好像回到了6年前聆听先生讲课的时刻；而捧着南怀瑾先生的家书、墨宝，更能感受到其中的温度、情怀和分量。在这里，首先请允许我代表温州市委、市政府和世界温州人联谊总会，对为纪念南怀瑾先生100周年诞辰活动付出辛勤劳动的组织者，表示衷心的感谢！对不远万里从世界各地前来参加活动的嘉宾，表示真挚的问候！对乡贤南怀瑾先生的家属和亲友无私的奉献，表示崇高的敬意！

南怀瑾先生，是享誉海内外的文化学者、国学大师，他毕生致力于弘扬中华优秀传统文化，成就斐然。正如浙江省一位老领导所说，南老是中国传统人文的集合体，也是中国传统文化的传播体；是中国传统文化的一个特殊吸收体，同时也是一个中国文化的繁衍体。南老能够把中国传统文化作现代的阐述，能够把我们五千年的中华文明作全球化的国际表达。

南怀瑾先生的可敬，还在于他有着强烈的爱国情感和中国传统士大夫那种浓郁的“修身、齐家、治国、平天下”的报国情怀。在国家和民族危难时刻，他能挺身而出，跃马戍边，智御外辱。抗日战争、两岸和谈、香港回归等国家和民族历史上的重要时刻，都留有他闪光的生命足迹。

当我们的国家进入改革开放的新时期，南怀瑾先生更是用世界历史和现代政治的敏锐眼光，剖析现代，展望未来，召唤海外年轻人到中国创业，躬身参与中国的改革开放实践。他曾在中国内地创办了第一家规范的股份制企业，倡导建成当代中国第一条境外合资地方铁路，并致力于开办学校、奖励科技进步……其识见之远、用情之深、成就之大，令人肃然起敬。曾经担任温州市委书记、中纪委副书记的刘锡荣先生说：到中国投资，要有四个基本理念和认识，那就是共产主义的理想、社会主义的福利、资本主义的经营和中国文化的精神。这几句话，是南老先生对邓小平建设有中国特色社会主义伟大理论与实践深切体会的概括。

南怀瑾先生对家乡的热爱、关心和支持，也是与众不同的。作为学贯中西、著作等身的一代大师，他特别注重家乡的历史传承和精神文化的建设。早在 30 年前的 1988 年，他写信给家乡温州市领导，建议温州应首先发动全民建立社会主义的社会新秩序，作为首倡而影响全民社会。这一倡导和建议，对温州改革开放的进程影响深远。而之后他的身体力行，更是发挥了很好的示范引领作用。由于特定历史时期的特殊原因，南怀瑾先生的家庭曾经受到了非常严重的影响，但是当家乡温州需要他时，他总是义无反顾地伸出热情之手，不计个人恩怨，不计家庭得失，呈现出宽阔博大的胸怀，支持家乡，奉献大爱。

南怀瑾先生是世界温州人的骄傲，更是世界温州人的学习楷模。古人云：“家风正，则后代正，则源头正，则国正。”今天，南怀瑾先生的家属无私地把自己珍藏的十分珍贵的家书和墨宝捐赠给世界温州人博物馆，让更多的人共同分享南怀瑾先生优秀的家风家教和深邃的精神内涵。墨宝蕴大道，家书入家园。这也是建设中的世界温州人博物馆收藏的第一批珍贵文物。2018 年

3 月 18 日，是南怀瑾先生 100 周年诞辰纪念日，我们将把这个日子作为世界温州人家园向全球征集展品的正式启动日，以此来深切怀念南老先生。在此，我们再次对南怀瑾先生表示深深的感激和敬仰，感激南怀瑾先生为世界温州人带来荣光，敬仰南怀瑾先生为世界奉献智慧，同时也感谢南怀瑾先生的家属和亲友的无私捐赠！

谢谢大家！

喷洒心珠答有情

——在南怀瑾先生诞辰百年纪念会上的感怀

宗性法师

“峨眉峰顶一轮明，照到人间未了情；回首嘉陵江畔路，心随帆渡蜀山青。”这是南师旅居海外时怀念四川的诗，诗句中透露出南师对峨眉山充满了眷恋，对巴山蜀水饱含深情。

“情”之一字，常为修道之人所避讳，或许是以为有了“情”，就会成为自在解脱的挂碍。

古德有云：不俗即仙骨，多情乃佛心。大义是说，修道之人虽生活在俗世，但只要脱离俗气，自会有超然而又不同凡响的仙家气质；学佛之人虽然应摒弃“情欲”之患，但只要对芸芸众生充满无私的爱护之情，这样的情怀，即是慈悲心的流露。佛经上说：佛心者，大悲心是也。

回顾南师的一生，应化尘世九十五载，近百年的人生道路，在传奇的行履中，我看到了南师丰富饱满的情感世界，有对故园的、家人的、学生的、国家的、民族的、黎民百姓的，是“不俗即仙骨，多情乃佛心”的生动再现。是以南师用“多情未必道情违，争奈春回情境微，答问恐迟劳笔砚，送迎不忍掩柴扉”的诗句，表明心迹。

南师牢记其父南公仰周先生“仗剑须交天下士”的教诲，广交朋友，遍及五湖四海。其中有一位钱吉先生，是南师最初入蜀时的患难挚友，直到晚年南师依旧十分怀念他。吾生也晚，自然无福见识钱吉先生，但很钦佩他的特别慧眼。钱吉先生曾赠南师一首诗，他这样说道：侠骨柔情天付予，临风玉树立中衢；知君关心两件事，世上苍生架上书。在钱吉先生的诗中，我们能感受到上天赋予而别具“侠骨柔情”的南师形象，能感受到立于中衢不随世流而“玉树临风”般伟岸的南师身影，更能感受到南师心怀家国、情系苍生的宽阔胸襟。

南师一生有“养天下父母”的博大情怀。他 17 岁离乡别土，在 31 岁时返乡省亲，短暂地与父母妻儿团聚，离开大陆赴台后，一直未再踏上故土之路。乐清是南师的故乡，有生他养他的父母，在常人看来，南师对故土似乎几近“无情”，未尽到为人子女的赡养义务。但南师的内心，又何曾忘怀故土？又何曾忘怀双亲？他是有着大海一般的心量，“以仰事父母之心，转而养世间父母”“著作等身还天地，拱手园林让后贤”，斥资将曾经的居所建造为乐清老幼文康活动中心，无偿供乡亲四邻安顿身心，用贤良高风来“报生于此土，长于此土之德”。南师这份无私的故土情怀，“转养天下父母”的深情，是何等的可贵与珍稀，既温馨，又感人至深。

南师一生有“视天下人为子女”的无私心地。他居于尘世，膝下有四男二女，他常年忙于讲学，常年忙于弘扬文化，常年忙于应酬教化，甚至后来常年与学生共住生活，无暇兼顾家务，无闲为子孙后辈置业纳产。子女们成年后，往往是自寻生计，自谋职业，甚至到了要见上一面，也需预约的境地。在常人眼里，这是一位似乎几近“绝情”的父亲。众所周知，南师一生天下为公，财法双手布施，他对子孙后辈的叮嘱，往往是“功勋富贵原余事，济世利他重实行”“慆慢则不能研精，险躁则不能理性”“淡泊以明志，宁静以致远”的谆谆教诫。他把大量的时间留给了学生，把毕生的心血和智慧留给了天下人。他敞开胸怀，“视子女如天下人，视天下人如子女”，他如是说，也如是行。他虽然长期开堂讲学，但他常说自己没有学生，其实他并不是有意要贬低学生，分明是激励学生上进的慈悲之心，所谓“婆子心切”，无如是也。在他心里，总是想着“为后世造就利国利民之才”的事业；在他心里，总是装着“为群生启发自觉觉他之慧知”的宏愿。南师这份沉甸甸“视天下人为子女”的无私大爱，“天下人”是否能够承受？“天下人”是否没有辜负？南师这份犹如慈父般严厉而又温润的呵护，是难行能行的挚热之爱。

南师一生践行着师道庄严的示范。他 1937 年入川，在四川前后生活了近十年，那里有他亲近过的师长，那里有他切磋法义的道友，那里有他生活过的余温。自他离开后，近七十年时光中，再也没能实现故地重游的夙愿。但他对师长之恩、同门之谊，却念念未能忘怀。20 世纪 80 年代初期，他虽身居海外，但在条件允许时，立即设法联系蜀中故旧，对健在的师友，不仅予以物质生活的关照，还给予法义修持上的提携。在他生命的最后时段中，仍催促寻访焕翁遗蜕并建造灵塔，用报师恩，以彰师德。南师这份率先垂范、维护师道庄严的真切情谊，令人肃然起敬。

南师一生坚守情牵家国黎民的无尽行愿。他生长于乱世，他盛年流离，他晚景回归，他一生总处于漂泊中，但他并没有为离乱漂泊所困缚，始终秉持“为天地立心，为生民立命，为往圣继绝学，为万世开太平”的担当，以“身无半亩，心忧天下；读书万卷，神交古人”的奉献，活出了精彩，活出了价值。他数十年如一日，身体力行，讲说书写，聊侃谈笑，孤肩挑起中华文脉命若悬丝的重任。倡吸收东西方文化之精华，开班、讲座、办书院、设学堂；发科学、哲学、宗教融合互鉴之先声，助文化传播、文教科研、经典传诵之义举；还原固有文化精神，重新诠释经典奥义；阐明中华文化重视心性修养的本质，开启文明交往交流交融之大门。他不忍战火再起华夏，难忍神州河山支离破碎；为实现两岸和平统一，牵线搭桥；为国家民族大义，居中呼吁；他力主“和平共济，祥化宿怨”，他力促“同心合作，发展经济”；他力助确立“协商国家民族统一大业”的基本原则；为此，他发挥了独特的作用，贡献了独具的智慧，费尽了独有的心力。他不固守书斋，不沉于经籍，力行中华文明“经世致用”的人文精神，领衔筹建百年未就的金温铁路，最终实现还路于民，让行者有其路。在他心里，“铁路已铺成，心忧意未平；世间须大道，何只羡车行。”为了建造“世道人心”的大道，他一直在孜孜不倦地努力，他内心深处常有“以文化净化人心，以人心净化实现天下太平”的愿望，是以他对世人充满期待，“人如无贪，天下太平；人如无嗔，天下安宁。愿天常生好人，愿人常做好事”。他对国家民族的复兴大业，念兹在兹，不遗余力；他对黎民百姓生活的关切，号召重塑“利他为先”“天下为公”“经纶济世”的金融精神。南师这份家国志、黎民心，饱含矢志不渝的赤子之情。

回望南师一生，生于瓯海，缘结锦江，远行海东，避走太平洋，栖隐香江，晚归太湖，择水而居，与水有缘。孔子有云：仁者乐山，智者乐水。此刻，我依稀望见，南师竹笠布衣，浮槎于海；舟催楫发，笑若春风；以筏渡世，忙碌穿行；悲悯众生，具菩提心；情系家国，胸怀天下。正所谓：

惟微大道惟危心，
劳心耕耘劳清神；
平生吸尽西江水，
喷洒心珠答有情。

南师，我还期待着，听您讲过往的故事。

南师，我十二万分地怀念您。

宗性　于上海恒南书院

2018 年 3 月 18 日

在南怀瑾先生诞辰百年纪念会上的发言

何迪　王苗

主持人（崔德众）：

有请何迪先生以及太太王苗女士上台发言。何迪先生是瑞银证券董事长，博源基金会总干事；王苗女士是香港中国旅游出版社总编辑，世界华人摄影联盟主席，是一位著名的摄影家，欢迎二位。

何迪：

诸位前辈，诸位学友，2018 年 3 月对我们两个是非常重要的一个月。因为这个月的开头，我们送别了我们最亲密最尊敬的朋友——陈小鲁，他因心肌梗死突然去世，原来我们约好的，他和他的夫人粟惠宁，我们约定一起来参加这个纪念活动。老师很喜欢陈小鲁，尽管他是元帅的儿子，他从来没有纨绔子弟的这一套浮躁骄横之气。老师赞赏小鲁活得潇洒，并为他的儿子陈正国，改名陈茂公，孙子起名为陈厚全。记得 2011 年 4 月 18 日，小鲁夫妇、秦晓和我们一起去看望老师，谈及时政，老师多有批评。第二天小鲁写了：有感南老教诲，撰一对联，与秦、何兄共勉。对联是这样的："万景眼前过，问何人可知天命；千虑心中生，唯智者能观自在"，横批是"道法自然"。老师看后大为赞赏，说："没有想到，小鲁有这等文采与悟性。"今天我们带来了小鲁生前的愿望，来此与大家一起怀念我们的老师。

这个月 15 日，也就是三天前，我们刚刚举办了王苗父亲百岁的纪念活动，他是 1936 年入党的老干部，但他一生经历坎坷，特别是我们一起共同度过了“文革”艰难的十年，在“文革”结束三年后，他就离世了，至今有 40 年。

今天我们带着我们的希望来到这儿。期望我们的父亲在另外一个世界，与他同庚的南老师，能够相会，能聆听老师的教诲，这是我们的希望。如果我们的期望能够实现，也是对我们心灵最大的安慰。

感谢会议的组织者，为学友们提供了这样一个机会，来怀念我们最敬仰，受益终身的南老师。1992 年 6 月 16 日，我们从北京刚刚办理完母亲的丧事，路经香港回美国，这是我们第一次拜见南老师。老师送给我《论语别裁》，同时送给我一个大红包说：“穷家富路，出门多带点，让家里放心。”从此追随老师 20 年，从香港坚尼地道 36B 四楼，到上海长发花园 15 楼，再到太湖大学堂。我们困惑烦恼了，有老师解疑释惑，我们高兴欢乐了，有老师和我们共同分享，从此我们有了一个心灵安顿的家。

这个月我们送挚友、思亲人、念恩师，我们思念之苦、之痛，是无法用语言和文字表达的，我们正体会着什么叫作刻骨铭心。

为了老师百岁纪念，我们编辑了一本有王苗为老师拍的照片，和他（老师）的墨宝的画册，献给老师，也和学友们共同分享！这里想特别感谢刘晌强先生，两年前我们是因为读老师的书而结缘的，为了这个活动，他的公司承印了这个画册。

虽然老师已经离我们而去，但老师的精神仍伴随着我们以至永远！

这个幻灯片呢，取自这一本画册，请王苗介绍她给老师拍照的故事。

王苗：

我是特别幸运的一个人，也是特别幸福的，因为老师常说他是三陪老人，陪吃、陪聊、陪拍照（众笑）。因为所有的人都想跟老师留下合影，但是我特别幸运，因为国熙，拍了这样两张老师的照片，专门请了外国的摄影师，折腾了一下午。拍了这两张标准相之后，我觉得这两张相当然拍出了老师的慈祥和庄严，但是他没有把老师的精气神表现出来。所以在1994年的时候，那个时候还没有数码相机，我用胶片，弄了一个闪光灯，把这个灯光打到房顶上，在老师跟别人聊天儿的时候，我抓拍了很多。第二次呢，是李青原，她要老师教她九节佛风功，所以青原去摆布老师，我也同时在旁边抓拍。20年中间，我拍了老师的很多照片。最后一次是2011年，宏达跟我说，来给老师拍点照片吧。老师这时候眼睛已经很不好了，所幸那时候有了数码相机，我可以在他的书房，在走廊里，为老师留下这些珍贵的影像。老师离我们而去了，但是他永远在我们的心里！谢谢！

主持人：

两位稍等，非常感谢我们两位同学诗一样的致辞。为了这次百年的纪念，我们这一对伉俪同学，特别在香港，对老师生前的图片照片进行了搜集，自费出版了这一本纪念文集，而且自行地运到了这里，作为个人的礼物，送给我们在场所有的朋友，大概已经在大家的礼品袋里了。所以对他们我们应该表示特别的感谢，谢谢你们！

王苗：

我把这一本送给南怀瑾文教基金会，这是一本精装本，希望老师的精神永远发扬。

南国熙：

感谢王苗姐！感谢何迪兄！非常感谢！

在南怀瑾先生诞辰百年纪念会上的发言

郑宇民

各位来宾、各位同人、各位乡贤：

大家好！南师北斗，百年照耀。南老是不是大师？南老生前始终否认他是大师，终不自为大，故成其为大。

南老是一个非常普通的人，普通得居无定所，普通得粗茶淡饭，普通得见素抱朴，普通得连正式的大陆居民身份证也没有。他的居民身份证是当年温州市委书记发给他的荣誉市民证书。他普通得像一个老书生，“老书生，白屋中，说黄虞，道古风，许多后辈高科中”。这就是南老生活的真实写照；什么门前仆从雄如虎，什么陌上旌旗去似龙，“一朝落势成春梦；倒不如蓬门僻巷，教几个小小蒙童”——这就是南老的价值取向。

南老是一个非常普通的人，但是他做了非常了不起的事；他是一个非常平凡的人，但是他给予了我们非常高尚的人格彰显。他的贡献在哪里？中国传统文化的现代表达。他的贡献在哪里？中国传统文化的国际表达。他的创新创建在哪里？商业社会的文化表达。这三件事情是非常了不起的事情。

中国传统文化现代表达谈何容易！100年，我们经历过战火，经历过“文革”动乱，经历过西方现代经济的冲击，中国文化怎样现代表达？要有补天的精神，南老默默无闻就是在修复，在修补中国传统文化能够完健地走到现在。

国际表达谈何容易！我们改革，如依照着西方的规则，我们只有步人后尘。靠什么？靠软实力。靠什么？靠中国文化。中华文化跟国际规则的对接，就是我们中国优势翻转的最大可能性。

商业社会的文化表达谈何容易！文人都变成商人了，但是没有把商人变成文人。南老反其道而行之，要把商人、商业社会人文化。这三件事情谁在做？南老在做，默默无闻地在做，这就是高尚，这就是不大而大。

南老的可贵之处，还在于率先垂范。我们很早的时候就收到过他给我们写的书单，书单上有非常深邃的古典、历史，他有一本让我始终不太理解的书——《绘图字课四千字文》，光绪年间的小学课本，4000 个字，我捧着这本书，就百思不得其解，他为什么给我开这本书呢？后来我明白，在中国文化断层的特殊时代，我们都变成了小学生。我们要用小学生的姿态来补习中华文明的文化人文课。我们不能以博士生的姿态来大谈西方的文明，而是用小学生的姿态来补习中华文明。小学生的姿态，补课的姿态，与时俱进的姿态，这就是南老在这个书单当中给我们传导的、我们这一代人特殊的缺陷和需要补增的使命。

有一次我跟秘书长一起去看他，他在他的书房里拿出两本书，一本叫《史移》。《史移》可能有人看到过，有人没看到过。南老认为，历史的纵轴，趋势始终是向前的；历史的断面，剖开来始终是混乱的。混乱的断面和趋势的直向，如何统一起来？短暂的从政生涯和整个历史进程，如何合拍？这就是从政者的智慧。把握好这一点，你就进步。

南老对于我们浙商的成长，有非常好的呵护。他始终认为，商业社会要用商业文明来表达。有一次我们带着上百个浙商，来请南老讲课。南老讲到财富观，财富，皇家所有，盗贼所有，灾害所有，去病所有，恶子所有，还讲了《长短经》、讲了《反经》。他认为我们有好多事情都从正经方面去要求，必须从反经方面去防止。反经是什么意思？不是造反的反，是极端，走向反面的反。说到底反就是不正，就（是）不正经。士有五个不正经：第一个不正经是什么？权势、权贵、炫耀、欺压百姓，叫权贵不正经。第二，炫富，财富充盈，傲暴，为富不仁，叫为富不正经。第三，什么不正经呢？勇，恃勇力，介入黑社会，勇武不正经。还有呢？智慧不正经，阴谋诡计，暗箭伤人，叫智慧不正经。还有一个什么呢？容貌不正经，利用自己的容貌、形象、虚假形象去勾搭人。后来我们浙商也在商量，这五个不正经跟浙商怎么对应防范？第一个，不行贿，不跟权势不正经勾结，不行贿。第二个，不逃税，把财富奉献给国家。第三个，不侵权，智慧，不能不正经，不侵权，知识产权人家的。第四个，不欠薪，要善待下属，善待员工。不行贿、不欠薪、不逃税、不侵权。还有一个就是容貌不正经，娱乐场所也不能去。后来他们讲这要求太严格了，第五条就不要了，就四条。我认为做到四个也了不起。所以南老对于我们的生存方式的影响、发展方式的影响、取事方式的影响是非常深刻，非常久远的。浙商现在开始觉悟，过去是追求美元，现在追求美好。过去是经济建设，现在是经济建设、政治建设、文化建设、生态建设、社会建设五大建设一体。我们过去是发展方式，现在是“健康发展、优雅生存”。怎样做一个好的人，怎样做一个快乐的人，怎样做一个有意义的人，这都是我们中华文明对于人类存在的特殊的内涵要求，也是南老一直追求和倡导的。

南老是不是大师？不是大师胜似大师；南老是先人后己的先师；南老是让我们导入正确的发展方向和人生轨迹的导师；南老是对我们所有在座的人都有恩的恩师。我们必须纪念南老，必须弘扬好南老的精神财富，南老的精神财富一定要最大化地社会化、国家化和国际化，南老的财富要最大限度地无形化、知识化、精神化。我非常欣赏南老的家人把南老的精神财富有形的和无形的捐献给国家、捐献给社会。

南老属于这个时代，南老属于我们这个国家，南老属于人类，谢谢！

南怀瑾老师的历史遗产

（美国）Joshua C. Ramo（雷默）

今日参加南老师百年诞辰纪念活动，并能借此机会谈一点和老师有关的想法，我备感荣幸。我没能像自己希望的那样，更长期、更深入地跟随南老师学习。同时，我也觉得自己是一个不合格的学生，因为，真正跟随南老师学习（做南老师的学生）所需要的投入和专注力，对任何人来说都异常困难。当然南老师深刻了解这点，也以此为基础因人施教。他了解每一个学生，他们的不足，以及他们最适合走的路线。与南老师在一起，我们有一种感觉，就是他总能快速判断出学生的性向，并因材施教。他对学生没有期待，也没有失望，只有实在的事实。他洞察学生的未来，就像我们读一行简单的诗句。

今天我想简要探讨一个南老师很关注的禅修问题，该问题也影响了我的修为和生活。我认为，他这个观点的含义超出了禅修这个问题本身。不过我必须强调，这仅仅是我自己的看法。如果南老师在这里，他很可能不同意我的看法，会说我对这个问题的理解过于简单。然而，这就是我作为一个学生的能力局限了。

简单介绍一下背景。在遇见南老师之前，大约十多岁的少年时代，我即开始学习禅宗临济宗。但当时我并没有老师，我自学了禅修以及那些神秘的洞察力。这意味着我犯了很多的错误，并且需要艰苦努力才能适应有老师指导的学习。但这也给了我基本信心，让我觉得自己有能力去磨炼自心。毕竟，禅宗最终要求的，是自己启发自己的觉悟。

一个禅宗学人尤为关注的问题是，在思绪慢慢平静下来时，如何处理“心”的问题。在禅修过程中，处理心灵活动的方法有很多种，包括专注呼吸（看呼吸），或者专注光（看光），或者“参话头”等。“参话头”是禅宗的一个有趣且独特的教育法。南老师认为，大多数情况下，“参话头”并不适合现代社会。但是他也承认，它的确有一定的作用。我想谈一下对这一点的看法。

南老师的能力非比寻常。他熟练掌握许多修行的宗派（学派），并是其传承者和教授者。不仅如此，他深刻地洞见到，哲学和历史本质上是一个东西，不了解一个，也很难了解另一个。正是基于此，他可以判断出各种学派的价值。 因此，觉悟不光是一种心灵境界或哲学修持的成就；在觉悟的那一刻，它使人触及一种力量——这个力量是如此的深邃，它能贯通万有。正是觉悟，使他能对我们这个时代做出敏锐而准确的判断。他对我说，“这个时代，将是一个充斥精神疾病的时代”。他认为，今天大多数人，都还没有武装好，无法应对这种时刻与机器、世界以及他人的紧密互联所带来的焦虑和压力。他认为，不仅在生理层面如此，在思想精神层面、社会层面以及政治层面也是如此。

那么，在这个时代，我们如何看待觉悟这个课题呢？又如何行为呢？我们又该如何考虑那些违反一般理性的事物？我们该如何准备、管理自己的心灵和思想精神，使我们产生洞察力，在被迫面对无历史经验可参考、又非一般理性分析可解释的思想、人类以及社会的变革之时，可以让自己走向觉悟之路？当然，这也是禅宗“参话头”的一种。这也把我们的修持和我们的人生连接起来（而不是割裂开来）。

今天，一些苗头正在出现，可能是一种运动、革命，或者科学，这些苗头指向全新的生活、思维方式。南老师认为，像基因编辑和人工智能等技术，是科学自然发展的产物，但这些技术也从根本上改变了什么叫作人类（人类的定义）。当然，传统的觉悟方式仍可以奏效，但要看清这些正在发生的新事物的本质却愈发复杂。此时，我们面临的最基本的问题便是，应该如何去面对这些从未见过的新事物。同时，一个更深层次的问题是，这些生活中的改变，如我们的意识可以通过技术与他人相互连接，人工智能可以与我们互动，以及我们的基因也可以编辑，是否会为人类打通觉悟的新道路。 这很重要，因为我们必须对我们所处的时代做出判断。现在，我们周围的世界似乎陷入了一种混乱。我们的身心思想都被这一切所占据——尽管我们希望可以超然世外。

南老师曾这样谈到历史上的五代时期。“智者认为那是一个无可救药的时代，所以靠边站开了。他们都有济世救人的情怀，为什么会站开了呢？”这也是我们今天面临的问题：我们是否身处一个无法挽救的时代？如果我们心有慈悲，那是很难接受的事。也或许，这是一个我们的行动仍可发挥作用的时代？这是人类历史上所面对的最难问题之一，也是我们今天所面临的根本问题。南老师已经指示了我们回答这个问题可能需要的工具。或许，南老师句里行间也暗示了他对这个问题的看法。但至少对我而言，答案仍然不清楚，而寻求答案的道路上，（世界） 也可能充满了可怕的发展和演变。

在“南怀瑾先生诞辰一百周年纪念会”上的发言

贾浩

首先，感谢大会组织和举办方（尤其是老友、恒南书院院长李慈雄先生）的热情邀请和周到安排，非常荣幸和高兴能参加今天的大会！

南师的亲属后人，各位领导，各位大德和嘉宾：

今天的大会，是对南师怀瑾先生百年诞辰，对南师精神和愿业最好的纪念、继承和弘扬！

我想以认识南师30余年来的切身体会和感受，从以下几个方面缅怀和思念南师。

第一，父辈的世交之谊。

抗战初期，先父贾亦斌以一名时年24岁的青年军官，毅然请缨投身抗日战争，参加了包括1937年八一三淞沪战役，及其后徐州、武汉、鄂西与长沙五大会战。当时因国军大批军官士卒的阵亡与损失，父亲以参加多次大战的实战与指挥经验，于1940年8月被调至成都中央军官学校担任军事教官，任军官教导队步兵校尉官研究班上校战术教官兼区队长。南师当时是中央军校的政治教官，两人当时都仅20余岁，作为投身抗战、风华正茂的同事挚友，相处时间虽不长（父亲1941年7月被授予将军衔，又重上前线），却从此建立了终身不渝的深厚友情。

第二，南师的言传身教。

1985 年 2 月，我在上海国际问题研究所（院）获美国外交和政治硕士学位并留所工作，后于该年 8 月下旬前往位于美国首都的乔治·华盛顿大学任访问学者。在此后的三年中，有幸结识南师并得其言传身教。

记得 1985—1986 年之交，接到父亲从北京来的电话，告知有位台湾留美的斯坦福大学博士李慈雄先生，受其师，也是父亲的老友和抗战时同事、国学大师南怀瑾先生之托，前往北京家中看望；慈雄返美后将与我联系，并将向南老师引见。父亲要我好好向南师学习、悟道。

果然，没几天慈雄就与我电话联系，并在周末的下午来到我当时寄居、位于华盛顿市区 16 街 1708 号的美国房东家中（远远对着美国总统府白宫）。我和慈雄两人一见如故、相谈甚欢。很快慈雄又带着我去拜见了他称为奇人的南师怀瑾。

在美国相交的近三年时间里，南师的言传身教，终身难忘！当时南师在华府郊区维州麦克林的宅子，永远是个海内外高朋满座、人声鼎沸、欢声笑语的大家庭。南师的时间也永远排得满满的。从传道授业解惑、打坐养生、议论时政、诗词文学、人生哲理、排难解纷到幽默玩笑，凡所应有、无不尽有。一到“南师大食堂”开饭时，就更别提多热闹了。虽然岁月荏苒，一晃已 30 多年，当时的情景仍栩栩如生，历历在目，恍如昨日。

当时我开始在美攻读国际关系博士学位，学业很忙。但周末只要一有时间，就往南师家跑，还常带着太太和小女前去。南师的很多教诲，有些当时似乎明白了，有些当时还费琢磨，但往往许多年经历世故人情更多后，才又有更深的感悟。记得南师当时已在组织中外弟子，计划将包括《论语别裁》等所有著作都译成英文等各种语言。南师还让他的大弟子朱文光先生，将美国的交通规则与驾驶考题，详详细细、非常耐心地向我们中国来的年轻人讲授。

第三，正如学习中国各个历史时期的先贤，我们今天也应更全面深入地认识与学习南师。

南师一生，对国家和社会最大的贡献，就是兼收并蓄、博采众长，终身研习、大力传承与弘扬中华文化与其核心，即以儒、墨、道、法、易，兵、农、医、艺、释等为主体，博大精深、源远流长、数千年绵延至今，蔚为壮观的中华文明智慧。

更为难能可贵的是，南师终生身体力行，以知、思、言、行合一，而达成了德、言、功的“三立”合一。

此前各位嘉宾都详细和深入地介绍了南师的立德、立言，以下就自己所耳濡目染者谈谈南师的事功方面：

一、创建民间“光华教育基金会”和“光华科技基金会”。

20 世纪 90 年代初起，在南师和弟子的发起与推动下，成立了民间的“光华教育基金会”和“光华科技基金会”，南师任基金会的理事长，邀请父亲担任副理事长。这两个基金会，是改革开放后创立最早、资助学生和教师数量最多、持续至今已近三十年仍极为活跃的我国最大的民间教育基金会之一。她们帮助成就了全中国高校成千上万的寒门子弟，使之成为国家的优秀人才甚至栋梁之才。今天在座的哈工大强文义校长就曾是当时“光华科技基金会”的理事。

二、金温铁路。

金温铁路是一条从浙江金华通往温州的铁路，早在 1921 年，中山先生在其《建国方略》中就提出了建造金温铁路的构想。1989 年 3 月 15 日，南师在香港寓所完成了《对金温铁路的浅见》一文，阐述了他对金温铁路建设的真知灼见。他说，修建金温铁路，实际上不只是资金问题，还是怎样建立一个可行性的办法问题。他在同温州市领导交谈时说：“要修建金温铁路，最重要的是香港资金与内地政府合作设立一家铁路公司，拥有独立经营的自主权，打破原有铁路必须由政府或国营企业经营的陈规。”南师的意见得到了浙江省政府领导的赞赏。1989 年至 1990 年底，在双方共同对金温铁路沿线的自然条件和经济地理进行考察、认定的基础上，签订了合资建设金温铁路的意向书、协议书和审议纪要等有关文件，后又得到中央和铁道部的认可与批准。

金温铁路于 1992 年 12 月 18 日开工兴建，1998 年 6 月 11 日全线通车运营。建成后，成为连接浙江沿海与内陆的交通大动脉。此线从浙赣线东孝站引出，途经金华市、丽水市到温州市。全程 252 公里，全线建有 26 个车站、148 座桥梁、98 座隧道、889 座涵渠，工程总投资近 30 亿元。金温铁路途经地区占浙江省 57% 的土地面积和 49% 的人口，因地理条件复杂，建设施工难度极大。金温铁路还是中国第一条由浙江省地方、铁道部和香港三方合资兴建的铁路。为建金温铁路，成立了中国第一个规范化的股份制企业——浙江金温铁道开发有限公司。金温铁路的建成开通，有力地促进了温州市和浙西南地区经济与社会的发展，并为完善东南沿海铁路路网建设奠定了良好的基础。

在 1998 年 4 月全线通车前夕，金温公司董事会又遵照南师“功成身退，还路于民”的愿望，同意将香港联盈兴业有限公司在金温公司的全部股权转让给浙江省和铁道部，成为由浙江省（占股份 55%）和铁道部（占股份 45%）两方合资的铁路。

在 80 年代末至 90 年代金温铁路酝酿尤其是建设期间，南师邀请父亲与兄长贾宁以顾问身份参与，并与中央、铁道部与浙江省沟通。那些年，我回国时每每听到父兄们谈到金温铁路建设中遇到并克服的各种困难与问题。南师不计个人得失、排除万难，与浙江省和铁道部合作，最后共同建成了金温铁路。南师对金温铁路倡议于前、推动建成于后，并“功成身退，还路于民”，将股权全部转让给浙江省与铁道部，厥功甚伟。

第四，最后，谈一点父亲和南师共同为两岸对话与祖国和平统一，呕心沥血、铺路搭桥的故事。

经国先生 1988 年 1 月 13 日过世后，南师因关注台湾岛内和两岸关系的发展，于同月由美国移居回香港。

从我和各方得此信息后，已七十六岁高龄的父亲也于 1 月 22 日以个人探亲名义访问香港，一直待到当年 3 月 5 日回京参加两会。父亲访港期间，共接触了台、港有关方面人士约 500 人次，并多次隔海与台湾老同事、老朋友通电话，了解情况和做工作。而最重要的是，他与数十年未见的老友南师，进行了 7 次长时间的晤面交谈，共谋和平统一的大计。此后，父亲于 1990 年 12 月下旬至次年年初，1991 年 2 月 13 日—19 日，以及该年 3 月 17 日—27 日，又数度陪同中央对台工作有关领导赴港，与南师和台湾方面的有关人士，就两岸关系发展进一步沟通与商谈。这些接触与会谈，为此后汪辜会谈的成功举行和“九二共识”的诞生，作了铺垫和准备工作。

但在与台湾方面的接触会谈中，父亲已感到当时的台湾当局和领导人对统一并无诚意，而是统一其表、“台独”其实。所以就开始组织研究，写作与发表了首部系统论述“台独”及其要害的《论“台独”》一书，于 1993 年在大陆和台湾两地以简体、繁体字先后出版。

今天，祖国和平统一尚未成功，我们仍需努力。

最近美国对华政策的变化，尤其是这几天的所谓“台湾旅行法”等，更是预示了中美关系形势的险阻与挑战。但如南师常说的，祸福相倚，我们知己知彼，应对处理得当，终将战胜艰难险阻，转化为又一次的历练。

各位朋友，今天我们纪念南师100周年诞辰，今年（2018年）还是改革开放 40 周年，也是戊戌变法 120 周年（双甲子年），是家母的先人，伟大的爱国者、中国维新改革运动的先行者谭嗣同先生殉难 120 周年纪念。

我们一定要继承南师和历代中华先贤、志士仁人的精神与宏愿，为中华文化和中华文明智慧的全面传承与发扬光大，为新时代中华民族的伟大复兴，为祖国的最终统一，为人类命运共同体的发展和进步，而努力奋斗！

谢谢大家！

南怀瑾先生诞辰百年纪念会致辞

陈定国

各位领导，各位南老师的好朋友，还有南老师的学生，大家安好！

我叫陈定国，是南老师的学生之中的一个，南老师的学生很多很多，在大陆更多，在台湾也很多。今天是 3 月 18 日星期日，慈雄董事长很慎重很周全，在这里办南老师一百岁的纪念活动。在上个月 2 月 25 号，也是礼拜天，南老师在台北的弟子们也办了一个大型的研讨会。那个学术研讨会，李慈雄董事长还有他的弟弟李慈泉先生，恒南书院的顾问，都特别到台北去主讲。南国熙兄的哥哥南一鹏先生也从美国回来出席并主讲。所以我们在那边所办对南老师的纪念活动，围绕有关中华文化怎么样复兴及发扬光大的大主题。我们有很多小题目，都是一个一个连贯，每一个题目有一个主持人及一个主讲人，这样一共有 12 个小题目，12 个主讲人，规模没今天这么大，听众贵宾人数没有今天这样 400 多人之多，不过会场气氛也很热烈，所以今天我也带来了一个光盘，刚刚做好的。

让我讲一讲我跟南老师的关系。我在 1988 年才认识南老师，那个时候南老师已经很有名了。我家的董事长，我太太啊，她比我更早认识南老师，也是她对南老师的尊敬崇拜影响我。我在香港，1988 年认识南老师的时候，当时我担任泰国正大集团——谢国民先生及谢中民兄弟集团的资深执行副总裁 (SEVP) 兼总裁室的主任。

孙静源先生带我去认识南老师之日，第一次南老师就送我一本他 13 岁就开始写的诗集，指吟诗作对的《金粟轩》诗集。一个礼拜后我再去看他，请教他几个问题，暗示您送我的那本书我真的有看哦，所以才能提问题问他。哎呀，南老师竟然又叫人从他的书房里拿出三十几本书来送我，这些书是从台北特别运到香港来，把他已出版的三十几本书再送给我。我私下“哦！”了一声，我说这位老先生实在是太看得起我吧。第一本我已经看了，表示我很认真了吧，怎么又拿三十几本出来了！你们看有被送过这样多的书的吗？那三十几本书果真都送给我，我后来也竟然把他三十几本书都看了。从 1988 年到 1998 年，我从台湾到香港，又从香港入内地。到 60 岁，我就离开正大集团回到台湾去，又回去当大学的院长，当讲座教授，又当证券公司董事长，反正人生照样要忙，忙到现在，今年我是进入 80 岁了（观众鼓掌），身体状况还是可以，就可以什么都做。刚才遇到上海国家会计学院的夏大慰院长，他还说我以前讲课的时候，都是从早上讲到下午啊，要连续讲好几天呢。对的，我可以站着连续讲课的，因为南老师也讲过要炼心炼身体啊。南老师的武功很好啊，我们要学他练武功，我们要重新再做年轻人吧！

记得今天早上，播放央视两位导播拍的电影，里面有个镜头，你们大概没有特别注意，镜头里照到浙江省副省长柴松岳先生，后来他也升任当了省长，跟南老师在香港会客室，签那个金温铁路的合同，有一个人拿文件站在旁边，那个人就是我（众笑，鼓掌）。哎，你们也许会感到奇怪啊，我是替泰国正大卜蜂集团，在做高级幕僚，类似参谋长那样的工作，怎么会跑到南老师这个地方，来看他们签金温铁路合同呢？是为了台湾卜蜂公司的发展。实际上金温铁路合同的签订是浙江省的一件大事，柴松岳副省长带着他们浙江省经委计委一个团来，花两个礼拜在香港谈判及签订这个有史以来官民合办第一个大基础建设铁路合同，实际上白天谈合同的办公室就在我正大集团办公室，打字就在我办公室打字，晚上再拿回来给南老师跟柴松岳两个人在吃晚饭后看，不行的地方，明天去办公室再详谈再打字，来来往往两个礼拜，终于达成了，终于把合同签字了。因为南老师说一定要签字，如果不签字的话，他们这个浙江团队，叫作经委还是计委啊，回去无法向上级交代的，这条铁路又是我们浙江家乡的路，100年来浙江西部2000万人口，是沿着瓯江公路和金华方面往来，如果下雨的话山崩水冲，瓯江公路就断掉了，生计就艰难了。所以就要把这条路修起来，南老师空手修路靠“苦心”啊。南老师个人哪有钱投资建路？大家知道南老师是个读书人是不是？写文章的，有什么钱哪？不过没有钱也没关系！你读了《金刚经》之后就知道，“没有”就是“有”。（众大笑）“空”就是“有”，当你好好干“没有”东西也会变成“有”东西啦，反过来你不好好干，“有”东西也会变成“没有”东西啦。（观众鼓掌大笑）

我曾读了南老师大作《金刚经说什么》，大家知道《金刚经》说什么吗？说“空”（变化）是须菩提和佛陀对谈的记录。我曾经写了第一篇学佛心得的文章，因为我们众弟子在香港南氏人民公社那边都要写一篇文章，谈谈在南老师门下学这个佛法佛学，到底有什么心得。那时我也不会，最后我写了一篇《金刚经里面为什么没有金刚》（众大笑）。你们大家没有看到吧，《金刚经》这部最上乘佛经大家通常看到的有5000多字，但《金刚经》里面有没有写“金刚”两个字呢？只有一句“是经名为《金刚般若波罗蜜》”，对不对？但读完之后，你的心就如金刚，所以表示我有读到南老师的东西啦。

好，有关金温铁路之来由已经告诉大家了，在开工爆破那一天，沿线有五处同时开工，主礼处在缙云地级市。南老师人在香港，没有进内地，浙江省政府从缙云典礼台拉一条电话线，特别拉一条国际电话线到香港南老师办公室，那个时候电话线不像现在普及啊，手机也没有像现在人人都有。顺利爆破之后，我打电话告诉人在香港的南老师，哦，我说在那个临时架起来的典礼讲坛往外看下去，瓯江公路上都是人哪，山坡上也是人，河谷里也是人，街道上也是人，张灯结彩、踩高跷、跳秧歌，锣鼓喧天欢天喜地。我就跟南老师说，南老师你这条铁路修对了，我太感动了，激动万分，我都哭出来了！我向来不哭的啦，因为我叫陈定国嘛！不能随便哭的啦（众大笑）。这个爆破的节目在刚才的电影短片里也有，嘣的一下，那一位工程师讲的，在沿路五处开工都有爆破典礼，祈求平安。这个 251 公里的金温铁路工程难度特大，所以百年来六次修路都中途而废，因有 51 公里，不是山洞就是河流桥梁，工程很困难很困难，外国财务公司都说整条铁路工程的估价成本不对，太便宜了。你们也许知道后来内地也修了一条铁路，叫京九铁路你们知道吗？从北京到九龙的铁路 2500 多公里，它的山洞跟桥梁工程有多少？也是 51 公里呀，这条山洞跟桥梁的困难度，跟那条 251 公里的金温铁路一样啊，多可怕啊！多困难啊！但终于也把金温铁路修起来了。花了五年规划五年施工的巨大心血终于把铁路修好，那才只是南老师要修的一条小路而已，你说的南老师要修的是什么？是“中华文化”的大路。

金温铁路修完之后，我在台湾的《经济日报》，写了一篇文章，刊登两天，介绍南老师修建的金温铁路。当时写这个文章还都是怕怕的。因为台湾《经济日报》的总编辑是我的好朋友，他说你写，我给你登，总编辑说要登了，我写的就不会不登吧。果然，社会反映很正面。

第二要报告的就是有关两岸共识的事情，这些伟大思想的先行者，汪道涵先生，杨斯德先生，贾亦斌先生，许鸣真先生等，都应得到敬佩。刚才看到贾亦斌先生的公子贾浩，他的哥哥贾宁我跟他也很熟啦，我是陈定国啦（众笑），你们都是对两岸和平有贡献的人啦，贾浩先生跟他爸爸一样壮。有一次贾亦斌先生又来香港看南老师。主持人，如果我讲的时间太长请你告诉我，因为我讲课常常是刹不住车的啦（众笑）。贾亦斌先生拿一本他写的书给南老师，特别注重写在四川成都中央军官学校，他当军事教官，南老师当政治教官，那一段时间。那一本书给南老师，南老师看后就借给我。我拿回去看了两个礼拜之后，写出阅读摘要两页，一条一条要点列下来，我拿去给南老师看，老师点个头。下一次又碰到贾亦斌先生来了，南老师说你写的那一本书就是写这个，就是那两张摘要。贾爸爸看了说，果然都没有漏掉要点。南老师心里也觉得不错，意思说你看我底下是有会读书的学生。这个是趣事啦。关于贾亦斌先生、汪道涵先生，还有杨斯德先生之间的两岸交谈内容就不能详谈了。

我认识汪道涵先生是从正大集团的工作关系开始(1985 年)。汪道涵曾是上海市的市长，退休下来就当上海市的顾问，地位崇高。我们泰国正大集团(在海外又称卜蜂集团)有三个大投资合作案子在上海市，都是很大的案子，也都是汪道涵先生市长任内批准的，做幸福牌易初摩托车是他批准的，做大江(正大松江)饲料养肉鸡一条龙也是他批准的，还有一个和上海信托投资公司合资的上海实业公司也是他批准的，三个公司里前两个做成功，都是十大中国外资企业之内，股票上市。第三个没有做成功，那不是人的原因，而是大环境的原因。所以汪道涵先生跟我们正大领导很熟，我每次来上海都会见汪道涵先生，我也会讲香港南怀瑾老师的学问道德情况，在香港我也会向南老师讲汪先生的为政与风范，所以他们两个都还没有见面，就已经是很熟啦。后来贾亦斌先生、杨斯德先生，来谈两岸共识，这个题目范围又更大啦，这个两岸共识大问题，汪道涵先生也参与进来，所以当汪道涵也到香港去，所有学生们都说汪道涵先生，是台面上政治人物，怎么跟学问家南怀瑾先生有关系呢？我说“没有”关系就是“有”关系（众笑）。所以两岸关系促成这样认识。

我在 1998 年从正大集团退休回台湾后，获选为企业经理协进会的第九任理事长。我去访问第二任理事长辜振甫先生，辜振甫是有钱人，台湾的大企业家，人品名望都很高。我跟辜先生说，你是台湾的代表，被选为海峡基金会的会长，而大陆也要成立一个海协会，要找一个会长。大陆很多人都想做这个海协会会长，因为这个“会长”是荣誉职不是金钱的，也不是政治地位，而是人生价值的荣誉，谁能做会长就代表是众望所归的人。我跟辜振甫先生说，你做台湾海基会的会长，是代表我们台湾同胞，要跟祖国大陆谈和平统一的事情，这是很重要的工作。而你对方那个海协会会长的人品声望要和您相当，当时也有好多人在竞争那个位置。最后，"我们"推荐了汪道涵先生，辜振甫先生一听我说出"汪道涵"三个字，马上问："你们？""你们"是谁？"我们"，"我们"就是南怀瑾跟陈定国（众笑），我想他差一点流鼻血了（大众鼓掌大笑）。果然啦，这个海协会的会长北京中央就是指派汪道涵先生，而不是另外一个人，另外一个人也是很有地位的啦，中间关系不讲。

第三个要报告的是有关中国文化的复兴发展，中国内地有十三四亿的人口，要维护发展五千年中华良好文化，工作好困难哦。所以，在台湾就从幼儿诵念经典开始。"幼儿读经班"，把《三字经》《昔时贤文》《千字文》《千家诗》等等，都把它们读起来。在香港南老师那里有一个晚上吃饭的地方，每天晚上摆两桌，叫作"南氏人民公社"。我每天下班后都去，我被南老师指派为南氏人民公社餐厅的"厅长"。因为我在香港正大集团总部上班，如果不出差到泰国、中国内地、美国等等地方时，我就到南老师那边，我跟在老师身边十年（1988—1998），大概有5000个小时以上，虽然时间不长，只有十年，但是密度是很大的。在内地可不可以办"幼儿读经班"，诵读名著经典呢？大家没有把握，也讨论不出可行之法，我说：也许可从山区、贫民区的希望小学试办。那时候海外捐款帮助中国内地办落后地区的希望小学，在山区、贫民区，敏感度低，不会惹麻烦的希望小学的小学生在下午的正课上完了，还没放学之前，拿半个钟头来读幼儿经典，也不影响正常课程。南老师说这个好像可以办，所以马上请人通知一下各地区的希望小学的校长，有好几百个人在上海集合，请某教授来讲授方法及好处。听后校长们都很同意，让小孩子来读一点中国文化经典绝对是好事，但也不能正式说要读中国经典，只能叫作社会新活动什么名称，就这样从幼儿开始念经典来复兴中华文化，成果绝对好。

后来我说小孩子念经典，那大人呢？小孩是多少岁？三四岁？五六岁？七八岁？要等到十七八岁才会对社会有影响，太慢了！如果大人要进入中国文化有什么办法呢？我说我们来弄个“成人读经班”，“成人”，你知道在美国“成人”是指什么？“成人”就是暗指“成人电影”你知道吗？（众笑）事实上，年纪大一点叫成人，就避开“成人”二字吧，所以叫老人读经班吧，叫壮年读经班，不要讲“成人”。所以1998年我回台湾去就办个壮年读经班，每个礼拜都有一个读书会，每次三小时，第一个班在第一个礼拜，第二个班在第二个礼拜，第三个班在第三个礼拜，第四个班在第四个礼拜，地点各自认养，每班有一护法，指定每周主题主讲人，自由参加，不收钱，茶水、茶点由认养人免费提供，大家也不要去向政府申请钱。自己的文化自己复兴发扬，我们私人持续做，我1998年回到台湾去，到现在已有多少年？到2018年，已做快二十年了。我们就每个礼拜办下去，热心同胞到处是。每一堂读经班读什么书？把南老师的书三四十本逐一读，再加新书。读书会名称叫“名著选读励进会”，南老师的著作就叫“名著”（著名作品）嘛，外面的一般人看不出来我们在做什么，有兴趣的人来读，久了之后，你就知道重要性，就很有口碑了。所以南老师担任董事长，由古国治开始登记创办的“老古出版社”，卖南老师的书卖很多，不少都是我们那些读书会的学生在买的。当然，这个做法就是现代营销学啦，不要直接故意卖书，而是声东击西，自然书卖出很多，所以书店的生意还是不错（众笑）。

最后再跟大家讲第四点，有关《论语别裁》的衍生性作品，前面提到南老师曾送给我三四十本书嘛，我第一本书看到的就是《论语别裁》上下两册。这个《论语》我们从小学初中就开始读过了，现在还讲读这个“古老”东西，到底有什么特别的地方？我就详看了，哦！心里马上感到这位南先生真的有学问呀！1988年见南师的时候我已经是企管博士（密歇根大学，1973年毕业），我已经在教大学生、硕士研究生、博士学生了。我在企业管理上号称华人第一个企业管理博士，因为我在台湾走遍了，也没有碰到一个人比我读企业管理博士更早，在中国内地以正大卜蜂集团名义，到处演讲，也没有碰到比我更早的企业管理博士，所以说我是华人第一个企业管理博士，使我感到任务重大，我若不能把“企业有效经营”之道的东西传播出去的话，我就是罪人一个啦。所以有时候你不要有很多名头，名头多了对你是有非常大负担的。

话说回南老师的《论语别裁》之精彩，我把那本书看完之后觉得不得了。孔子和弟子言谈记录的原本《论语》有一万五千个字，有二十篇，五百多“句子”，叫“章”啦，有时候一章只有六七个字而已啊，南老师把《论语》一万五千字讲成五十几万字，分成上、下两大册。南老师把时间、空间、人物，相关事物都讲在里面，讲活了。《论语》本来都没有时、空、人、事、物相关东西，是死板的东西，读起来很枯燥。但南老师把这些都放在一起讲，引人入胜，令人读起来就像开快车，你突然要刹车也刹不住啦，南老师讲的是做人做事道理，不是言情小说啊，哈哈哈（众笑）。

后来南老师在 2012 年过世了，我们当然非常伤心，9 月 29 日（中秋节前一天），李慈雄董事长从上海打电话给在台湾的我，慈雄曾经是我的学生（他是台大工学院的学生，跨系选修我在台湾大学商学系的课），现在是斯米克集团董事长（众笑）。他打电话说，9 月 30 日下午 6 点一定要赶到庙港太湖大学堂，否则就来不及见到南老师最后一面了。那个时候碰到中秋节机票很难买，但我跟我太太两个人还是赶到。30 日中秋节晚上南师荼毗的时候我就跪在那个炉口，谈起这个，很令人伤心。

南师驾鹤归西之后，台湾的学生们就讲怎么样把纪念南老师的活动，一年，两年，三年，四年办下去。我们在台湾有一个“十方禅林基金会”，也是南老师创的，我是董事会常务董事之一，提议头二年，每个月最后一个礼拜，晚上七点到九点，就在十方禅林，由一个学生，讲述他与南老师的往来与学习的回忆纪念，名叫“大道如是话南师”，已经讲了两年，要有二十四个人来分享。开始时主办单位担心叫不动人来讲，我提议把南老师比较出名的学生名字，按月写下去，然后打电话给他，说是基金会董事会邀请的，如果他不来，就由我来打电话，我会说你是不是南老师的学生啊？如果是的话，就讲一个吧！哈哈，没有人拒绝，所以找人家演讲就是要这样做啊。

讲了两年，二十几个人讲完了，第三年是不是要换一个题目纪念南老师？十方禅林基金会又开董事会，我又提议说来导读南老师的书，因为南老师的书很多，学生也很多，不一定人人参加我办的那样“读书会”。既然如此，就决定正式导读南老师的书吧，董事会的秘书长黄德舜教授也曾是我的学生，他就指定导读系列的第一个主讲人就是陈定国。我说我要导读南师的哪一本呢？南老师的新书单我刚才看了一下，到现在为止有六十二本。我说要导读哪一本？我想想，还是导读《论语别裁》吧！就指定时日。南老师曾说人是要被压迫的，有压力才会成长。我也是被时间压迫的一个。

我既然被指定了，有压力，所以我就花了一个月的时间把南老师《论语别裁》五十几万字，上下两册重新看了一次，把要点记下来，也是一大册。再花了两个月的时间，把相类似的主题勾在一起，然后写成《我也说论语：圣言人人传》。意外又意外，陈定国竟然也说《论语》啊。我详读了南老师《论语别裁》确实有一点开悟，所以写出《我也说论语：圣言人人传》一书，大概有六万字，但只有六十八条（章）而已。历史上写《论语》的人有多少？你们知道吗？一千多人哪，所以加一个陈定国也不算什么啦！对不对？（众笑鼓掌）为什么书名叫《我也说论语：圣言人人传》呢？因圣贤们好的语言几千年来是人人传诵，这个是没有专利权的啦，它是我读南老师的《论语别裁》的领悟心得，成为南师著作的衍生性产品。我导读会已经讲完了，听众要我出版，所以我又加了十四个附录，把向南师学习的心得报告加上，今天我带了一本样书来。

以上是我跟大家报告怀念南老师的四大点。我真的读过南老师送给我的书，我跟随南老师 1988 年到 1998 年这个十年中间发生的事，包括刚才讲过，两岸共识，金温铁路，振兴中华文化等等，我都听到，但是我不可以对外面说。今天因为纪念南老师 100 岁，所以特别讲一讲。我很在意和南老师难得的缘分，我曾写了一篇文章《香江十年，怀师万千》，香江就是香港的意思，怀师万千，就是讲不完的故事的意思。这篇文章放在《云深不知处》纪念集里。刘雨虹老师主编的《云深不知处》的书名，是采自上海国家会计学院夏院长纪念文的内容要旨，很感动人。这篇《香江十年，怀师万千》，里面有很多可以再挖的宝，但是我没有再继续写下去，就留着给大家去挖。

我讲对老师的怀念不是一般的。至少我读了他三四十本的书。你们也可以试着看照做一番，找老师的一本书，如果你是讲佛教的可找《金刚经说什么》《如何修证佛法》，这些都是讲释迦牟尼佛的佛教大作。如果你是讲道教的，可找《老子他说》《列子臆说》《庄子諵譁》。我曾读《列子臆说》，读到一个你们都不知道的国度。你知道黄帝轩辕氏，做天子做几年？黄帝啊，就是和炎帝一起打败蚩尤的那个黄帝啊，他被推出做天下的共主天子做几年？不知道？答案是三十年。他要统治那个时候的天下也是很有挑战的任务。那是五千多年前的事了。他统治的理想是什么国家？所以后来我们有个“大同世界”是吧？（李慈雄答：华胥国）“华胥国”，对！哎呀，这个慈雄还是厉害有读书！黄帝做梦，梦见华胥国度，天下是那样和平亲密，人民那样和蔼可亲，政府官员那样为人民服务，所有我们今天追求的东西，在华胥国都有了。所以黄帝醒来，把大臣叫来，说他要统治及治理这个国家，就是要模仿“华胥国”。那在西方希腊古文化，就叫作“理想国”是吧。在我们东方就叫“华胥国”，大同世界。

好了，时间太久了，再讲下去大家就不要回家了，谢谢啦！

南怀瑾先生诞辰百年纪念活动发言

黄书元

各位朋友、各位来宾，大家下午好！

今天是南先生百年诞辰纪念日。近日在各地有多场纪念南先生的活动。我觉得南先生的诞辰日，必将成为中国文化史上一个重要的纪念日。今天我们虽然再也不能见到南先生的身影，再也不能聆听南先生的教诲，但是看到在座各位先生，各位学术文化界的名家、学者聚集在这里，听到了前面几位的精彩演讲，这些不仅是怀念南先生，也是在为中华优秀文化的传承和弘扬尽责尽力。让我感觉到南先生并没有离去，先生仍在指引着我们，仍在关注着我们，先生的志愿后继有人，并将代代相传。

这几年，每当我看到南先生的书，就觉得南先生一直都在我们身边，"等身著作还天地"，他留下大量的著述就是最好的证明。

回想起我第一次到庙港拜会南先生，那已经是十年前的事了。当时我们由宗教文化出版社史原朋先生引见，在太湖大学堂拜见了南怀瑾先生。记得当时我们到得比较晚，主要的交谈是在大学堂的餐厅里。对中华传统文化的理解和认知方面，可以说我们与南先生一拍即合。记得当时南先生说："你是人民出版社，我有人民公社大食堂，都是人民嘛。"经过认真沟通和多方了解，南先生也认可人民出版社对抢救、弘扬中华文明的强烈社会责任感和紧迫感，决定和人民出版社合作，以东方出版社的名义出版，发行其著述，于是就有了我们和南先生延续至今的出版缘分。其实南先生最早是希望以人民出版社的名义来出版他的著述。当时我跟他说，用东方出版社更适合，为什么呢？第一，人民出版社是党社，以国家党政类、意识形态类的图书出版为主，并不太适合南先生；第二，东方出版社是我们的副牌，主要出版人文社科及大众普及类的出版物，读者定位更适合南先生的图书。加之南先生的书讲的也是中国传统文化，所谓东西方文化，东方文化的主要代表就是中国文化，而中国文化渊源、流传、影响等方面，更与东方文化水乳交融在一起。换句话说，用东方出版社更切题，空间也更大，也符合南先生包融八方来宾的身份。南先生觉得有道理，欣然同意以东方出版社的名义出版。

第一次见面不到一个月，我们第二次又去拜访南先生，就如何正式开展出版合作的有关问题请教南先生。也是 4 月份在太湖大学堂，我们从午饭后就开始了就出版中的具体问题进行商讨，每一个条款都过了一遍。晚饭后又接着讨论，一直持续到晚上 9 点，90 岁高龄的南先生一直兴致很高，不见疲色。中间谈到他年轻时在四川练武时，他还离席站了起来，比画了几个招式，最后来个白鹤亮翅造型，让我们都喝彩起来。随后他亲自签署了出版合同，还专门安排了从美国回国的大律师吴研雷先生作为签约见证人，并要求他也在合同上签字。他说这是一个重要的开始，美国大律师的见证，更说明了这件事的重要性。吴律师当时也说："今天我见证了一个重要的历史时刻，我相信这个合作一定会产生深远的影响。"

南先生生前，每一份出版合同都由他亲笔签署。为了区别南先生以前在内地出版的图书，更是考虑这次出版将是一个长期稳定的多卷本的合作，南先生和我们出版方都觉得应该起一个系列丛书名。鉴于南先生的图书多半是根据讲述整理出来的，而且当时南先生在太湖大学堂开堂讲课，所以我就建议以"太湖大学堂系列"作为丛书名，先生当即表示赞同，这也便是东方出版社出版南先生作品的开端。

到如今，我们出版南先生的作品已经十年了，十年也只在弹指之间。关于与南先生的交往，还有很多值得一提的事，譬如说北京的多家我国最重要的媒体曾想联合采访南先生。他们委托我去找南先生，请南先生给一个采访机会，南先生婉拒了。另外我也和我们长江商学院的同学，去太湖大学堂聆听南先生的授课，等等，这些往事可以说历历在目，因时间关系就不在这里一一叙述了。

南先生过世后，得到先生后人的信任和厚爱，继续授权东方出版社出版先生的著述。其中有先生不曾面世的作品，以及在内地出版过的简体字作品。这些都由 90 高龄，追随南先生 40 余载的刘雨虹老师率领的著述整理团队重新整理修订，交由我们出版。在此作为出版方，我要特别感谢刘雨虹老师和她的南师著述整理团队——各位参与者，十年甚至更长时间的辛苦无私的付出，兢兢业业、默默无闻的努力。更衷心感谢南先生的子女一直以来的信任和理解，在南先生仙逝后，我们共同面对各种情况，风雨同舟，互相扶持走到今天，我相信更会走向未来。

到目前为止，我们东方出版社已经出版了南怀瑾先生著述，平装本 48 种 52 本，如果再加上其他各种版本，总共是 80 余种。将南先生的著述出齐，一直是我的心愿，我记得有一次拜会先生，我提出要给先生出全集。先生说，能在东方社出全集，当然很高兴，但是也觉得有些书在内地顺利出版，也还要有一个合适的时机。无论如何，我们一直在朝这个方向努力。如果说老子是因为《道德经》、孔子是因为《论语》、耶稣是因为《圣经》、柏拉图是因为《理想国》、释迦牟尼是因为佛经等等著述传承下来，才为后世众人所景仰和学习，那么南先生的著作，也必将在现在和未来，温暖千千万万的读者，给无数人在黑夜中带来光明。所以，为了让后人全面准确地理解和传承南先生的思想和精神，为研究者提供方便，也为防止天长日久文章散失，我觉得，今天也是到了我们提出出版南先生全集的时候了。我希望能得到在座各位的支持。

其实南先生心心念念的，不仅是他自己的著述。南先生曾带我们观看他的藏书，有很多珍本，还有很多绝版孤本。但他对我们说得最多的，不是这些老书有多珍贵，多难得，而是说这些书有多重要，多有价值，应该整理出来，多印一些，让更多的人看到、读到。

2012 年 7 月我们最后一次拜访南先生，他那时因肠胃不适，面形憔悴。但因席间谈起要在大学堂设立一个编辑部，专门整理出版他的所有著述以及他挑选出来的值得出版的典籍和老书，老人家一下又来了精神。我当时还与先生商量，我们出版社每年都有新入职的硕士博士，刚好先来这个编辑部锻炼一年，在先生跟前熏陶学习，相当于请南先生给我们带一带新人。南先生很高兴，一直和我们谈到晚上 10 点多，在我们的再三催促下，南先生才去休息。临走时还一再对我们说："要快呀，我读过的好多书现在已经没有了，要抢救出来呀，这些书对今天是有大用处的。"这些承载着中华传统文化的古籍老书，是南先生最牵挂的事。借用先生至交钱吉先生的诗"知君两件关心事，世上苍生架上书"。

文化传承之事在于践行，只有传承下来的才是活的文化，这是我们从南先生一生行止、思想著述中得到的最重要的启示。也是我们作为对弘扬传统文化肩负责任和使命的出版者，要深思、反思的地方。

转眼间，南先生离世已五年。常想念先生，游刃于三教、百家之中而别开生面的言谈，常回想先生明师之风骨，宗师之气象，菩萨之境界；景仰先生的学问，更感佩先生的胸襟怀抱，和他苦行一般实践悲愿的坚韧、坚毅。他是永远的南老师，他一直与我们同在！谢谢大家！

在南怀瑾先生百年纪念会上的致辞

（英国）Dhammachari Lokamitra（世友居士）

我一直很荣幸、很受感动，听到关于南老师很多的故事，包括他的教诲。但是我今天的报告，希望给大家介绍一个不一样的课题，就是“南大师与印度佛教复兴之因缘”。

佛教在印度崛起改变了印度文化，然而却在700年前陨落。1956年，中印度龙城（龙树菩萨的家乡）50万人集体皈依佛教之后，佛教终于归来。绝大多数新皈依佛弟子属于种姓制度最低阶的贱民，俗称“达利特”。

达利特占印度1/6总人口，至今达2.3亿人。于过去60年当中，皈依佛教人数估计有5000万人。很多团体对佛教抱持开放态度，让皈依佛教的人大幅增长。

照目前的趋势，未来50—100年内，（印度）佛弟子人数可能超过3亿。这将对印度和亚洲的社会和政治生活构成深远的影响。

新皈依佛弟子，期盼知道佛法能如何帮助他们改变个人与社会。令人惋惜的是，他们所得的学习资源极为匮缺。这也正是龙树学院（位于中印度那格浦尔，即龙城）成立的主要原因。

龙树学院

让达利特以及社会其他弱势族群有机会认识和学习佛教，改变生命，进而将所学与他人分享。

我们提供为期一年(住宿)的基础课程，以及附属于那格浦尔大学的三年制佛学学士学位课程。

学生学习基础佛教教义（这与南大师的建议极为契合）、禅修、布萨（唱颂），同时学习过佛教群体生活以及基础社交活动。

学生背景

过去 15 年，龙树学院的学生已超过 1200 人。

他们生长背景极为困顿，常遭社会剥夺；

必须面对歧视、暴力，以及妇女性暴力；

教育水平低下，多数是文盲；

绝大多数家庭都很迷信，认为宿命难以改变。

培训的效益

培训改变了学生的生命。他们透过正法，看到了生命的新愿景。他们发展出自信、学习熟练地改善精神状态，同时相信自己能有所作为，为自身与社会做出奉献。

正法：和平的海洋

南大师曾经强调，佛陀是第一位提出平等观者。印度种姓社会则毫无平等可言。

我们的学生来自印度 25 邦、超过 40 个不同种姓背景。他们学习了佛法之后，完全放弃了过去旧有的身份认同，以佛弟子自诩，以人类同胞彼此对待。他们了解佛教僧团“百川入海，同一咸味”的譬喻。

许多（学员）在获得信心和理解之后，回到了他们的乡镇，自动自觉地分享所学，想要帮助跟他们同样命运很苦很悲惨的人们。佛法给了他们生命的觉悟，包括建立新生命的力量。他们犹如投入湖中的小石子，激起深远的涟漪。

启动相关社会项目

和备受歧视的穆萨哈尔（捕鼠族）孩子合作；

开办学校，包括一所残疾儿童学校；

提供宿舍给受天灾影响与受歧视和穷困的孩子；

打击村庄的迷信，鼓励女权意识；

回应印度种姓对达利特犯下的暴行；

为村庄的孩子举办幼儿园和补习班；

鼓励年轻人认真思考皈依佛教的意义。

詹文魁先生引荐我，于 2008 年初次拜会南大师。南大师让詹文魁先生的匠心之作——弘化大佛（又名：行禅中的佛陀）——得以落成。这尊佛像是几百年来第一尊在印度重新树立起来的大佛像，有着重要的历史意义。超过 10 万人参加了 2009 年该佛像落成开幕大典。不久之后，这尊佛像便成了印度佛教复兴的标志。

这尊佛像有不同的意义，我们看到的大部分佛像都是以打坐的姿势，眼睛半开半闭看着这个世界。但事实上，佛陀在世的时候，绝大部分时间，都是在行动当中帮助各种不同的人。所以这尊行走中的佛，是一个很重要的象征，不只是坐在那里打坐，实际上要走出去，帮助自己、帮助社会、帮助更多的人。这尊佛像能够落成，就是因为南大师帮助了我们。

南大师对印度的新皈依佛弟子非常支持。我两次会晤，都得到他的指点。他建议我们大力推广三十七菩提道品及六波罗蜜，而我们亦积极落实。

很奇特的是，他老人家没有去过印度，可是他又对印度社会有很深刻的认识。他鼓励让部分学生学习中文，好让中印这两大文明有良善的沟通管道，同时让他们直接深入汉译佛典，并把佛典翻译成印度文字传回印度去。他的弟子也一直支持我们的学生学习中文。有些学生分别在中国大陆和台湾待过一阵子。我们拟于今年（2018 年），将中文引介为龙树学院，作为三年佛学学士学位的科目之一。假如各位到印度龙树学院参观，请大家放心，我们有很多学生可以用中文和大家沟通交流。

方便楼：善巧方便

南大师的弟子出资让龙树学院建造了这栋庄严的方便楼（编者按：方便楼，即培训楼，含食宿设施。方便，语出佛典，意指达成目标的种种方法办法。因为南怀瑾先生非常善于用种种方法办法，达成文化教育和济世利他的种种目标，所以龙树学院把该培训楼命名为方便楼）。他鼓励弟子尽一切所能协助印度佛教之复兴。

龙树学院为改变（贱民的）生命，营造一个更美好的社会，复兴印度佛教，做出了贡献。

如何执行

我们必须尽一切所能，落实以下计划：

一、我们拟将学生人数从 130 名增加至 300 名、改善教学质量，以及增设教学设施。

二、再过 5 年，我们将有 2000 名毕业生。我们拟给予他们更多的佛法与社工训练，以及商业培训。某些学生也会学习中文。全印度的佛弟子人数剧增，但是能够给予他们的培训却远远不足，因此我们希望龙树学院毕业生能够填补这个空缺。

三、未来，我们拟将心力放在最顶尖、具有奉献精神、能够带领活动者；给予他们专业训练、禅修指导和个人辅导。

感念南大师

虽然与南大师今生仅有两面之缘，但他却给了我很多的鼓励与引导。我每天都对他心怀感念，所以我每年都来到恒南书院住上几天。

他认为文明已然进入一个崭新的时代，而佛陀教义的本质必能为这个时代做出贡献。

我非常希望他的言教以及其前卫的精神，能够成为当前印度佛教复兴运动的一部分。

中印之间的关系，将在物质与和平发展这两项议题日益影响世界。两国透过佛法的交流与联系，必能为世界的和平有所贡献。这亦是南大师支持印度佛教复兴的重大意义。

最后我很诚恳地欢迎大家，一起到印度龙树学院，指导参观。

谢谢！

李慈雄：

事实上，我今天自愿做翻译者，是有目的的，因为他有些话自己不好说。

他本人是一个英国爵士的后代。他有个小故事：在英国学佛有个传统，可以做半年的（出家）佛教徒，剃度之后就可以去行脚了。有一次他行脚到印度。那一天下了火车，一出车站，正好碰到印度佛教复兴的创办人——安贝卡博士的（逝世）周年纪念日。世友先生是一个外国人，个子很高，贱民的个子都比较矮一点。他去以后就好像天神下凡一样，所以这些贱民都跪在他的面前，他当时吓坏了，也不晓得如何是好。结果莫名其妙地被大家推到了纪念的现场，也莫名其妙地被推上台去讲话，因为这样子就和贱民结了缘。

带领印度贱民阶层重新相信佛法的，是安贝卡博士。如果你们了解印度的历史，就知道安贝卡博士是一个很了不起的人，他和甘地一起领导印度的独立运动。整个印度的宪法是他起草的，在他成功之后，他辞掉司法部长，为什么呢？他说我要回去，帮助我出生的贱民阶层，这就是我这辈子最想做的事。

这位安贝卡博士，了不起在哪里？他想带领贱民阶层，相信一个宗教。因为他发觉只是靠物质是没有办法改变贱民的心理状态，和他们一辈子的命运，他觉得应该靠宗教，才能够改变他们的生活命运。首先想去加入印度教，印度教回绝了他，因为贱民在印度，是被看不起的。去找伊斯兰教，伊斯兰教也回绝了；去找基督教、天主教，各大宗教全部都回绝了。结果只有佛教展开双手，欢迎他们。所以安贝卡博士最后也变成了佛教徒，就是这样的一个故事。世友先生听到这个故事之后非常感动！他在英国学佛，但是为了要加入印度佛教的复兴，他特别娶了贱民做妻子，这样他自己也可以成为贱民的一分子，并且生了两个孩子。所以大家看到，任何一个时代的伟大运动，都是由了不起的人带领的。安贝卡博士走了之后，他就变成了他们的领袖。现在他最苦恼的事，就是要找接班人。所以在座的大家，愿意到那边去的，他一定很欢迎。

如果你们对未来印度佛教的复兴，有任何的兴趣，包括关心，你们也可以和恒南书院联系，我们愿意提供这些信息给你们。或者你们想去参观访问，或者各方面的支持和赞助，他一定是展开双手欢迎，尤其是对南老师这边去的学生和朋友们。谢谢大家！

世友居士：

谢谢大家！我不晓得李先生刚才讲了什么，但是很感谢他！（众笑鼓掌）

主持人：

非常感谢世友先生和李慈雄先生！

在南怀瑾先生诞辰百年纪念活动上的致辞

南国熙

我跟世友先生还有一点缘，我有一个亲爱的二姐叫南圣茵，我们在电话上谈话的时候，她常常称呼自己是贱民，所以我刚才看了这一段关于贱民介绍的幻灯片，很有感慨。不过我二姐讲的贱民，是她把自己规划成韩国的贱民，不是印度的贱民。

我为了今天的致辞，紧张了好几个月，我一直在推辞，一直推到了哥哥南一鹏身上。哥哥因为今天生病，不能来跟大家致辞。我的哥哥有天生的口才，他继承南老师很多优秀的基因。诸位，他在杭州，要我代为问候各位。家有家规，我还有两个姐姐，实际上都轮不到我上台给大家致辞。我还有五个非常优秀的侄子和侄女在温州，南品锋、南品荣、南品乐、南品仁、南荣荣。其实他们的中文和悟性都比我高，多年来，他们都让我这个小叔出风头，所以我非常感谢他们。

今天，我代表子女，代表子孙，感谢大家的远道而来，共同缅怀老师一生的志向和行履。你们的到来，让我感觉到老师的遗产里面，留给我们子女一个最大的财富，就是一个热爱南老师、热爱中国文化的大家庭。

最近，美国每年的2、3月都有一个奥斯卡奖，上台颁奖的人都会谢很多人，我难免也要做这件事，因为办一个活动不容易。我要特别感谢四个主办单位、四个协办单位，因为有你们的支持，今天才能成功圆满。后面还有默默付出的人士，第一个是这个 PPT 的大荧幕，是叶玛女士提供的；大家今天看到的《百年南师》的短片，有两位导演，央视的寒冰导演和白洁导演，自从他们拍摄制作了《先生　南怀瑾》之后，我们又在短短的三个月，透过宏达的指点，他们能在今天提出了这个短片，我非常感谢，我想请他们站起来，大家给他们鼓掌；还有你们每一个人的礼品袋里，收到的一本《百年祭》，我再次感谢何迪、王苗夫妇，以无私的精神，把他们自己多年拍摄的老师的照片制作成集，以非卖品今天贡献给大家，非常感谢！大家再一次地感谢他们夫妇。不知道各位有没有去二楼的墨宝馆参观？慈雄花了很多精力，规划了这个墨宝馆。其中有一个环节，就是南老师的铜像，后面有一位詹文魁先生、詹文魁大师，付出大概两年的时间，多次修改了老师的铜像，我也希望文魁兄站起来，接受一下大家的致谢。我估计今天有一半的人，没有听到文魁兄昨天的致辞，他说制作老师的铜像很不容易，他是专门做佛像的，他说所有的人都没有见过佛，可是大部分的我们都见过南老师，所以几个月来，他收到很多指指点点的建议，他的压力非常非常大。下面我要感谢主办兼承办单位——恒南书院。

刚才我们也听到陈定国博士的致辞，实际上他跑在同学们的前面，在 2 月 25 日，第一个举办了老师的百年诞辰纪念活动。我们今天的活动，是第五个百年诞辰纪念活动，前面还有四个。为什么我们选择在恒南书院这个地方？去年就有很多热心的同学，建议在北京大会堂，可是我们选这个场地，是因为这六年来，老师走后，这里是同学们最认可的地方。恒南书院实际上在修建的时候，老师让慈雄取名为“南怀瑾书院”。慈雄作为一个好学生，一、谦虚；二、怕辜负“南怀瑾”三个字，怕自己做不好，所以就取了“恒南书院”这个名字。恰好书院旁边的十字路，一条是恒南路，一条是江月路，千江有水千江月，所以慈雄兄常常感叹。孙市长今天讲道，南老师在他退休前有个预言，预言他以后退二线的时候会做教育，我没有南老师的本事，可是我也做个预言，我认为慈雄和恒南书院，就是这一句话：“佳师佳徒佳话传”。

今天早上的嘉宾发言，我听了本来非常紧张，后来听了定国公的致辞以后，我整个人轻松了（众笑）。早上的嘉宾发言，我听了以后，实际上中饭都没有吃好，因为程度太深了。我中文程度只有小学二三年级水平，我只能跟大家简单地介绍一些小故事：我投胎到这个不圆满的世界，到了南家的家族。我也一直好奇，怎么这六个兄弟姐妹，里里外外一辈子，称呼自己的父亲，为“南老师”？我有个答案，这个答案来自我大哥南宋钏、我二哥南小舜，他们有两句名言，他们说老师对学生们是“一日为师，终身为父”，而对我们子女呢？是“一日为父，终身为师”，而真正后面的这句话，还来自老师讲课时说：“经师易得，人师难求。”经师是什么？讲知识的。人师是讲一个人的人品修养，做人做事，学生们一辈子都学不完。我们作为子女，很庆幸有这么一个父亲，一辈子都跟他学不完。

你们多年来都有研究过南老师，都听过袁焕仙袁太老师，今天有他的后代张谷局长，等会儿给大家介绍。还有一位人士，大概很少人注意，那就是我爷爷南仰周，南老师毕竟在他 17 岁以前，都生活在自己的家乡，受过我爷爷严格的管教。很庆幸的是，小舜哥和宋钏哥，也同样地在我爷爷的管教下长大。很不幸的是，小舜哥在半年前，也离开了我们，但是他在离开前完成了这本书，书名叫《人生路漫漫》。假如大家有机会的话，也可以阅读这本书，可以更了解南老师这一生的奇路。

我作为子女中最小的儿子，从小潜移默化地就喜欢模仿南老师，但是从来没有模仿像过。这张照片是小的时候，在师大门口，跟朱文光朱哥哥和老师的合影。当时老师翘个二郎腿，可是我的方向就是学不对（众笑）。我 30 多岁的时候到了香港，这张照片是难得一见的，这是老师卧室前的佛堂，我难得跟老师有这张合影。这张照片是老师晚年在太湖大学堂，我站在一个开悟人的后面，开悟的人拿个拐杖，没开悟的人在后面拿了一支扫把，所以一辈子想模仿老师都没有模仿像，后来才发现，智慧是模仿不了的。

我们子女有几个口号，我认为我们子女这一生，作为名人的后代，一直以低调作为最高的孝顺。这个低调，我相信在座的领导嘉宾，都有自己的子女，你们都希望自己的子女平平安安，也并不全是望子成龙、望女成凤。我们这个低调，时间久了，有几个规矩，大规矩是不出风头，小规矩是永远不上人民公社的主桌。为什么呢？因为这样又安全，也不会被老师问到一个话题，自己不能回答。其实这样又安全，又很享受，每天饭后都能听听老师的课。

我另外有一个亲爱的侄子在温州，叫张华许。他常常跟我讲，小叔啊，虽然我们这一生好像看起来，跟很多学生都一样，但我们的财缘不是很丰富。我有一次特别问谢锦扬，谢大哥，为什么学生们的财缘，跟一般的社会人士不能相比？谢锦扬大哥跟我讲，那是因为我们是学空的（众笑鼓掌）。我认为有一样东西，比财缘还重要，就是能跟随一个大师，一个好的恩师学习，我们的法缘是富出人间的。

这两年我的低调，被一本书害了。这一本书是七都一个江南才子出的，老师在世的时候，最后在庙港，一个年轻的书记，查旭东查书记，请他站起来。要是你们阅读过这本书，既轻松又幽默，文字又好。你们要是听查书记叙述南老师的故事，那可精彩了。这个书名也取得好，这个书名叫《说不尽的南怀瑾》。在我跟学生们来往的这几年的回忆当中，每一个人都有一个说不尽的南怀瑾的故事。所以在这个情况下，东方出版社规划了一个讲题，叫作“道不远人——说不尽的南怀瑾”。以我的中文程度，他们帮我在这一年半当中，规划了 14 个城市，22 场的演讲。我知道在这期间，很多同学们没有听过我的演讲，默默地都替我担忧，怕我说错话，出洋相，我简单地抽了两三个 PPT，让同学们安心。我在对外的大众面前讲什么？老师的重点是讲，一个国家的灵魂精神是在文化，而为什么这个文化出了问题？因为我们学白话文，自己的宝库，没有钥匙可以打开了。那中国文化有没有断层过？据我看老师的书里面他提过，就是秦始皇到汉武帝的这七十年当中，文化曾经断层过，所以老师也吸取了教训。

我讲不出大道理，我引用一个永远不愿意上台的同学，马宏达的一篇文章，我抽出来他重点的几句话，来形容南老师：老师一生的主脉和历史的使命，就是文化的救亡，跟清理和重建，其余的什么济世利他的事迹，例如金温铁路、九二共识、太湖大学堂、国际实验学校，都是在这个主脉下的随机应用。抱歉！我没有得到宏达的同意，就引用了这个。我作为儿子，有选择的话，我不会用“说不尽的南怀瑾”，我会选一个副题叫“说不清的南怀瑾”。

不久前，我在香港机场碰到了石宏，他就是《维摩诘的花雨满天》（上下）的整理者之一，老同学六年没见了，我碰到他是在机场快线上。我们快要下车了，他说：“国熙你这六年来好不好？”这个简单的问题，我当时回答不了，面带苦笑地对他，他突然把手伸出来说：“不用讲了，我懂，大师没留遗书。”（众笑）大师实际上留了遗书，墨宝馆也有，老师真的在最后的半年，写了这四个字“天下为公”。我引用老师讲课时候的两句话，“这是三岁儿童都看得懂，八十老翁都做不到”。

我想跟大家讲一讲，老师的这一生，他的著述是他最大的愿力，他的一切愿力，是透过著述的广传，著述是老师最核心的精神化身，维护“化身”公天下，与利益集团战斗。战斗期间，老同学全力以赴，校对老师的中文简繁体著述，和外文翻译。这张照片，就是刘雨虹老师在七都庙港“净名兰若”所带领的班底。当然，这中间还有一些是我们的客人。我们在 2014 年，成立了一家公司，叫南怀瑾文化事业，繁体版至今已经有新书 9 种，新校对的有 14 种 18 册，相关文集有 12 种 13 册。另外，人民出版社黄社长今天也提到，已经有总共 56 本，将近全集，还没有完全完备。我们准备在百年活动后推出这个尽量圆满的文集。

最后是牟炼同学跟宏达，向各方同学们、朋友们，收集了一百多幅老师的墨宝，我昨天在开幕的时候也讲自己的感慨，有的时候，老师写墨宝是因人而异，对我的孙子南烨就写了“老老实实读书，规规矩矩做人”，对我另外一个侄子南品仁写了“老老实实谋生，规规矩矩做人”，所以一切都是因人而异。

我到 62 岁的今天，对老师讲课时常用的两句话，深为感慨，“书到用时方恨少，事非经过不知难”。我最后一张 PPT，是来自这两句话，也是老师讲的“由来富贵原如梦，未有神仙不读书”。

老师走前把他使用的红包袋交给我，我这么多年给每一位同学或朋友们送红包，都是用老师的红包袋子。最后请问大家，老师这两句话最早出现在哪一本书？这里有一千块的红包，我将送给这个有答案的同学或者朋友！（有来宾起立回答）这位是陈司令驻港部队时期的助理小李。真了不起！我在这里感谢大家！

南怀瑾先生著作外文版新书发布暨编者、译者、出版者代表访谈专场

主持人（崔德众）：

各位来宾、朋友们、同学们，我们的系列纪念活动继续开始。有请史原朋先生、孙涵女士、宋灿文先生、纪雅云女士、牟炼女士到台上来。

我们的新书发布以及座谈活动现在开始，首先向各位来宾、同学们、朋友们，发布几条南师著作继续加快传播的好消息。第一条，国熙兄刚才已经替我宣布过了，那就是《云山万里——南怀瑾先生墨宝集》，已由东方出版社出版发行了，可以满足大家详细地赏玩南师墨宝的心愿了。第二条，最近日文版的《小言黄帝内经与生命科学》《人生的起点和终站》已经由日本东方出版社出版发行了。由此想起，大概 2013 年，由我们李想同学主导翻译出版日文版的《论语别裁》。截至目前，日文版的南老师翻译著作，已经有三本了，我得到的数据是这样。第三条，就是英文版的《论语别裁》以及日文版的《孔子和他的弟子们》，不久也将出版发行了。所以，南老师百年诞辰纪念的时候，老师的著作，开始加速向世界范围传播开去。在此我们祝愿，未来会有更多中外文版的书籍面世。

文以载道，思想传播最重要的，就是久远流传的著作了。在

这个著作流传的过程中，有很多人起到了巨大的作用，做出了重要的贡献。我给大家介绍身边的几位，第一位是史原朋先生，欢迎您！史原朋先生是最早把简体版引进大陆的，帮助最多的一位好朋友。第二位是孙涵女士，她是东方出版社的总编辑。她是我们内地简体合法出版商的代表。第三位是韩国著名翻译家宋灿文先生，迄今已经将南师著作《论语别裁》《庄子諵譁》《楞严大义今释》等八种，以及《呼吸法门》等关联著作三本，翻译为韩文版并在韩国出版。下一位是一位老同学纪雅云女士，是美国翻译家。她是南师著作《金刚经说什么》的英文版翻译者，同时也是《论语别裁》英文版的翻译者之一。老师在香港期间最重要的三个英文翻译同学：一个是纪雅云女士，一个是赵海英女士，还有一个是彭嘉恒先生。接下来大家都很熟悉了，我们的同学牟炼女士。我们这次活动商定的，以后老师身边的工作人员，对外的确定称谓十个字，叫作“南老师办公室工作人员”。（众笑）牟炼同学从现在开始，固定的称谓。她是作为老师身后，著作传播整理的小组代表坐在这里。

那么提到老师的著作、著述翻译整理出版，有一个人是必须要提的，那就是现年 98 岁的刘雨虹先生。刘雨虹先生 1969 年从师，大家算一下到今年多少年（2018 年）？ 50 年整。几十年来，他一直担任着老师著作的总编辑这个角色，因为老师出版的所有著作中，绝大部分是由她来负责整理编辑，并推动出版的。那么为了这次纪念活动，刘雨虹老师特别发来了录音的致辞，接下来发给大家。好，我们听一下（编者按：详见本书《刘雨虹老师录音致辞记录》一文，此处略）。

主持人：

谢谢！谢谢刘老师！刘老师，98 岁高龄。头脑清醒，口齿清晰，思维敏捷。我跟她吵架，我有点吵不过她。（众笑）98 岁了，还每天坐在轮椅上，伏案工作几个小时，所以非常值得我们崇敬。那么老师身后著作的编辑、整理团队呢，我们请牟炼做个代表，给大家介绍一下。具体说应该是从 2014 年的 6 月份，团队正式组建，工作开始是不是？

牟炼：

对！差不多。

主持人：

到现在已经做了哪些工作？给我们所有同学，还有关心的各界人士，做一下统计，通报一下。

牟炼：

谢谢！谢谢大会给这样的一次机会，在老师走后的五年多时间，向老师做个报告，也是向各位嘉宾做一个汇报。

老师去世之后，老师的子女继承了著作权。为了做一些实事，所以在台湾成立了南怀瑾文化公司。刚才国熙兄介绍了，文化公司成立之后，在 2014 年 7 月到现在大概不到四年的时间，一共出版了 35 种（40 本）繁体版的书。其中有 9 本是老师的新书，14 本是老师著述的重校再版，还有 12 本是关联的著作。

9 本新书中，有非常重要的一本，就是 1998 年，老师在香港的时候亲自撰写的《话说中庸》。这本书是老师在香港每天工作之后的深夜，写上千字，第二天再请宏忍师打印成文字。老师生前因为每天都笔耕不辍，又要处理事务、接待人，又要讲课，所以一直没有机会让这本书出版。老师去世之后，刘老师和宏忍师发心，把这本书整理出版了。而且在这本书的后面附录，第一次做了一个老师简谱的发布。这本书和《孟子》的另外两篇（《孟子与尽心篇》《孟子与滕文公、告子》），都是老师生前没有出版过的新书。连同之前对《大学》和《论语》的讲述，组成了南老师对四书精讲的一个比较完整的系列。东方出版社专门为此系列，做了一个四书精讲的专辑。

在9本新书中，还有一本非常有趣，刘老师给它取了个名字，叫《我的故事我的诗》。这是 1995 年的时候，老师花了整整四天的时间，讲述他从小如何学作诗，以及作诗的背景，他的心绪，他的情怀。在解释诗文的时候，还讲了很多幼年、儿童、少年、青年，直到中年时期的经历和故事。实际上可以说，这是迄今为止唯一一本老师自己所讲的、自传性质的小书。虽然比较薄，但是从里面，我们可以窥见老师的抱负，用他的两句诗概括，就是"此生不上如来座，收拾河山亦要人"。从老师的诗词里能读到他的情怀，包括这本新出版的《云山万里》墨宝集，与其说是看书法，不如说是看老师在文字上的一种寄托。

那么新书之外，为什么还会出一些关联书籍呢？譬如关联书籍里，有刘老师专门把老师讲呼吸法门的精要，做了一个概括汇总的版本；有很多认识老师，或者不认识老师的同学，写的纪念文章；有对袁太老师的纪念文章汇编。还有老师最后的教学、居住地的七都地方政府的查书记，写的《说不尽的南怀瑾》，里面有很多非常重要的资料。通过关联书籍和老师的著述，可以多方面、多角度，展开老师的精神与教化，尽可能向读者做个立体的展现。

除了繁体版著述的编辑出版，我们也协同东方出版社的编辑团队和上海书店出版社的编辑，做了20多种简体版书籍的第三校和第四校工作。刘老师带领的团队，早期也就"四五条枪"——我们四五个人，有宏忍师、彭敬，还有一位张振熔张大哥，基本上是他把老师生前身后大量的录音，转化成文字的。

主持人：

初始文字化，他做的工作最多。

牟炼：

对！他做的这部分工作最多。他是台湾人，但是他听老师的口音没有障碍。后来陆陆续续，近两年又有几位学长来帮忙，包括古国治古老师、欧阳哥、爱华姐，还有晏浩、王涛，还有主持人（崔德众）。人数增加了，工作也能更有序地开展。另外还要感谢最近三位"南粉"的加入，他们已经把老师的简谱和诗词，都做成了后台的数据库资料，可以利用微信的小程序，做到即时的检索。下一步的计划，是要把老师58种繁体版的70多本著述，以及简体版的新书，把它们的出版说明和目录，都输入到数据库里，提供给读者更便利、快捷的检索。谢谢！

主持人：

我觉得此刻的掌声，非常有价值。这个团队从 2014 年 6 月到现在，不到四年的时间，他们做了多少工作！只有几个人！所以老师身后很多同学，他们的热诚、他们的精神真的值得学习，而且值得更多的同学去帮助。

那么台上几位，就是近 30 年来在把南师的著述向海内外传播方面，有杰出贡献的个人以及单位代表。作为个人来说，我觉得应该非常感谢史原朋先生，虽然昨天晚上我们俩才见面、才相识。为什么呢？ 30 年前，刘雨虹老师初到内地，联系南师著作进入内地的出版事宜的时候，帮忙最大的就是史先生。那么我们接下来请他说两句。

史原朋：

（略）

主持人：

是的！因为今天时间关系啊，没有时间让史先生从头到尾地详细论说细节了，我很想问他一个问题，现在回想起来，他当年做的意义是什么？我想通过他讲的，但是我相信，他只能讲一部分，很多事物的发展的细节，他一定不清楚，比如说最早的大陆简体版，由史先生帮助引进，比如说北京大学出版社的版本是吧？

史原朋：

对！

主持人：

最早的读者之一，九十年代初的时候，有一个叫崔德众的，（众笑）他给那个编辑部还写了一封信，那是他迄今为止，看了书还给编辑部写过的一封信。然后接到这封信，帮忙的工作人员叫作马宏达。（众笑）那个时候这两位就认识，那是他们 20 岁出头的时候。到了 30 岁的时候，这两位就到老师身边工作了。然后老师百年纪念的时候，他们都坐在这个会场里了。其中一个还在采访史先生，（众笑鼓掌）这就是他做的事情的“蝴蝶效应”。您做的意义非常重大，我都帮您做总结了，谢谢您！

很多事情就是这样，刚开始的时候非常艰难，稼穑之艰难！如果那个时候说是星星之火的阶段，到后来就成燎原之势了。你比方说现在整个的正式出版，不仅正式出版，所有的盗版、盗印等等，层出不穷啦！谁都争相传播老师的书籍。到这个阶段之后呢，就有了很多正规的出版社来进行出版工作了。那么孙涵孙总，目前代表了内地简体版合法授权的出版机构。接下来我们请孙总给我们讲一讲，为什么在简体版已经铺天盖地的情况下，他们还要进行重新编辑、整理和出版？

孙涵：

我接着史总的话说吧，刚才黄书元社长已经说了，东方出版社和南师的结缘呢，其实也是源于史总。当时 2008 年 2 月他跟我说，南先生现在在寻找新的出版社，你们愿不愿意出？因为我是学中文出身的，知道 80 年代，尤其是复旦那一版出来，它规模比较大，30 多种。我们都是读过这些书的，知道它是好东西，所以我就什么都没问，说没问题！没问题！回来就马上向社长报告。因为史总就提了一个，南师说我要找说话拍板算数的人，所以我赶紧就跟黄社长说，黄社长他是出过胡适全集的，马上就说："什么时候去？我们去。"就这样，3 月份我们就到了太湖大学堂。

开始我们做的不是过去的书，是南师新整理出来的书。前面的 13 种，其实是刘老师和她后面这个整理团队，整理出来的新书。但是大家都知道，尤其是到 21 世纪之后，大家已经意识到，我们自己的传统文化，它的优势和重要性，所以看这一类书的人越来越多。其实不论从社会效益还是从经济效益来讲，对于出版社，它肯定是一个好书。

我们在做的时候，前面 13 种做完之后，后面为什么要做已经出版过的简体字旧著的重新整理？其实跟慈雄兄和史总也有关系，因为慈雄在他的恒南书院已经开始讲课，他当时用了一个读书会的形式，读的是《原本大学微言》。当时他专门邀请史先生来，他们两个拿的是两个不同的版本，一个是繁体版，一个是简体版。当时底下的学生，他们读繁体版可能是有障碍的，所以读的就是简体版。读着读着，觉得两个版本读不下去，怎么都不一样？史先生回来就跟我说到这个事情，因为我们一直出的是南师的新作，没有碰旧作，因为已经有了。这个事情之后，我就突然联想到，我当时在看南师的一本《中国佛教发展史略》英文版的时候，编辑就给我提了一个问题，怎么回事儿？我们看这个英文版怕有误，因为英文不知道是谁译的，他会不会自己按自己的意思翻译？后来我们就找简体版看，但是一看，英文版和简体版的内容差距怎么这么大？到底哪个是对的？因为这样，我当时给刘老师打了个电话，我说我们以哪个为准？因为简体版作了调整，有删改。刘老师就说，我给你找一本老古最早的繁体本，我们最后是依照这个版本，所以我就联想到这件事。著作权继承人，尤其是国熙先生，非常支持整理团队，支持东方出版社。所以我们就下决心，把所有的已出的简体版，我们重新校订。其实是在刘老师这个团队，牟炼啊他们……这几年非常辛苦，重新来整理出版这个，其实是为了还给大家一个真实的南怀瑾，真的是南怀瑾先生的书，南怀瑾先生的著作，他是怎么说的，他究竟说了些什么。今天说了说不尽的南怀瑾，说不清的南怀瑾，可能我们当时出这个书，就是求真，一个真实的南怀瑾。

主持人：

非常感谢！所以刚才孙总的发言，大家记住两点：一个是，未来大家把各个版本拿起来对比的时候，真有点说不清。因为有很多版本，就算是正规的出版渠道，内容竟然有很大的差别。第二点，东方的这一版，凝聚了我们后来的所有编辑整理人员更多的劳动和汗水。非常感谢你！

提到老师的外文版，一定要提到韩国翻译家宋灿文先生，就是个子很高的这一位。我没有想到他的中文很好，本来希望古道法师做我们的现场翻译。老师的外文著作一共有 38 种外文版，其中韩文占了 22 种，相当于一多半，对吧？好像是有四个人在做韩文的翻译，是吧？是四个人，宋灿文先生独自翻译了一半左右（鼓掌）。他特别为今天的南师百年诞辰大会，做了一个书面发言稿。他跟我说给他 30 分钟，我说 3 分钟（众笑），他说 30 分钟！我说3分钟。最后他说你说的是3分钟吗？我说4分钟（众笑）。非常抱歉，因为时间的关系，以后有机会，非常想听您详细地把您的话都讲给我们听。接下来，我们有请宋灿文先生致辞，欢迎。

宋灿文：

我说了 3 分钟，你听错了 30 分钟。（众笑）

主持人：

他手里拿着厚厚的稿子，呵呵！

宋灿文：

我的口语不好。因为我的中文是自己学习的，所以阅读程度比较好，可是说听和写作的程度相比不大好，阅读程度还是比较好的（鼓掌）。我准备了讲稿，3 分钟就够了（众笑）。

大家好！我是宋灿文，韩国人，63 岁。我衷心感谢诸位邀请我来参加“南怀瑾先生一百周年诞辰纪念活动”。南国熙先生讲了，我一定要来，而且还要上台，讲我翻译这么多年的感受。我跟南老师没有见过面，只是三四次写过信给他而已。我从小就喜欢读书，我遇到南老师的著作的缘起是这样的：

1993 年在首尔的中文书店里偶然发现了他的著作，就是北京师范大学出版社出版的《如何修证佛法》《金刚经说什么》《楞严大义今释》《楞伽大义今释》这四本。首先翻开《如何修证佛法》，我就觉得终于遇到了一位真正的善知识。我请台湾朋友把他的著作全部买到寄给我。当时出版的一共是 30 多种，《论语别裁》《老子他说》等等，我在工作之余一本一本读下去。他儒佛道书讲解得深入浅出，通俗易懂，津津有味，引人入胜。解释有独到之处，还能解决我们心中的很多疑难，教我们如何做人做事，修身、齐家、治国、平天下之道，进而教导我们认识真正的生命是什么，如何找到和掌握以得到自在逍遥解脱。

南老师的著作是人生经验的宝库，是人生智慧的宝库。我们知道一个人如果没有一个正确的人生观的话，他会堕落虚生浪死的可能性非常之大。南老师的著作都教导我们确定一个正确的人生观，是正知正见，是天下人所需要的人生课最高级课本，是对21世纪全世界人类之应病良药，可以说是真正的生命科学。所以不顾才疏学浅，我立志把南老师的著作译成韩文以让很多韩国人得益，1998年辞职开始翻译了。

20年来，一共11种14本：《论语别裁》（上下）、《人生的起点和终站》、《定慧初修》、《圆觉经略说》、《南怀瑾谈历史与人生》、《禅与生命的认知初讲》、《庄子諵譁》（上下）、《楞严大义今释》、《维摩诘的花雨满天》（上下）、《南师所讲呼吸法门精要》、《佛说入胎经今释》。

韩国有人想读儒佛道书的话，我常常劝他不要走冤枉路，赶快读南老师的著作，这是捷径。他是一位几百年来稀有难得的善知识，很有福报的人才会遇到南老师的著作，千万不要错过。

佛经上说："摩尼珠，投之浊水，水即为清。"我相信摩尼珠般的南老师著作会慢慢地传播到全世界，教导无数人确定一个正确的人生观，净化心灵，得到安身立命。我永远感恩老师，我要继续翻译，以弘扬南老师，谢谢！

主持人：

谢谢！谢谢您，我替所有在场的朋友问您两个问题：宋先生，我们不会韩文，您认为自己对老师的著作进行韩文的翻译，忠实度达到多高？

宋灿文：

我想我尽心竭力了，百分之九十五六吧。

主持人：

我们知道翻译是很艰难的事情，为什么中文和韩文的翻译能达到这么高的忠实度呢？

宋灿文：

我从小就读儒、佛、道书，所以基本的都理解，读了南老师的著作以后，我确信了一种理论体系化，所以读南老师的话，南老师说什么，我都能理解。

主持人：

因为中韩传统文化的共同点。

宋灿文：

不知道的地方，或者疑惑的地方，在网络上找资料，在书本上找资料。刚才有人说“书到用时方恨少”，我真正体会到了。有些不知道的地方，资料也找不到！

主持人：

谢谢！说到老师著作的外文版，我们在这儿做个小游戏啊，我提问一下，大家中文版都看过了。请问南老师著作，哪一本被翻译的外文语种最多？分别是什么语种？谁能回答？有人马上查手机。彭嘉恒先生。

彭嘉恒：

《静坐修道与长生不老》。

主持人：

正确！一半。（众笑）一共几种语言？记不起来了，一共几种语言，大家说，有人知道吗？（有人回答二十多种）希望大家共同努力啊，二十多种没有，一共是六种语言，分别是英语、德语、韩语、意大利语、葡萄牙语、西班牙语。《静坐修道与长生不老》，因为全世界都在忙打坐呢！

孙涵：

我插一句，我们那个日文的第二批里面有《静坐修道与长生不老》。

主持人：

有出版的计划是吧？

孙涵：

这个是已经开始翻译的《小言黄帝内经与生命科学》和《人生的起点和终站》，这两本翻译在日本出版，是请专家看的，我们是请日本人翻的。专家看了，几乎没有改，说很难看到这么好的翻译，所以我们就接着请他译下面这本。

主持人：

而且据说，销售第一天就非常不错。

孙涵：

对，其实现在上架也就不到一个星期，现在亚马逊上都能看到了，日本书店也都有。当时它毕竟相对来说，是一个专业小众的书。再一个是输出去的书，开始没有当一回事，就随便放在书店，结果一个书店上午到下午的时候，就说你们赶紧再来点书，我们这书没有了。虽然书的量和中国国内没法比，但对于日本来说就已经很好了，一天十几本就没了。

主持人：

这是很了不起的销售。

孙涵：

对！我们也没有想到，就是《人生的起点和终站》。

牟炼：

主持人，你要纠正一下，不是葡萄牙语，可能资料有误，应该是荷兰文。

主持人：

是荷兰文？

牟炼：

对！我们现在荷兰文和西班牙语的这个版本没有，如果哪位有的话，我们太需要了。谢谢！

主持人：

荷兰文和西班牙文的版本，目前我们样书都没有找到。希望大家能帮助搜寻一下，然后大家联系恒南书院这边就可以了。具体的答谢由慈雄先生负责啊！呵呵！（众笑）

接下来因为时间关系，我们采访一下纪雅云女士，她是我们的老同学，美国翻译家。作为在西方会有更大影响地域的英文翻译版本，你做了相关的工作。那么请你给我们谈一谈，你觉得为什么老师的著作，应该向西方介绍传播？

纪雅云（Ms. Pia G）：

现在西方对东方的文化，这一两百年的话，兴趣越来越浓厚，越来越多的人关心到亚洲，想要了解亚洲，尤其是中国文化比较深刻，比较神秘一点，很难穿透进去的。尤其是现在中国经济开始起来了，很多人去旅游的，那就比较看得到，比较有交流的机会。我在前几个礼拜跟彼得·圣吉（Peter M. Senge），我们有做一个工作坊，有十个国家的领导人来参加。我开始跟一两位在谈孔子的这本书（编者按：此处指《论语别裁》英译版），快要出来了。他们好兴奋，一个一个进来，我们对谈的，就谈了一个半小时，而且是晚上快 11 点，我跟大家说，我们要睡觉，明天再谈了。他们兴趣浓厚，超越我想象的，我还跟好几个人谈孔子（这本书）将来要出版的，还有南老师对孔子重新再解释的话，大家就非常有兴趣。我就觉得，你们的兴趣真的有这么浓厚吗？可是他们都很期待，那一本书出来，影响会非常深远。接着，我觉得就是关于中国文化的《老子》《孟子》等一些比较典型的经典能够出来的话，对欧美想要认识东方思想，会有很大的帮助。因为南老师的解释不是从一个学者的角度，所以一般的人很容易吸收，很容易了解，比较深层地穿透中国的历史，还有里面一些错综复杂重叠的思想，能够比较了解它的精髓是什么。跟中国人在一起比较有一个尊重，因为了解你就会尊重你。然后比较会有一个和平的共处，我的期待是这样。

主持人：

谢谢！纪雅云作为老师著作的翻译者，她有一个优势，因为长期跟老师做翻译，她已经很熟悉老师的语言了，已经长期进行过训练了。我有一个问题，英文翻译老师著作的难点，最难翻译的部分是什么？

纪雅云：

对我来说，因为我不是中文学者，所以我还是有相当的文字障碍。像我翻译《金刚经说什么》，我有那个 CD，所以边听边看，这样子两个一起来，就比较能够抓到南老师的那个味道。还有他当时在表达，还有书本里面会有漏掉了，或者会省掉了某些连接的话。可是在英文的逻辑里面，你没有那个连接的话的话，你会很难懂这一段是在表达什么。现在我在做《论语别裁》的翻译，我没有电子文档，所以只能依靠书本。有时候我要去查字典，有时候哪个部首我抓不到，哪个字的部首是什么。所以我要查字，我要花很多时间，有些字，对它不够熟悉的。我的困难点是在这里，因为我不是一个学者。

主持人：

谢谢！因为时间的关系，我们不能访谈太多了，希望我们下次坐在一起的时候，会有更多的外文版书籍面世的好消息。因为我们深知，这是东西方精华文化，沟通融合，造福世界，造福人类的一个大事件。所以呢，感谢几位接受采访。谢谢你们，谢谢你们做的工作。

在这里补充一句啊，这次大会送的礼物里边也有一本书，作为南师百年诞辰纪念的一个出版物，大家可以看看礼品袋里有没有。因为时间的原因呢，很多投稿来不及收录其中，但是我们会从今天起，在相关网站的纪念老师百年诞辰的专栏中予以刊载。这些网站包括：

南怀瑾学术研究会
南怀瑾文教基金会
恒南书院
腾讯网儒释道频道
凤凰网佛教频道
传承网

等等，敬请留意。

南怀瑾先生百年纪念活动老同学访谈专场一

主持人（崔德众）：

接下来，我们将进行新老同学座谈专场，大家不要走开。

首先有请宏忍法师、谢锦扬先生、欧阳哲先生。难得一见啊，多少次同学聚会，他们都是老师身边的工作人员，他们是最低调的。这次百年纪念活动这几位南老师办公室工作人员，特别现身发言，和我们分享。

我简单做一下介绍，为表示尊敬，我应该站起来。这位是宏忍法师，太难得了，人难得了。宏忍法师请坐。宏忍法师呢，台湾高雄人，1982 年起就读于十方丛林书院，参学诸方，研习中医，后来照顾老师日常生活，还有做编辑出书等等工作。如果你要想问：所有的同学和客人离开之后老师的生活作息，他都做了些什么？那要问宏忍法师了。

这位是谢锦扬先生，他是台湾屏东人，1981 年，比宏忍法师早一年从师。多年来在老师身边服务，做图书管理、个人财务管理以及临时交办的工作。所以，老师的账目应该是要问他的。

还有欧阳哲先生，1983 年，他们基本是先后同学，到老师身边工作，在台北听课，然后老师把他调到香港，去煮菜的，大家都爱吃的欧阳炒饭，是出自他的手（大众鼓掌）。

为什么把他们几位请出来呢？因为老师的很多生活内容，那也是老师的人生重要的一部分，许多同学以及宾客，是不知道的，而他们却是历史的见证人和史料的搜集人。所以有必要把他们请出来做一个发掘的工作。好，我们首先问一下宏忍法师，就是每天我们走了之后，老师送过客人之后，回到自己的房间，他的作息是怎样的？

宏忍法师：

回忆一下啊，其实不同的阶段，有不同的作息时间，也有不同的方式，这是总的。但是在大学堂的这个作息吧，就是客人都走了以后，九点、十点，他回去第一件事就是先盥洗，这是他的习惯。先把自己都清理干净，然后很放松，坐在茶几边上，抽支烟，喝喝茶。有时候烟点着，然后宁静一下。有时候我看烟根本没抽，就是摆在那，他就静静的。万一有时候饿了，他就自己会煮一点饺子啦，或者是电锅里面，我们给他准备一点花卷，或者是饺子先煮好放着保温，后期有时候，永会师带一些台湾的素食豆制品，冷冻起来，要吃的时候，就是再蒸一下。他不一定哪个时间吃。因为他有时候客人送走之后，就在餐厅，请厨师做一点酸辣汤啊，或者是煮碗面呢。在香港的时候是请欧阳来碗炒饭呢，那么有些老同学也跟着分享。

主持人：

做净坛使者了。

宏忍法师：

呵呵，在上海的时候，有一个许同学，他可会料理了，他曾在法国生活留学，他就会把一些剩菜，给老师做一碗烩面，老师很喜欢吃。老师生活是很简单的，大多吃点稀饭地瓜等，其实他在美国期间，因为不同的环境啊，也不一定吃一样的东西了。

主持人：

刚才您提到一点了，老师送走客人之后，回到自己的房间，还要抽烟吗？

宏忍法师：

要抽的（笑），在起居室。

主持人：

你看很多人都不知道了吧。还有老师喝了一天的茶了啊，喝很浓的茶，老师走后，我们尝都很苦了，茶碱都泡出来，老师回到房间还要喝茶吗？

宏忍法师：

当然啦，他是这样的，每天有几次换茶。早上大概十点的时候给他泡一次。下午，他到办公室前，也要泡一杯茶，这一杯茶就到晚饭了。晚饭到了餐厅，餐厅的同学，也不一定是我，会给老师再泡一杯茶，那么这一杯茶等他离开之后，同学大家都抢着喝（笑）。

主持人：

我经常干这事儿。

宏忍法师：

因为老师还没有喝完的茶，其实还很浓，茶叶是泡在里面的，所以大家就分着喝。他在回去之前，先把他起居室的茶泡好了，所以他坐下休息，就要喝一喝。这杯茶就到隔天了，中间他自己会再加热开水，不会换，到隔天上午的十点左右再重新换茶。

主持人：

老师他起居室的旁边，就是药房，那里有好多的药，有的同学写纪念文章说，老师亲口说的，他吃药比吃饭还要多，哎呀，我说那个是修辞了，不太可能的。那么老师也自己承认，他经常吃药，但我们谁也不敢问哪，他一般都吃什么药啊？

宏忍法师：（笑）

谢锦扬：

感冒药。

宏忍法师：

有些他比我清楚。

主持人：

具体你知道？

谢锦扬：

老师的这个吃药呢，是因为他不喜欢身体有不舒服，还去打坐，浪费那个时间。他是想用药啊，把身体的这些不舒服啊，把它排掉。所以他有时候早上一起来啊，就是感冒药，有时候就是加一点散利痛。

主持人：

那从老师吃的这个药，你们帮着配药，据你们了解，老师大概身体状况平时是怎么样的？

谢锦扬：

老师这个药，他自己一上来，或者从外面进来，他自己知道，自己现在这个时候要吃什么药，然后他自己会配。后来是早上起来，他自己吃什么药，他自己配，就是这个样子。

主持人：

他都是自己配。宏忍师你跟到旁边最近，有没有观察到他都配什么药？

宏忍法师：

我怕挨骂（笑）。有一次他在配药，其实他是不舒服，自己去配药，我也看他有不舒服，那我就想偷师嘛，站在旁边看，我这个技巧太不好了，然后老师说你看什么？我就不好再看了，没事没事，我就走开了，不敢看了（笑）。结果也没偷成。

主持人：

我们都知道老师喜欢吃花生对吧？但是没有考证出来，老师是从什么时期开始吃花生的。有谁知道？你们有谁知道？

谢锦扬：

在台湾时就开始了，具体到什么时间就不知道了。

张春华：

1973 年的时候啊……

谢锦扬：

他还教人家怎么炒花生呢，只是用一点点油啊，然后就这么炒炒，差不多熟的话，就是再撒一把盐。

主持人：

我听说老师有一个阶段是不吃花生的吗？

宏忍法师：

是这样，您说的那段是在美国，因为那个时候我也正好在。我为什么会到美国？因为老师在中国台湾十方丛林书院讲课的时候，让我们发愿，到中国大陆来。并请了大陆工作会的焦先生，找我谈。因为当年“文化大革命”，对于出家人，很多都让他们还俗了，有些或者去工作嘛，对大陆这些老师都知道的。焦先生说万一你去，碰到这些情况你怎么办？我说，既然是老师让我们发这个愿，那我相信老师，一切就交给佛菩萨。万一把我关起来，我就在牢里修行。我没有其他多的想法，很简单，因为老师这么说，我就这么发愿。所以老师出国之后，我想去看老师。老师反过来，为了让我能够完成这个心愿，就帮我们想办法，让我的学长，帮我们拿到加拿大身份。拿了身份以后，我在 1987 年到中国大陆，跑了大半年的时间。所以说在 1985 至 1987 年大概两年的时间，有机会在老师的身边，发现他的饮食的习惯是改变了，花生米吃得少。他早午餐，就是国外已经发好的面，一打开，烤箱烤好，然后拿出来热热的吃。外国人有说热面包不能吃，可是老师爱吃热的面包，刚烤出来热热的，然后涂点奶油，再配杯热巧克力。所以他这一段时间是不怎么吃炒花生的。

主持人：

您知道的太多了，今天是时间不够。

宏忍法师：

时间不够，我说多了，呵呵！

主持人：

那这样，问锦扬兄，问你两个问题？锦扬兄给老师管账啊。在老师身边工作多年了啊，那是老师信得过的学生啊，一定是。所以问一些老师比较私密的问题。老师有没有接受，别人对他比如说生活方面，生活费方面的供养？

谢锦扬：

基本上是没有了，是没有啦，确定是没有了。（众笑）

欧阳哲：

肯定是没有了。

主持人：

不是说所有人给老师包红包，老师从来都不接受吗？

谢锦扬：

有些是接受，但是他不是自己用，他把它摆着放着。到什么时候，老师说这个可以替他捐出去了，不是他自己用，是替他们捐出去了。

主持人：

你的意思说如果别人给的红包，老师从来不自己用？

谢锦扬：

对！

主持人：

是这个意思吗？一定是捐到其他的用途上去？

谢锦扬：

是！是！

宏忍法师：

这一点我可以说吗？我可以抢着他的话说吗？

主持人：

可以可以。

宏忍法师：

关于这一点，我亲自接手的几笔。我们大家知道，很多学佛者，都接收过莆田广化寺印的佛经。当年这位圆拙老和尚，创办这个印经处，最初是用钢板这么刻字印刷。大概 1987 至 1990 年左右，印的都是小册子，容易普及的。我向老师报告。老师一直提倡，学佛者有四部学佛的纲要一定要读：《宗镜录》《大智度论》《摩诃止观》《瑜伽师地论》。因此我们就运了一批佛学辞典送他们，同时请他们就地在那里，把这四部佛学纲要印出来，平价流通。当时 1994 年在南普陀南禅七日的时候，《大智度论》这么大一套，六十块钱一套。就是因为有其中老师支持的这笔经费，所以只是收一点成本费流通，这个钱能回笼来，继续地运作。老师收的红包的钱在这里面，我们当时送了大约七万块美金，老师生日，同学供养老师的红包，他都捐出来。还有刘老师的母亲去世，她把母亲留给她的一笔钱也交给老师。因为刘老师说她妈妈不信佛，所以老师就把这个钱都捐给美国妈妈联谊会张春华会长，捐助孤儿助学。或有些捐款放在香港的国际文教基金会，专款专用拨出去了。这是举例一两件我所知道的事情。是不是这样？

谢锦扬：

是，是。

陈照凤（谢锦扬太太，南师离台后，负责南师台北办公室日常事务）：

老师在台北的时候，有一位听课的学员供养老师红包新台币十万元，老师一直放在抽屉里。过一段时间后，老师嘱咐我将红包还给当初的供养者，很奇怪她竟然也收回去了。事后才知道原来那时候她正缺钱。

主持人：

谢谢！你说到这个，我突然想起来，老师不仅不太接受别人的捐赠，好像他过年，都给我们，身边的每一个同学，还有一些朋友啊，还有家人、孩子红包的。好像我们每一个人都有吧？在座曾领过老师红包的举手，我看一下。哇好多啊！哇好多！好多！好多！哈哈哈哈！我们几位老学长跟老师三十几年啊，八一、八二、八三年，八十年代的，你们是不是每年都有？还是偶尔有？

谢锦扬：

每一年都有。

主持人：

欧阳兄，我一直不知道给别人多少钱，也不知道老师心里面是不是有偏心。我问一下，给你给多少钱啊？

欧阳哲：

一千吧，一千港币。

主持人：

那还好，好像差不多，哈哈哈哈哈。（众笑）

谢锦扬：

这些红包都是老师的版税。

关于老师的版税，他一贯的处理方式，大部分都用在大众公益方面。譬如在香港期间的伙食费、家具、餐桌椅、厨房用具、日常用品和床啊等等，都是老师用他的版税支付的，老师在打点的。

2001 年后，在上海的伙食、家具、日常用品啊、床啊等等，以及阿姨们的工资，甚至太湖大学堂的初步设计费，以及工程人员的工资，也都由我经手，从老师的版税中支付。

2006 年 7 月以后，老师入住太湖大学堂，大家的伙食费、所有的家具、床、字画、禅凳、餐桌椅、厨房用具、日常用品，还有两口大钟、回廊的玻璃窗等等，也都是老师拿他的版税支付的。

王苗：

过年的时候，可以拿到老师的红包，我拿过五百块，哈哈哈哈！

主持人：

他拿的是一千，哈哈哈哈！（众笑）

王苗：

这个红包特别珍贵，上面有南字。

主持人：

哎呀，那个红包你得留住啊！

王苗：

那个钱都留着呢，哈哈哈哈！（众笑）

主持人：

哈哈哈哈！老师身边的人呢，还有很多，我们不知道，比方说老师的书大家都去参观过吧？老师的图书馆，老师有多少本书，大家知道吗？这个事儿得问锦扬兄，因为老师的书，当初进大陆的时候，整个的清点、装箱、搬运的这个工作都是他和欧阳哲完成的。也是说老师看过多少本书，他就看过多少本书。

谢锦扬：

哎哟！那是不可能啊！（众笑）

主持人：

哈哈哈哈，看书皮也是看嘛。

谢锦扬：

看书皮也是可以啊！哈哈哈！

主持人：

对！老师大概有多少本书？

谢锦扬：

大概二十几万册吧。

主持人：

二十几万册！二十几万的书名，如果我们过一遍眼睛，就决定不看了，哈哈哈哈！

张连珍：

但是他的好多书我翻出来，都有眉批。

主持人：

是的，我看到那里绝大部分都有翻看的痕迹，不是像我们买完之后往书架上一放。

张连珍：

都有他的眉批。好多书！

主持人：

你说得对。张大姐说得完全对，是那么回事儿，而且还有书签之类的标注。

谢锦扬：

关于老师的藏书，在老师离开台湾以前，本想找一处地方可以安置所有的图书。老师说他人在哪里，图书就在哪里。

1985 年 7 月，老师离开台湾到美国不久，我们，还有宏忍师、永会师、圆观师，听从师命，将所有的图书、佛像和老师的私人用品等等都打包，用货柜运到美国，在美国期间有些箱子也没有打开过。到了 1988 年 1 月，老师从美国到中国香港，这批图书不久也跟着运到香港。在香港期间，为安置这批图书，也搬了三次地方，大部分是我和欧阳哲在管理。后来，亲证师、谢福枝、官大治和我、欧阳哲重新开箱整理。

2005 年，透过陈佐洱先生的帮助，这批图书中的大部分，由香港海运的方式报关运到吴江庙港。2007 年订制了一批书柜，将老师图书、佛像等收藏，安置在太湖大学堂主楼二楼、三楼。

老师一直有个心愿，是想要盖一个大的图书馆，把他所有的藏书藏品安置其中，提供国家和大众，乃至全世界的人阅看。

不知现在这些图书藏品是否还在太湖大学堂，真令人忧心。希望能早日圆满老师生前的愿望，公之于世。

主持人：

我想问一下，欧阳兄平时最低调了，只是笑，说话不太多的。今天也要说话了，老师百年纪念嘛。你在老师身边生活，你有没有发现你知道的，但是我们不太知道的一些东西？（众笑）

欧阳哲：

我知道老师爱哭！哈哈哈哈！（众笑）

主持人：

老师爱哭啊？什么时候哭？为什么哭？

欧阳哲：

看电视的时候，看到老师抹眼睛。

主持人：

你是说老师追剧的时候，是不是啊？哈哈哈哈，怎么回事儿？你给我们讲讲。

欧阳哲：

客人走了，啊不是，客人在，他也都追剧啊！宏忍师放的，哈哈哈哈。

主持人：

你说老师，客人走了以后？

欧阳哲：

他还追着看呢，看到快天亮了，哈哈哈哈。

主持人：

一夜一夜地追剧啊？

欧阳哲：

唉！哈哈哈哈！（众笑）

宏忍法师：

要爆料啦！哈哈哈哈！

主持人：

他都看什么电视剧啊？

欧阳哲：

《三国演义》啊，《水浒传》啊。听说在美国看的就是《红楼梦》。

宏忍法师：

是《少林寺》，还有《诸葛亮》，那位李法曾先生演的诸葛亮，四集。每次看每次掉眼泪，特别是柴桑吊周瑜那一段。不是《三国演义》里面的。

主持人：

那是四集的啊？

宏忍法师：

四集的，他到了香港，还反复地在看。

陈照凤：

我听过老师在上课的时候，说他喜欢哭喜欢掉眼泪，这种现象不是一般的哭。譬如老师说当他进入一个庄严道场，一站在那里心净了，眼泪自然流露了。同学以为老师哭了，老师说这不是哭，是心净了，自然有一种乐极生悲的现象，这时的心境是既非欢喜也非愁。

张春华：

我还要讲一个事情啊，老师听到我的事情，我都没有哭，他先稀里哗啦地哭，哈哈哈！

主持人：

举个例子，什么事儿？

张春华：

就是我已经出国了，我出国以后，十方丛林才有的嘛，那个时候才搬到信义路的九楼。那我回去的时候，回中国台湾的时候，老师就给我说，他说，楼上那些没有头发的，他们都太幸福了，你上去跟他们讲讲，你从小的经历啊，让他们不要太娇贵了。结果我就上去，我在上面讲，讲完了以后老师再讲话嘛。老师说春华在上面嘛谈笑风生，好像在讲人家的事，我在下面呀，一直哭。我心里想有什么好哭的。所以那次演讲的录音，听小扬说他还找到了一卷，另外掉了一卷。所以平常老师单独跟我谈话，老师也会哭，就一直说太辛苦了，太辛苦了，太可怜啦，哈哈，说我到云南做太辛苦了，太可怜了！

主持人：

因为张春华大姐，在云南收养过上千个孤儿（编者按：张春华女士及其“妈妈联谊会”，从 1992 年至 2018 年 3 月，累计捐助云南近 3087 万人民币，资助孤儿及特困学生 13977 人，资助成立孤儿学校、育幼院、儿童之家 6 所，捐赠希望小学 16 所，其他捐助孤儿医疗手术、捐赠硬件设施不计其数，并且她还亲自教育孩子们做人做事），这也是一位菩萨了（大众鼓掌）。大家如果有志做孤儿的慈善捐助，大家可以联系她。基金会很多，但是我们很知根知底靠谱，还是我们老同学。

张春华：

所以老师不只是看连续剧哭，他平常，老师心真的也是非常软。

主持人：

这句话说得太到位了，我就要说这句话，老师心肠特别软。

张春华：

另外还有，老师不仅是爱学生，他连植物也爱。我在美国的时候，植物种得很漂亮。同学就在老师面前说，春华有绿拇指啊，种的植物都好漂亮啊。所以老师后来到美国，叫我们过去的时候，我跟我先生过去，就特别打电话，带两盆植物啊，再带两盆桂花。那我就搬来养得肥肥的好好的植物，搬到老师那边去。老师照顾得太过分了，一下它渴了要浇水。你浇水过多了，根会烂掉，会死掉，他说哦感冒啦，还给它吃感冒药（大众大笑）。

主持人：

哈哈哈哈，给植物吃感冒药。

张春华：

晚上用灯打，照着。我说老师啊它也要睡觉的嘛，我说你不能一直给他灯照着，老师说他生病了啦，生病了，还拼命给它吃感冒药，还给他灌水，最后就完了（大众大笑），所以说老师的爱心啊真是没话讲了。

主持人：

谢谢，谢谢，春华大姐（大众鼓掌）。我们现场，同学们想说话，要随时都聊啊。还有大家不知道的，多数同学走了之后，老师会不会跟身边的工作人员单独相处一会儿，再讲一些东西啊之类的？

欧阳哲：

我是没有，小扬哥呢？

谢锦扬：

那个是不一定了，因为看时间状况，或者是他有什么事情，他才会特别讲。或是回到他休息的地方，他会找你特别讲一下。有时候，去了就很难受的。

主持人：

哈哈哈哈！这是晚上“规过于密室”。哈哈哈哈！今天我们访谈了，不可能说有一个完整的轮廓，给大家勾画出来，因为时间有限。为什么要把几位请上台来呢？一段时间以来，我一直敦请这些老同学，把老师的个人生活情况作一下总结。哪怕每天写一点点，这样若干年之后，单独写或者是合作写，能够形成一本书。那么未来，除了老师的著作之外，将是考证老师的一个最重要的史料之一。所以我想，大家应该用掌声鼓励这本书早一点面世，好不好？（大众鼓掌） 谢谢几位老同学，谢谢你们，谢谢你们！真难得，真难得！

南怀瑾先生百年纪念活动老同学访谈专场二

主持人（崔德众）：

接下来我们有请几位，最早期的啦，资格最老的老学长——老师在台湾时期的（学生代表）。我们抓紧时间，因为现在已经都快5点半了，我们6点钟吃饭嘛。有请陈芳男先生，有请戴思博女士，"大师伯"；有请张春华女士；有请古国治先生，古大哥；有请饶清政先生，有请！

主持人：

老师教化了几十年，好几代人啊！我简单跟大家说一下数学题，就会很震惊了。你比如说这位陈芳男先生，今年78岁，从师是哪一年？

陈芳男：

我只记得我当时19岁。

主持人：

那是哪一年？

陈芳男：

我只记得我19岁的时候，哪一年记不清了。

主持人：

1959年，1959年，你今年78岁。

陈芳男：

对！对！

主持人：

也就是说您上大学的时候，跟着老师，也就是说到现在 60 年。你说我们在座有多少人超过 60 岁的？但是他跟老师已经从师 60 年了，真是很难得啊！（大众鼓掌）还有戴思博，我们都（因为谐音，开玩笑）叫“大师伯”了，1968 年从师。

戴思博：

是。

主持人：

1968 年到 2018 年多少年？

戴思博：

50 年了。

主持人：

所以真的是“大师伯”啊！（大众鼓掌）再一位，张春华女士，大姐我们刚才都见到了，您是哪一年（从师）？

张春华：

我是上大学到现在，我今年 71 岁，也五十二三年了。

主持人：

我的数据是，你也是 1968 年，是吗？

张春华：

我都不记得了。

主持人：

想不起来了，太久远了。

张春华：

我只记得是高中毕业之后，去老师那边。

主持人：

嗯，是的。这次的有三位年长的台湾时期的老学长（上台）来。在此之前我们都知道古大哥资格最老啊，他是 1971 年（从师），是吧？古大哥是 71 年（从师）的，因为（我）72 年出生。

主持人：

饶清政先生呢？

饶清政：

我是1983年去拜见老师的。

主持人：

80年代。都是太长了，因为几十年的时间了，人生经验告诉我们，很多事情都会忘记。可是今天他们来参加老师的百年诞辰纪念大会，说明在他们心目中，有一些东西，至少有一些瞬间，或者某一些话，是不曾忘记的。那么接下来呢，我们请他们几位讲几句。

陈芳男：

我先来说，我讲的这个眼泪都要掉下来。老师早期是非常辛苦，他在台湾住的不是自己的房子，租的那个台湾最简陋的房子。我是在泰顺街那个阶段，我简单报告一下。老师住的房子呢，房间有一个客厅，一个厨房，没有洗澡间。但有一天，老师外面讲课回来，那个长袍就脱下来了。热嘛，天气热，他没有洗澡间，怎么洗澡呢？台湾早期，不晓得大陆怎么样。用那个铝盆啊，拿了个矮凳。因为我那个时候年纪还算比较小的。我跟老师拿一个用竹子做的矮凳，我也跟他坐在旁边，就这样搓澡。刚好那一次，外面有人敲门，老师那个觉性啊，真是正等正觉。他知道这个人来是要做什么！他就马上问我说：芳男，你口袋里有多少钱？他这样一问，我心里很慌张啊。

主持人：

把你吓一跳。

陈芳男：

为什么呢？我也很穷！我母亲都是辛苦赚点钱，给我在台北一个月的生活费。我知道老师穷，但学生也穷，反正拿去他要帮人忙，他就把这个钱给人了。那老师知道我紧张啊，他说你下课就回来家里吃饭。我稍微放松一下，我不知道我怎么样，会流落街头？所以我每次想到这个事。老师呢，和我一起照的照片，还有这张照片，我挂在我的客厅，然后在我的工作场所我也挂了一张。我早晚都是感念老师，怀念老师。我说老师呢，可以讲，人家骂人说，你这个人不是人！是骂人。我说老师呢，不是人，对！但是他是仙！是圣！因为普通人怎么可能做到那样呢？我们那个时候，晚上老师带我们练功，后来呢我体会到了，老师那真是圣人。我跟老师这一辈子最大的财富，就是老师给我的，法财！我，那个时候得了这个法财。我也体会很多，有些事我（今天）保留（不讲）。但是我今天就跟慈雄兄讲，说我要来跟老师报告。然后慈雄兄他就找一位秘书还是什么，带我到老师的佛堂。我跟老师顶礼，几乎眼泪掉下来，但那是喜极而泣。我把我的精神境界，跟老师报告，所以我说我这一世来，最大的财富是老师给我的法财！我很庆幸，这一辈子来，能够碰到一位这么好的老师，我以这个为荣，我感恩老师，我感恩！再感恩！谢谢！（大众鼓掌）

主持人：

谢谢您！谢谢！老师的身教，往往让我们永远记得！那么戴思博女士啊，是老师早年的学生啊。我请她来接受采访，然后她说，我真的没有什么可讲的。我说其实有一些东西你知道我们不知道，比方说，老师当年去法国，出国玩儿的时候，是你全程接待的。给你个题目——南老师在巴黎，好不好？给我们讲讲，南老师在巴黎的那段时间，给我们讲一讲，分享一下。谢谢！

戴思博：

好吧，我认识老师的时候是 1968 年，我去留学的那个时代。我在法国本来已经接触过日本式的禅宗，所以一到中国台湾，我想找个可以讲禅宗的人，就是这样接触的老师。接触过老师以后，我觉得他又抽烟，真是不像一个禅师的（大众大笑）。差一点就要逃走了（大众大笑）。可是我知道，他过几个礼拜要组织一个禅七，所以我还是留着，留着留着，到现在还没有离开呢，哈哈哈哈！那我慢慢接触过老师以后，我发现他随时都在用禅宗的方法。有一天呢，他是在中国香港的时候，他说，哎！戴思博啊，我要去法国，我想，他开玩笑了，不可能的，去法国干什么呢？我就忘记了。过了六个月，我接到南老师的电话，南老师说，哎，戴思博，我要去法国，我下个月来，我说不会吧，我记起来说他要到法国来。大概是 1994 年呢，1994 年在法国待了五天吧，而且那时候他说要去法国……

主持人：

只待了五天是吧？

戴思博：

差不多五天，一个星期吧。那时候他说他要住法国的，要长久住在法国，我说不可能的，呵呵！可是在法国住了六七天呢。他自由自在的，就是有几个学生陪他。他说我们要去看看房子，我说哎，奇怪，看房子干什么？他真的那时候就是想常住法国了。

主持人：

要常住法国，曾经有过这个想法。

戴思博：

曾经去看一些房子了。另外的就是比较轻松的，我组织在塞纳河，在这个船上这样玩一玩。一上船，他就说这个不好玩了，有什么好玩呢？我没有兴趣啊，我们下去吧。结果靠一些朋友的帮忙啊，终于找到了一个艺术性的表演，他很高兴啊。（补充：可是在看表演时，他提醒我当下要练习止观禅定）有一天呢，我们就是在街上走一走，忽然在一个卖衣服的商店，他看到一顶帽子。他说，哦！这个帽子很像我以前领导军队（时戴）的一个帽子，我一定要。一进去他说这个不卖呀。结果就是我们往上找啊找啊，找了很久，到法国北部里尔，一个城市，才找到了一个。那我们就是，坐火车到里尔，去找这个帽子。后来南老师在法国就戴这个帽子，很高兴，很像一个小孩子。就是这样的，哈哈哈哈！

主持人：

你有当时的一些照片吗？

戴思博：

没有。

主持人：

没有，很遗憾。就是通过叙述，能够保留这一段珍贵的历史，我们都不知道的历史。呵呵呵呵！老师曾经是一个很会玩的游客啊！（众笑）那么接下来春华大姐。

张春华：

我本来一直很头大，因为要我上来讲，就是在云南做了多少事、收养了多少孩子什么的。我说我自己做过了就不管了，就忘了啊！再一个我觉得像这些事情每个人都可以做的，都可以做得到的，我说没什么好讲的（编者按：张春华女士及其“妈妈联谊会”，从 1992 年至 2018 年 3 月，累计捐助云南近 3087 万人民币，资助孤儿及特困学生 13977 人，资助成立孤儿学校、育幼院、儿童之家 6 所，捐赠希望小学 16 所，其他捐助孤儿医疗手术、捐赠硬件设施不计其数，并且她还亲自教育孩子们做人做事）。

所以刚刚我很高兴，你们用这种方式来讲啊，那我就可以不用讲那些了。我讲一些，你刚才讲到，就是老师出书的这一些事情。其实老师的书最早到大陆，是从我这边，这个管道。为什么呢？因为，真的来讲，我是从湖南出生，然后我们那个时候国共战争就逃难嘛。逃难经过越南，然后到台湾。在去越南的途中，我母亲因为怀孕，就在路边生了一个女孩，一个女婴。可是我妈妈，因为我们从小都没有奶水喝，都是喝米汤的啊，眼看着妹妹就饿死了。我妈妈出去讨饭，我同父异母的大哥呢，他也是好心呢，觉得还不如把孩子送出去，还有一条活路。所以趁我妈妈不在的时候呢，就把妹妹送给了路边的一个摊贩。等我妈妈回来的时候，再出去找，已经找不到了。可是这个事情呢，从我到台湾一直长大，记事开始，我从来没有听我母亲提起这个事，这是我哥哥姐姐告诉我的。我想他不提起的话，一方面是因为，大哥是同父异母的大哥，如果我妈妈再埋怨他，小孩子已经找不到了，如果再埋怨他，就会伤母子感情的。所以我想是这个缘故，我母亲对这些流亡学生的孤儿很照顾，也就影响了我。我母亲常常跟我说，将来有能力，长大有能力要多照顾孤儿。那她一定也是希望她跟她的女儿我，继续多照顾孤儿，人家也会对她的女儿照顾嘛。所以后来……我就跳（过这段讲）了，因为从小就有这个心愿，将来想要做的事就是要帮助孤儿，帮助穷困学生。所以后来高中毕业到老师这边来，老师知道我的心愿，所以对我很鼓励。

后来我到美国，我一到美国的时候呢，就开始参加红十字会，照顾留学生。后来，38 年前搬到普林斯顿大学附近。最初的时候还没有大陆去的留学生，都是台湾的，后来又有大陆去的。同时不管中国香港、大陆，还是新加坡的留学生，每个周末都到我们家来。那平常我都拼命做吃的，放在冰箱里。到周末大家来了，蝗虫过境，有多少吃多少。甚至他们结婚啊，要理发啊，也到我这边来，我帮他们理呀，结婚蛋糕也是我帮他们做。那个时候的留学生，大陆去的，我后来知道，去的都是非常非常高层的官员的子女。所以他们在大学里面的时候，台湾的同学和大陆的同学，根本不来往的，都会害怕嘛。可是我是想说，因为我们那个时候有家了，结婚有家。那些孤儿到我们家没有好吃的，就吃辣椒，空心菜呀，可是孩子们就会觉得放假了有个家可以回。所以我想到留学生也蛮可怜，他们那个时候不管大陆台湾去的，都是捡人家不要的床垫，睡觉啊！包括杨尚昆的女儿，都是捡床垫，都是在地上睡的。所以在那个时候，他们真的是，如果有个家庭，欢迎他们，去照顾他们的话，对他们的心理来讲，是会觉得很温暖。所以那时候留学生就到我们家。朱文光，那个时候，老师叫他特别运了两箱《论语别裁》给我。那我就假装不经意的，把那些书放在外面，人家看得到的地方。我也不主动要他们看，我就放那边。那他们去了那边就看电视啊，吃啊，就主动地拿《论语别裁》翻。一看，他们很喜欢，他们说哎呀，这个人啊，他们不知道南怀瑾是那么有名的，在台湾那么有名的人。就是说，哎呀，这个人写的这个真好啊。结果后来，我说你们喜欢吗？他们说喜欢，我说喜欢就送你一本，就一套嘛，上下册那个时候。不过呢，我说你们能带回去吗？因为那个时候大陆经过了“文化大革命”，打倒孔家店。我说你们能带回去吗？他们说没问题。后来我才知道，因为他们是高干，所以才能带进去。我那个时候（送他们的）就是一套《论语别裁》，一罐台湾的茶叶。

主持人：

最早的渠道，刚才是在说这一段。

张春华：

所以带进去的人，后来我知道，说高层都看了，那个时候，都看了老师的书。后来又有一次，有一个孩子特别来问我，因为老师那个时候不是有《知见》杂志嘛，所以《知见》杂志里面有载《老子他说》，他们也看了。他们回去了以后，还问还有没有下期？所以我又把下期寄给他们，我说这个寄啊，会不会被没收啊？所以我就把里面那个撕下来，就是《老子他说》那部分。另外还有，老师那个时候，让我也写些东西。那我觉得，里面都是那么严肃的东西，我说我写些轻松的，所以我就写，用那个《主妇篇》，然后都是写一些我们家的笑话。比如像我先生教我小孩，很小就教他数学的时候，有时候就骂他，说笨蛋，我儿子马上就说，这个蛋也是你生的。所以就是这些家常发生的一些有意思的事，就写了。结果没想到，大家拿到《知见》，最先看的就是我的《主妇篇》。所以一直到后来到大学堂，这个过程中，每一次和老师见面，老师都会说春华讲笑话，就叫我讲笑话。像宏忍师啊，马宏达啊，都是催我写书，把云南做的写出来，老师没有催我写书，老师说，你赶快把你那些笑话呀整理出版。

主持人：

我真不知道啊，大姐你会说笑话！今晚上吃饭的时候多给我们讲几个，哈哈哈！但是我们今天下午时间的确是不够了。接下来我们请古大哥接着讲。晚上吃饭的时候，大家可以畅所欲言啊。古大哥请讲。

张春华：

所以还有那个时候两岸交流啊，那些学生回去就看我，他们说大姐，其实最早的两岸交流，大家都没有想到是从你这边开始，两岸交流。

主持人：

这些都是尘封的历史，隐秘的历史啊。

马宏达：

补充一句话，春华大姐她，在云南那儿收养的孤儿啊，包括麻风病的孩子，还有艾滋病的孩子，很多，总共加起来，有一万几千个孩子。

主持人：

这位大家（有的）没见过，隆重推出啊，南老师的秘书马宏达先生。呵呵呵！好，古大哥有请。

古国治：

今天来到这里，其实内心感触很多的，因为时间很有限，我只说一点。坐在位置上，我看了，有南怀瑾文化（事业公司）那个广告。看到南怀瑾文化（事业公司），我内心有所感触，怎么说呢？我想起 2006 年在长发花园的时候，我一个人坐在那个客厅，其他都没有人，然后老师跑过来，突然冒一句："哎，古国治你结婚害了我哎！"其实老师走后发生了一些事情，想到老师这句话，我内心是很伤痛的。那么假如当年……那个时候我是办了出版社，三年之后结婚，就离开出版社，跑去结婚了。假如当年没有离开出版社，现在就不需要再创办南怀瑾文化（事业公司）。假如当年，我没有离开老古出版社的话，也不会有所谓的版权之争，我想各位应该懂我的意思。

主持人：

所以这个所有的事儿都怨你。

古国治：

呵呵。所以很愧疚！难过和无奈，是我的一个感触。

主持人：

你的心情我们理解。

南国熙：

我讲一句，关于古大哥，因为大部分的同学都知道，在老师创办自己的出版社的时候，古大哥把他母亲留下来的唯一的房子，抵押给了银行，借了 30 万台币创办了出版社。老师也因为古哥的这个行为动作呢，想名字的时候呢，到底取什么名字？看到古大哥这一番心意，就叫老古吧。所以从学生的角度，真的是做到一日为师，终身为父的一个行为。

李萧明瑾：

我可以说两句吗？古大哥是我们大家的古大哥，我从来没有想过他会结婚，他结婚的时候我气死了。（哄堂大笑）

主持人：

刚才这位是慈雄先生的太太，是同学。

张春华：

像我们刚到（东西）精华协会啊，看他啊，就是忧郁小生。每天愁眉苦脸的样子，也不讲话。

古国治：

我再补充一句啊，因为她讲到愁眉苦脸哦，老师真的是改变我一生的人，是整个生命的反转。就像春华姐所讲的，我以前看到人是不讲话的，看到人是不打招呼的。穿的一身的黑，非常的忧郁。

主持人：

您现在也是一身黑。（众笑）

古国治：

嘿嘿！现在也是一身黑。然后那个时候念大学的时候，那个时候我站在楼上，就想往下跳的这么一个人。

主持人：

有点忧郁症吧，抑郁症。

古国治：

对！对。是这样的。

张春华：

好像是严重的。（众笑）

古国治：

非常严重，觉得人活着没意义，所以跑去念哲学系。《百年南师》里边那个袁保新就是我同班同学，所以我看了很多感触。因为碰到了老师，所以把整个生命翻转了。转过来之后，那些同学以为我谈恋爱了。其实他们不知道，是因为我碰到老师之后，整个生命转过来了。所以老师走的时候，我的感觉啊，我的父母亲走都还没这么伤心。假如没有老师的话，我真的是活不到现在，这是真话。

主持人：

我可以证明那个时候，古大哥非常伤心！在大学堂那边叼着烟斗走来走去，我亲眼看到，你心情很难过。

南国熙：

很抱歉，我又插个话，2012 年 9 月 30 日的荼毗，我的印象最深的是两个同学，哭得最大声的是戴卫东戴老板。另外一个是古大哥，他跟我讲了一句，他的这个忧郁症又回来了——他想自杀，跟着老师一起走，这是古大哥对老师的情怀。

主持人：

所有同学对老师的感情！

戴思博：

我可以补充吗？我们（我和古国治）有时候跟南老师下课以后，一起走一走。

主持人：

都是在台湾时期。

戴思博：

一起走很静很静，我以为他（古国治）入定了，现在才知道他是抑郁了。（众笑）

主持人：

哈哈哈哈！恍然大悟了！刚刚知道，几十年前的事，刚刚知道，哈哈哈哈！饶先生请讲。

饶清政：

对不起！我知道老师的大名，比我去拜见老师的时间，还要早差不多十几年。因为 1970 年的时候我就知道，老师是鼎鼎有名的学者。为什么呢？因为那个时候，蒋经国先生他有两个主要的措施，一个就是肃贪，和内地一样，那是毫不容情的肃贪，就是他的表弟也照抓，这个人是王太夫人孙子辈的人，当时的台湾地区行政管理机构负责人，就跟大陆的组织部长一样，他不管，照样抓，就是一定要肃贪。第二，就是大陆到台湾去的这些人，很多都背有“匪谍”的嫌疑，所以很多人一辈子的前程，就因为“匪嫌”这两个字，一辈子“前途无亮”！经国先生当政了以后，就想要解决这个问题，所以就成立一个专案小组。那个时候，1970 年就把南老师请去过，问话问了整整一天，包括晚上，24 小时。因为允许可以询问 24 小时，没有问题的话一定要放人，这是法律规定。老师常常说，当时他在基隆，用机帆船和温州做生意，（那些人）要入台的时候，要有人担保，所以老师的图章，就常常被很多人拿去盖（来担保），其实老师也根本不认识（那些人）。因为这样，所以被告说，包庇“匪谍”进入台湾，所以就被请去问过，问了没有问题，事情就解决了。因为经国先生就要解决“匪嫌”的问题，这个是外面的人不了解的，以为经国先生要整肃人家，其实根本就误解了。这个是历史上的秘密，老师也从来不肯坦白讲，所以我是第一次向各位报告。

第二件事，就是老师对于两岸非常关心，就是在大陆“破四旧”的时候，老师忧心忡忡，所以才在台湾鼓吹成立“中华文化复兴运动（推行）委员会”。后来因为这个事情，慢慢地许多党政要员，就到老师那边去听课，开始学习……

主持人：

是的，谢谢！说来话长。

饶清政：

说来话长，所以以后要写的话，会牵扯到很多的人，还有很多人的子孙都不好做人，所以就不好写。老师一直要我写回忆录，我一直不肯写，就是因为我自己参与了很多工作，所以给自己的禁制，就是不写回忆录，不公开演讲。

主持人：

这是很难过的。

饶清政：

老师临走前，再三要我写回忆录，我就是不肯写，原因在这里，希望以后有一天有机会可以公开这些事情。

主持人：

好，谢谢！这些老学长真是难得见到。如果不是老师一百周年诞辰纪念，他们不会专程从中国台湾和欧美赶来，和我们同学们相聚，所以请各位老学长，以后要多多走动，经常联系，很高兴见到你们，谢谢你们！

南怀瑾先生百年纪念活动老同学访谈专场三

主持人（崔德众）：

接下来我们请（老师在）香港时期的（学生）代表，我们请几位。李青原女士，大姐请，彭嘉恒先生。三位随便坐，都是同学内部的谈话，放松随便坐，尤其我见到（老师在）香港时期的同学更加放松。在这里插一下啊，因为在香港时期的一些同学不能来到今天的会场，比如外国的同学，艾德先生，美国驻成都原总领事、美国欧洲事务原副助理国务卿、美国退休外交官协会原主席，与太太陈纯芝，为了这次百年诞辰纪念大会，专门从美国发来书面的致辞，翻译是乌慈亲同学，现在为所有同学宣读如下：

“谨向参加南老师百年诞辰的朋友们和家人们，献上我们的问候和最美好的祝福！

很遗憾，我们不能前来同大家一起纪念这个时刻，但是你们在我们的心中和祈祷中。

谢谢你们继续用思想、言语和行动，来分享南老师对我们的身教、言传。

艾德、纯芝”

这是远在美国的同学们，他们大概就是在你们之前的一个阶段的同学了，如果来的话应该坐在你们旁边。这个艾德先生很有趣。同学之间情义故事很多。有一天，他用非常地道的中文，问了我一个非常地道的中国问题，他说你是属什么的？我说我属老鼠，（他说）啊！我也是老鼠。呵呵！所以他是美国老鼠，我是中国老鼠。（众笑）

香港的同学，印象里面呀，是最开朗最放松的。很奇怪，所有同学里的名嘴，大部分出在香港时期，在那个时期的饭桌上。今天秦晓同学也来了，这会儿不知道哪里去了？如果他上来的话，就基本没有我们几个的份儿了，呵呵呵！青原大姐，我们听你们讲过，老师也说过，香港的饭桌有多热闹。但是大陆的同学没有去过，没有见证过那个时候的历史。给我们还原一下，描述一下整个香港饭桌的一时之盛，给我们讲一讲。

李青原：

南老师，他经常让我坐在他的左边，吃饭的时候，马有慧在他右边。他挺喜欢让我给他讲故事，讲一些事情吧。有一次，我第一次去香港的时候，1997 年我受金融管理部门的聘请，到他们那里去做顾问。什么都安排好了，那边都有人接我。结果到了飞机场呢，正排着队呢，忽然被告知，这次航班取消了！大家就说，怎么办呢？怎么办呢？我就非常大声地说："叫你们经理出来，怎么这样子就取消了呢？那我们怎么办呢？"大家就说，哎哟，还有人在这儿抗议啊！然后就等着，看有什么反应。也没有什么反应，然后大家就找下一班怎么办，我就大声地在那抗议，我就不动。我就说，不可以这样啊，不可以没有正义啊！我就在那儿站着不动。其他人看了，也没什么戏啊，就各找出路。过一会儿，来了一个也不知道哪个航空公司的人，说我们这个航班呢，马上就要起飞了，到香港还有一个位置，我们准备把它送给你。我说这还差不多，好了不吵了，拿着行李就走了（众笑）。

南老师就是喜欢这个故事，不知道为什么。因为吃饭的人经常换嘛，一会儿来一批新的人，（南老师就说）李青原给他们讲讲你机场的故事，然后我就又讲一遍。我就记得我讲了很多遍吧，你知道吧，所以很热闹。

还有刚才那个定国公。定国公呢，其实我们经常有些争论。

我们两个经常辩论的，在那儿辩论来辩论去，南老师看着就很高兴，两个嘴在那儿斗啊。

主持人：

对！所以我说香港时期出名嘴。

李青原：

南老师他实际上是一个非常生动活泼的人。他就说我们的学习不应该是死气沉沉的，应该是活活泼泼的，所以就是给大家介绍一下。

主持人：

大家刚才注意到没有？青原大姐讲笑话，典型的表情。哎呀，很多年没有看到了。我一看那个表情，还没听说什么呢，我就开始笑了，呵呵呵……主要是时间的原因，否则要说的实在太多了。几位真是名嘴啊，刚才谈到香港时期的老师，英文翻译，一个是彭嘉恒先生。嘉恒兄请讲。

彭嘉恒：

老师在香港时期是 1988 年到 2003 年。我是 1992 年认识老师的。我和（马）有慧、（彭）子端好像是那个时期的，唯一在这里的广东人。那个时期在这里的都是台湾和内地的。

主持人：你的意思是，在这聚会的（老师在）香港时期的广东人（学生）就你一家？

彭嘉恒：

是的。老师在香港那段时期，其实很少（收）香港（本地）学生。就说陈佐洱先生，他也说过他想见老师，也等了好几个月，然后才有机会和老师碰面。那个时候，老师的晚饭基本上就一桌，跟太湖大学堂和台湾时期多桌，相差很远。老师在香港时，基本上都是等待回内地的时机。之后，他终于回来了。

另外一件事我想讲，在香港的一个聚会里，我认识了当地一些大学的文化教授。他们都有听过老师，但都没有机会接触老师，他们也想了解老师。刚才史先生也讲了，当老师的书在 20 世纪 80 年代计划在内地出版的时候，出版商想：又多一个人写儒家、道家、佛家的书？南先生的书，会有什么特别呢？

当然在座的人，都喜欢看南老师的书。南老师的书跟其他的书有什么不同呢？我觉得最大的分别之一，因为老师真的有修证。很多中国文化的古书啊，你没有经过修证，你根本讲不了。譬如说讲天人合一，很多人讲天人合一，但你没有这个修证的过程，怎么样讲天人合一？所以这是老师最宝贵的一点。而且他也说过，他年轻时先读了一遍儒家的主要经典，再读道家的书，后来跟随袁太老师，然后再闭关三年读《大藏经》，出山后重新看儒家的书，又是另外有一番味道。

香港文化和内地文化，真的不同。在香港时，老师很低调，不是太多人可以接触他。我现在觉得我们香港学生，唯一做得到的，就是推广老师的书。

刚才刘老师的录音中提到新出版的《孔子和他的弟子们》。我很感谢国熙，允许我们印了八千本，让我们在香港派发给学生和其他人士，希望多一些香港人可以接触到老师的教化。

主持人：

谢谢。因为今天时间啊，还有这个人员呀，我们采访的面不够宽，大家大概不清楚，像青原大姐，今天说话不是很多。但是据我了解，老师所有学生，不同时期的，有不同的特点。这个不同的特点，体现在和老师坐在一个桌子上的状态。我归纳过，老同学，台湾时期的，一个词——严肃，就是这个样子的（主持人示范正襟危坐）；到了香港时期——活泼，因为他们都是主动到桌子上去蹭饭的，主动上门的。然后到了内地时期的时候，那个词叫什么呢？紧张。譬如说，你到老师的那个桌上吃饭，不用，不用，都是紧张的，所以就是那四个词——团结、紧张、严肃、活泼。（鼓掌众笑）

时间问题，实在对不起各位啊！

南怀瑾先生百年纪念活动老同学访谈专场四

主持人（崔德众）：

我们最后一场，（南师回到）内地时期的同学代表，也不能多选了，我们少选几个吧。有请张心帆，张大哥；吕松涛，松涛兄；南存辉，存辉兄；林德深，林医生。

我都说了，内地时期的同学紧张，你们不能紧张啊！（众笑）松涛兄是不紧张的，所以把他作为特别的代表，请上台来。

其实有两位，存辉兄，林医生，你们在香港时期的时候，已经认识老师了。只是常来在老师身边学习，是老师进了内地之后的事情。讲讲你跟老师的从师经历，或者给我们讲一两个故事。

南存辉：

时间关系，本来想多讲一点，时间太晚了，我想就从内地的时候讲起：有一天，宏达兄发一个信息，说老师这里要举办一次禅修，假如你的时间允许的话，可以来学习，但不准带手机，不准请假，做不到别来。呵呵！正好那天很巧，我接到了国家证监会的通知，要我们去过会，正好和这个事情冲突了。我后来想一想，假如不是请假，肯定没有机会学习了。我就马上开董事会，统一大家的认识，说我要请假七天。

主持人：

说到这儿，应该提出表扬，因为两会这个节点，很多同学和来宾，因为这个原因没有到达会场，你这个时候赶过来很不容易的。

南存辉：

应该的。我们统一认识以后呢，大家就非常奇怪！我们通过认证上市，已经等了十几年了，有了机会怎么不赶紧去上市，还要请假？万一我们得罪了证监会，不让你上市不就麻烦了。后来他们就去做工作，延时一个礼拜。证监会也觉得非常奇怪，中国没有一家企业，轮到你了，你不但请假还不说理由！当时我们也不好解释，后来我们就请了假。到了禅修第七天结束，我们连夜就把董事会拉到北京开，第二天过会，就过了，这样非常神奇。

所以我从这里开始，谈我学习的体会。老师大概一年多以后问我："有打坐吗？"我说："每天打坐，不仅早上坐、晚上坐，坐在车里盘起腿来也坐，在飞机上也坐。"他就很高兴地说："存辉也学会打坐了。"有一天，我忘了是哪一年，老师过生日，我中午到的，下午在禅堂里面坐了四个小时。后来国熙兄过来叫我，说老师让你过去，国熙说："你坐了一个下午，老师说你可以了。"我们到了老师的书房，老师问我："你在修什么法门啊？"我说："六妙法门。""哎呀太小学生了，太小学生了。"我说："我就是你教的实用主义者，现在那么忙，哪有时间学那么高深的学问啊。"老师说："六妙法门，学会就差不多了"，让我先把应付这些事解决好。在这个过程当中，我体会到打坐真的很管用，不管是我出差、出国，还是喝酒。现在酒不喝了，呵呵！（众笑）那个时候真的是非常辛苦，都靠这个法门到现在。

所以大家讲到，我们今天不是在总结老师的一生，其实今天是一个开始。是我们在今后的工作当中、发展当中，如何践行他的思想？如何把他的宏愿发扬好？

我是觉得我们在学习打坐当中，真的会产生这种正念、正觉，这是一种非常正的能量。在我们正泰的发展当中，我自己有感受到。以前企业做得小，无所谓，现在做大了以后，四五百亿、五六百亿，将来向上千亿、几千亿发展的时候……特别是2008 年遇到金融危机的时候，那个时候整个跌宕起伏。后来我们做太阳能光伏新能源，一下子上去，一下子下来，跌宕起伏非常厉害，当时很多企业就做没了。他们就来报告说："南总不得了，不得了了，一下子上去，一下子下来。"我在那里打坐，我说："没事没事，别慌。"真的！假如说，你心中，把方法学到的话，对修身养性很有帮助。所以我觉得关于老师的大智慧，老师的这种包容，这种爱心，很多故事是在我身上发生的。今天因为时间关系讲不完，真的是太有意思了。

补充一下，我非常赞同主持人讲的，老师百年诞辰纪念活动不是总结，而是践行他思想理念的开始。

考虑到今天时间太晚了，在现场只给大家汇报了我践行老师"历史经验与现世功用结合起来""强调受用"的要求和老师亲自教导的静坐方法，在办企业、读书实践中感悟体验到满满的正身、正念、正觉、正能量。通过我在 2008 年的金融危机中顺利上市、逆势发展的经历，感到受用终生。按照时髦的话来说，中国文化的商业表达。

正像主持人讲的，我是同学中跨香港、内地的学生之一，回家后想想还是将后面两点体验补上与大家分享。

第一，细微小事见伟大。20 年前的一天，我接到宏忍师电话，说是老师有事让她打电话向我解释。原来是两天前我陪时任乐清县委书记、现任中纪委副书记徐令义到香港看他，老家来人老人家高兴极了，结果把辈分搞错了。特地让宏忍师打电话发传真，告诉我说，若我父亲年纪比他小，以后称他伯父，比他大，称他叔叔。那时我心想，就这点小事，老师也太认真了吧！现在想来，真的是一滴水可以见太阳啊。

第二，小故事大智慧。一日，族人托我向老师请教，有他人先祖占用南氏太祖墓地 300 余年，要求迁出发生纠纷，多年协调未果，请求支持修复祖坟。

老师让我转告族人，自家祖先是祖先，人家祖先也是祖先。虽然人家占有了我们祖先的墓地，但已经有 300 多年了。中国古话讲入土为安。建议算了，不要要求人家祖坟迁出。有多大就修多大，大家都相安。还吩咐修复时将边上的孤坟一并修好。

我听后真的是备感敬佩！这才知道什么叫大智慧！

主持人：

谢谢！谢谢您。林医生也是跨（老师在）香港和内地两个时期，是不是？

林德深：

应该说我在十年前才接触老师的书，是彭公子彭嘉恒先生介绍的。

主持人：

是 2007 年、2008 年？

林德深：

对，差不多是 2007 年、2008 年，才接触南老师的书。应该说再早一些时候，书已经买了很多，不过我都没有读过。那个时候还是常常去教堂的天主教徒，对佛法没什么认识。后来就跟彭公子彭嘉恒一起打坐，再后来就到国熙、Jolene 他们的 YOGAMALA——在香港一个地方，每个星期我们都去做瑜伽，然后打坐。开始的时候也没有什么感受，后来越来越好。发现打坐原来对我们的整个身体状况很好，尤其是大脑，都可以重组了。我是一个医生……

主持人：

而且是个大科学家。

林德深：

没有，没有，太客气了！我的夫人也是一个医生，她也是搞脑科研究的。打坐对身体，尤其是对大脑的影响，这一部分的问题我们常常讨论。后来我们发现了，打坐很好，应该是去推广的，而且这还只是佛法初步的一部分。

2009 年 2 月底的时候，有一个晚上，彭嘉恒彭先生，我是应该叫他老师的。他说今天晚上我们有一个老师来香港，我问他说："是谁呀？"他说："南老师要来香港。"南老师啊！我看过他的书，不过看的不是内容，只是看了书的封面。那个晚上，我们差不多有 40 个人一起去了。南老师 2009 年 2 月底的时候，去香港办一个手续，就是换香港的身份证。那这个场合是非常活跃了，跟主持人刚才说的一样，香港时期的同学和老师相处都非常活跃。聚会上每一个人都要做一个表演，有一些人是朗诵；有些人就打坐，打坐也是一个表演；另外还有些人做瑜伽；轮到我的时候，我想：没有免费的晚餐呵呵！这个是我跟彭嘉恒学习的第一课，没有免费的晚餐，一定要做一个表演，我表演什么呢？我表演唱歌。

主持人：

林医生的美声唱得特别好。

林德深：

没有，没有。唱完以后，老师很亲切地握着我的手说："唱得好，你学过吗？"从那个时候我就开始感觉到了，我应该要跟他学习。所以我们的缘就在这个时候建立起来了。后来就有越来越多的体验。他有一个特别的话，我非常喜欢，老师常常说："好玩，好玩哪。"唱歌是好玩，学佛也是好玩，我们整个人生都可以用"好玩"这个态度来度过。"好玩"的里面包含很多内容，要"好玩"，可是不容易的，要付出很多的努力。譬如打坐，刚开始的时候，乱七八糟，这么多的妄想，怎么样会好玩呢？你努力以后，妄想慢慢地就越来越少了。当你通过一些法门，可以入定发慧的时候，就越来越好玩了，所以"好玩"是第一步。另外，我感觉到老师和我们很交心的。有一次他告诉我："林医生我告诉你个秘密。"我说："什么秘密啊，老师？""我坐在主桌，坐主桌可是一个危险的位置，呵呵！"

主持人：

我说什么来着，内地时期的同学，心态是这样的。呵呵！

林德深：

老师说："林医生，我从来都没钱的。"哎！我说："跟我一样，从来没钱的。"（众笑）老师说："这个钱我左手来，右手去了。"我知道，他告诉我不是没钱的秘密，而是应该怎么样用钱，这个经济层面的，钱用得有意义。后来我就跟彭嘉恒彭公子讲这个故事，以后他介绍我新朋友的时候，常常都说这是林医生，他没钱的。（众笑）太好玩了。好，谢谢！

主持人：

谢谢你！林医生。他用普通话跟我们这样交流，他已经很努力，很努力了，谢谢！

张心帆大哥，是袁焕仙太老师的外孙，也是老师的义子，也是我们的兄弟、家人。接下来我们请大哥给我们讲一讲。

张心帆：

好！让我来参加纪念会，让我说两句，我很紧张，为什么？因为与老同学比起来，我是最差的了。我虽然是袁焕仙的外孙，有了他的基因，但是没有他的学识和智慧。以前我称南老师为南伯伯，他回到内地后，主动收我为义子，这让我很感动。他说："我这个干儿子，过去是不信我的，后来看他慢慢地越来越喜欢我了。"就这样收我为干儿子了，同时他也教育我很多。

首先，我第一次在香港见到他的时候，就被他的谦虚彻底征服了，我觉得是他人格的力量。第二，他在工作上指导我，教我应该怎样做，特别对我说："公门里头好修行，起心动念都要出于公心。"这些话对我影响很大。他也慢慢教我一些东西，他说："你在做事的时候，要物来则应，过去不留。"还把心法传给我，他说："这是你外公给我的，我现在还给你了。"他对我希望很大，他说："几个月，你认认真真地做的话，你就回家了。"可是已经十多年了，我还没有找到家，真是个不孝之子。

在生活上，他对我的关心就更多了。工作和家庭的原因，我每年只能有几次出差，顺路去看望他老人家。2007 年，因为他让我母亲去太湖大学堂，我才专程陪我的母亲前去，这是他和我母亲阔别六十年后的第一次见面，当时很多同学都在场。那次我感冒了，他马上就去给我配药。有一次我来看他的时候，他突然和我处得很近，我觉得莫名其妙，他看着我突然问："有钱花没有啊？"我说："我有钱用啊。"他知道我是公务人员嘛，担心是不是钱不够用。

主持人：

林医生说自己没钱，你说自己有钱。（众笑）

张心帆：

其实你们都知道谁有钱，谁没钱。（众笑）

主持人：

我们不知道，哈哈哈哈！

张心帆：

但我不能要他的钱啊！其实每到春节，他都给我们发红包，我也收了，他是我干爹嘛，我这不是收的行贿，他不用贿赂我，所以我感到很温暖。

最后，我有一句话：父母给了我生命，干爹给了我慧命。

主持人：

智慧的生命。

张心帆：

干爹，我很想念你！（众鼓掌）

主持人：

感人！真的感人！

张心帆：

我刚才最后一句是四川话。

主持人：

松涛兄来了。很多同学好久不见，都吓一跳，变化很大。松涛兄是老师寄予厚望的一位同学。他目前在做的治疗阿尔茨海默病的药物，正进入到关键节点。前不久，中央两会报道里面，还谈到这项药物即将在年底面世。你利用这个机会，跟大家谈一谈老师鼓励你做的事情。而且我知道，你下一步搞不好还要做减肥药（众笑），你自己已经做好代言的准备了。

张连珍：

他不是胖，是壮！

主持人：

说得好！请松涛兄给我们讲讲。

吕松涛：

从老师去世的时候到 2018 年，正好是老师的百年诞辰纪念。我本来想用这五年的时间，给老师交一份答卷，但是没有想到我这一份答卷没有做完。

第一次见老师是 2006 年 3 月 7 日，也是老师的生日，到现在为止刚好 12 年。当时老师问我公司到底是什么样的情况？我们交流了一下，他说："你早晚还会出事。" 我当时想，我们刚认识又不是太熟，怎么上来就说我会出事！（众笑）我不服气，说公司各方面都挺好。当时我也是豪情万丈，想做事情。

后来对我震撼比较大的事情，是 2006 年的 7 月 1 日，老师的太湖大学堂第一次启动，讲了七天的禅修课。后来老师总结的时候说："我们是在研究生命科学。" 我当时想，文化就是文化，它跟生命科学有什么关系呢？因为我自己是做生命科学的，我们是做生物医药，研究细胞、分子、药物等等。那时候我就对老师提出疑问，老师说："我这一辈子，用时髦的话，是在研究认知科学与生命科学。" 当时我一下子就感觉到，这既与我现在做的事有关，又跟我特别希望、感兴趣的事情有关。我说我就是想做生命科学和认知科学相交叉的研究，想找身心一体的东西。所以那个时候我就希望跟着老师学习。

到了 2007 年的时候，老师的那一句话应验了，果然出事了！（众笑）出事以后，公司也没了，业务也没了。我就在老师的太湖大学堂混饭吃吧，哈哈哈！（众笑）2007 年到 2008 年，在那里打坐将近两年，当然经常也偷跑出去，老师说，我还欠他很多时间账。这两年时间就在那里打坐、读书、听老师讲课。当然自己心还不死，总是想要做点事情。

2009 年的时候，我跟老师讲，我这一辈子肯定不会出家的。他说："我也没让你出家啊！" 我说："我还是想做点事。""好！不过你还没有资格打出山门，但是你可以慢慢地去做点事。" 所以

2009年，我就跑出来，借了朋友的500万元，又重新开始做企业。

在2007年到2008年之间，特别困难的时候，我们曾经做了一个项目，就是（道生）中医四诊仪，后来我连工资都发不起。最后南老师说："你（典）当裤子也要把这个项目搞下去！"我想，第一次你说我失败，我真的失败了。第二次你既然说能成功，那我就咬牙坚持吧！所以第二次咬牙坚持，我们这个项目就做起来了。我简单说一下，这个项目已经成为未来中医（的趋势），如果（中医）产业化或者是现代化，那一定是在我们这个体系的载体上。这个项目做得非常好。我想这个项目也是老师加持的，我在这里就不多说了。我可以这么说，未来所有的中医，人手一定会有一台我们的机器。我们是（在中医基础上），用人工智能、用互联网，做一个结合。

主持人：

是比较早进入大数据的。

吕松涛：

对，我们现在每个月有十几万的数据传到互联网上，这一点是老师当年的独具慧眼。

我始终在想老师说的一句话，他说他在研究认知科学与生命科学相融合的东西。

刚刚我们定国公说"有就是空，空就是有"。2007年这个时候我就是"有"，后来变成了"空"。（众笑）到了2009年的时候，我想什么样的"空"才能成为"有"呢？我就思考认知科学和生命科学的交叉点在哪里。它是一个"大空"！后来发现，阿尔茨海默病是一个全世界都没有解决的难题，没有一家公司能够解决，我就从这个地方入手吧！那个时候我就签了一个项目，这个项目的标的是8815万美金，这只是专利费。2010年，当时我们的销售额不足2000万元人民币。我签完以后，凑了300多万元（50万美元），对方才可以让我们看资料。签完以后，我们财务总监说："董事长，你怎么敢签8000万元的项目？我们销售额还不到2000万元。"我说："你看单位，单位是美金！"（众笑）

所以我不知道是因为签了这个项目，还是2007年、2008年的时候受到老师影响（而发愿），我说不清楚！从2010年开始，不到2000万元的收入，不到四年的时间，我们做到了50个亿。我们做到那么多，倒不是说我们自己把钱花了，我们是把所有的利润，几乎都投入到阿尔茨海默病药物的研发上。到现在为止，我们已经投了20个亿。当然20个亿，对于存辉兄是小钱，可对于我这个重新创业的人来说，是把吃奶的力气都给放进去了，到现在我还不知道成或不成。本来我们通过努力，现在就可以揭盲，但是这个药太难做，所以到今年的7月17号才能揭盲。

到现在为止，关于大脑这个领域的药物研究，全世界已经投了上千亿美元，结果是零！这两年辉瑞制药，一个年销售额超700亿美元的制药企业，花了几十亿美元（研发这个药），最后宣布失败，并放弃了在阿尔茨海默病方面的药物研发。前段时间，美国礼来制药公司又刚刚宣布，一个耗资90亿美元的药物，三期临床揭盲也未能成功。我说，如果要是能够成功，未来我还有机会去吃肉。如果没有成功的话，我说我这一辈子就不吃肉了，我可能跟古道师一块儿，你在洞山给我留一块地方啊。（众笑）

我今天为什么讲这个事情呢？也就是说我相信，只要真心发愿，上天一定有感应的。我们这个治阿尔茨海默病的药要是成功了，可以让中国在生物医药领域，跨入到了世界最前列。

主持人：

是的。谢谢松涛兄，今天时间关系，整个进程就进行到这里。

我们坐在这里谈老师，谈我们的记忆，并不等于想来的同学都来到了会场。我们在现场分享的同学也只是一小部分。老师教育了我们每一个人，感动过我们每一个人，未来还将鼓励着我们每一个人。

最后，让我们全体起立，共唱《聚散》，来表达我们对老师的纪念和怀念。有请古道法师和何碧默小姐为我们伴奏和领唱。

众合唱《聚散》（南怀瑾先生作词）：

桌面团团
人也团圆
也无聚散
也无常
若心常相印
何处不周旋
但愿此情长久
那里分地北天南
但愿此情长久
那里分地北天南

主持人：

“桌面团团，人也团圆”，这歌声代表我们的企盼和思念！我们的心和老师永远在一起！老师的音容笑貌，陪伴我们，一年又一年！

那么，老师百年诞辰纪念活动，到此圆满结束了。

同学们，再会！珍重！

附：新闻报道：国学终身成就奖颁给了南怀瑾先生

第二届中国阳明心学高峰论坛绍兴闭幕论坛于 2018 年 6 月 17—19 日在浙江绍兴举行，其中，6 月 18 日晚，举行了主题为“唤醒良知 此心光明”的国学颁奖晚会。颁发了阳明心学践行奖、国学传承奖、国学传习奖、国学终身成就奖。

论坛组委会秘书长高斌先生在致辞中谈道：“本次国学颁奖晚会是第三届国学颁奖晚会，首届中国阳明心学高峰论坛上，举办了第一届国学颁奖晚会。当时也是设了四个奖项：国学践行奖、国学传习奖、国学传承奖、国学终身成就奖。首届国学终身成就奖颁给了北京大学的杜维明教授，清华大学的李学勤教授，北京大学的乐黛云教授、楼宇烈教授、王守常教授。我们在第二届国学颁奖晚会，国学终身成就奖的个人奖颁给了星云大师，单位奖颁给了中国文化书院。我们第三届国学颁奖晚会，这四个奖项颁给谁我不知道。但是我要告诉各位的是，这次颁奖晚会是弘扬阳明心学的转折点之一；我们在昨天举行的书院联盟揭牌仪式是转折点之一；今天上午启动仪式，阳明心学高峰论坛永久会址落在绍兴是转折点之一；我们今天晚上的国学颁奖晚会是转折点之一。

“为什么国学颁奖晚会能够成为弘扬阳明心学的转折点之一？

半个世纪前，有一位绍兴人总结自1840年以来，我们中华民族为什么一次又一次地不能找到我们向前发展道路的诸多因素中的一个要点，他用两句话来概括：100年来我们的问题是‘一代苍生误富强，时人数典必西方’。这位先生就是绍兴原浙江大学教授马一浮先生。我们这次的奖就是基于马先生的这两句话，就是想找到1840年以来能够为中华民族文化传承传播而找到我们中华民族魂的人，想把国学终身成就奖颁给他。我们也是想着通过这一次颁奖，能够把这位大师呼唤出来，能够让他的精神回到浙江、回到中国，能够让他的精神在我们民族文化的伟大复兴中，激励一代又一代的人为寻求中华文化之魂去努力，去奋斗。这就是我们颁发这个奖的价值和意义。”

在稍后的颁奖典礼上，据报道，“在中华文化的传承过程中，有这样一位先生，他终生践行国学的内涵和精神，始终坚持为中华传统文化的发扬光大奉献力量。他的著述影响了众多人，在国学诸多领域取得卓著成就，影响深远、泽被后人。他就是——南怀瑾先生。在南怀瑾先生诞辰百年之际，组委会为先生颁发了‘国学终身成就奖’”。

南老后人南一鹏先生来到了颁奖晚会现场领奖并发表了感言。南一鹏先生首先非常感谢中国阳明心学高峰论坛组委会为南怀瑾先生颁发这一“国学终身成就奖”的荣誉称号。之所以感谢并不是因为南先生需要这一奖项，而是因为这一奖项的颁发，是对中国传统文化弘扬者的鼓励和支持。南一鹏先生深情地说道：“这次来绍兴，主要是替父亲领奖。我知道，我父亲并不需要被认可，他连‘老师’这个称谓都不接受，更不用说‘大师’。这次我是代表我的姐姐和弟弟领这个奖。因为这个奖项，有更多的人可能会去读书，把中国文化的断层续上。”

组委会为“国学终身成就奖”题写的颁奖词为：

“先生，生于时变，长于国难，年少好学，允文允武，青年入川，抗战卫国。处新旧思维交替之势，旧学邃密；立中西学术激荡之巅，新知深沉。驰骋中华传统文化，体认深刻；徜徉三教百家精义，得大自在。

“先生，财法布施，天下为公，言传身教一甲子，以实证实践发扬儒释道诸子百家，倡导东西精华文化融合，不避讥嫌，鞠躬尽瘁。

“先生，处世圆融，知行合一，游历归国三十载，力促祖国统一建设经济国防科技，赞化高校学府少儿教育，培养人才，不遗余力。

“先生，一生从军、经商、执教、游历、考察、讲学，以身垂范，殚精竭虑，矢志不移，以一己之力疏导千年人文郁结，以万卷之功弘扬中华传统思想。启迪国人无数，文化自信重生。

“这位先生，就是本届中国国学终身成就奖获得者——南师怀瑾先生。”

论坛组委会主席许嘉璐先生的代表，中国文化院执行董事兼总经理、论坛组委会副主席陈强先生，为南怀瑾先生颁奖，南怀瑾先生的后人南一鹏先生上台领奖。

获得本届“国学传习奖”的单位是：苏州太湖大学堂、厦门筼筜书院、北京横山书院、绍兴稽山书院、北京什刹海书院、北京四海孔子书院。太湖大学堂系南怀瑾先生于2006年个人独资创办，迄今12周年，史上唯一校长为南怀瑾先生。组委会颁奖给太湖大学堂，是对南怀瑾先生办学的充分肯定和支持。组委会为“国学传习奖”题写的颁奖词为：“书院是中国传统文化教育机构。随着中国传统文化在当代的复兴，涌现出了大批民间书院。这些书院勇于主动承担起国学弘扬的重任，持中守正，担当道义，孜孜不倦，奖掖后进，成为中国传统文化之当代复兴在民间的中坚力量。本届论坛组委会特设‘国学传习奖’，以奖励在文化继承、发展、传播与创新上做出贡献的集体单位。”（本文系综合人民网、《光明日报》、三智书院等各方报道）

附：第二届中国阳明心学高峰论坛组委会名单

主　席：

许嘉璐（中国文化院院长）

副主席：

王守常（中国文化书院院长、北京三智文化书院院长）

杜维明（北京大学高等人文研究院院长）

陈　来（中国哲学史学会会长、清华大学国学院院长）

董　平（王阳明研究院<浙江>院长、浙江大学求是特聘教授）

陈　强（中国文化院执行董事兼总经理）

马卫光（中共绍兴市委书记）

盛阅春（中共绍兴市委副书记、绍兴市人民政府市长）

王　石（中华文化促进会主席）

蒋　晔（中华社会文化发展基金会执行副秘书长）

秘书长：

高　斌（北京三智文化书院理事长）

潘建国（王阳明研究院<浙江>副院长）

张　武（中国文化院秘书长）

组委会顾问：

楼宇烈（北京大学教授）

乐黛云（北京大学教授）

陈鼓应（台湾大学教授）

任法融（中国道教协会前任会长）

李中华（北京大学教授）

徐小跃（南京图书馆馆长、南京大学教授）

图书在版编目（CIP）数据

天香桂子落纷纷：南怀瑾先生诞辰百年纪念集 / 南怀瑾学术研究会编 . — 北京：东方出版社，2019.9
ISBN 978-7-5207-1100-5

Ⅰ. ①天… Ⅱ. ①南… Ⅲ. ①南怀瑾（1917-2012）—纪念文集 Ⅳ. ① K825.1-53

中国版本图书馆 CIP 数据核字（2019）第 152502 号

天香桂子落纷纷：南怀瑾先生诞辰百年纪念集
（TIANXIANG GUIZI LUOFENFEN: NANHUAIJIN XIANSHENG DANCHEN BAINIAN JINIANJI）

编　　者：南怀瑾学术研究会
策　　划：孙　涵
特约监制：李耀辉
责任编辑：王梦楠　刘天骥
责任审校：金学勇　赵鹏丽
封面设计：登琨艳
封面摄影：王　苗
出　　版：东方出版社
发　　行：人民东方出版传媒有限公司
地　　址：北京市朝阳区西坝河北里 51 号
邮　　编：100028
印　　刷：北京楠萍印刷有限公司
版　　次：2019 年 11 月第 1 版
印　　次：2019 年 11 月第 1 次印刷
开　　本：710 毫米 ×1000 毫米　1/16
印　　张：47.5
字　　数：600 千字
书　　号：ISBN 978-7-5207-1100-5
定　　价：118.00 元
发行电话：（010）85924663　85924644　85924641